ENFRENTANDO
O ANTROPOCENO

Ian Angus

ENFRENTANDO O ANTROPOCENO

CAPITALISMO FÓSSIL
E A CRISE DO SISTEMA TERRESTRE

APRESENTAÇÃO
JOHN BELLAMY FOSTER

TRADUÇÃO
GLENDA VICENZI
E PEDRO DAVOGLIO

© Monthly Review Press, 2016
© desta edição Boitempo, 2023

Direção-geral Ivana Jinkings
Edição Thais Rimkus
Coordenação de produção Livia Campos
Assistência editorial Marcela Sayuri
Tradução Glenda Vincenzi e Pedro Davoglio
Preparação Mariana Echalar
Revisão Mariana Correia Santos
Capa Maikon Nery, sobre *O fígado*, de Leda Catunda
Diagramação Antonio Kehl

Equipe de apoio Ana Slade, Davi Oliveira, Elaine Ramos, Frank de Oliveira, Frederico Indiani, Gláucia Britto, Higor Alves, Isabella Meucci, Isabella Teixeira, Ivam Oliveira, Kim Doria, Luciana Capelli, Marina Valeriano, Marissol Robles, Maurício Barbosa, Pedro Davoglio, Raí Alves, Renata Carnajal, Tulio Candiotto, Victória Lobo

CIP-BRASIL. CATALOGAÇÃO NA PUBLICAÇÃO
SINDICATO NACIONAL DOS EDITORES DE LIVROS, RJ

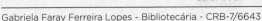

A61e

Angus, Ian
Enfrentando o antropoceno : capitalismo fóssil e a crise do sistema terrestre / Ian Angus ; tradução Glenda Vicenzi, Pedro Davoglio. - 1. ed. - São Paulo : Boitempo, 2023.
288 p. ; 23 cm.

Tradução de: Facing the anthropocene
ISBN 978-65-5717-317-6

1. Natureza - Influência do homem. 2. Capitalismo – Aspectos ambientais. 3. Mudanças ambientais globais – Aspectos econômicos. 4. Mudança ambiental global – Aspectos sociais. I. Vicenzi, Glenda. II. Davoglio, Pedro. III. Título.

23-86447   CDD: 304.2
                               CDU: 502.1

Gabriela Faray Ferreira Lopes - Bibliotecária - CRB-7/6643

Este livro compõe a 36ª caixa do clube Armas da Crítica.

É vedada a reprodução de qualquer parte deste livro sem a expressa autorização da editora.

1ª edição: outubro de 2023

BOITEMPO
Jinkings Editores Associados Ltda.
Rua Pereira Leite, 373
05442-000 São Paulo SP
Tel.: (11) 3875-7250 | 3875-7285
editor@boitempoeditorial.com.br
boitempoeditorial.com.br | blogdaboitempo.com.br
facebook.com/boitempo | twitter.com/editoraboitempo
youtube.com/tvboitempo | instagram.com/boitempo

SUMÁRIO

Nota do autor à edição brasileira 9

Apresentação – *John Bellamy Foster* 11

Abreviaturas 21

Prefácio 23

PARTE I: UM ESTADO NÃO ANÁLOGO 29

    1. Uma segunda revolução copernicana 31

    2. A Grande Aceleração 43

    3. Quando começou o Antropoceno? 55

    4. Pontos de ruptura, caos climático e fronteiras planetárias.............. 67

    5. A primeira quase catástrofe... 88

    6. Um novo (e mortal) regime climático 100

PARTE II: CAPITALISMO FÓSSIL 121

    7. Tempo do capital *versus* tempo da natureza............................... 125

    8. A formação do capitalismo fóssil 142

    9. Guerra, luta de classes e petróleo barato 155

    10. Acelerando para o Antropoceno 172

    11. Não estamos todos juntos nessa... 198

PARTE III: A ALTERNATIVA 213

    12. Ecossocialismo e solidariedade humana 217

    13. O movimento de que precisamos 238

Apêndice: Confusões e equívocos 251

Referências bibliográficas... 261

Índice remissivo.. 279

Para Lis,
minha companheira na vida, no amor e na esperança.
Você torna tudo possível.

são 3h23 da manhã
e eu estou acordado
porque meus tataranetos
não me deixam dormir
meus tataranetos
me perguntam em sonho
o que você fez enquanto o planeta era saqueado?
o que você fez enquanto a terra era destruída?

você fez alguma coisa
quando as estações começaram a se embaralhar, não fez?

quando os mamíferos, os répteis, os pássaros estavam morrendo?

você foi para as ruas protestar
quando a democracia foi roubada?

o que você fez
quando
você soube?*

– hieroglyphic stairway,
de Drew Dellinger

---

*   "it's 3:23 in the morning/ and I'm awake/ because my great great grandchildren/ won't let me sleep/ my great great grandchildren/ ask me in dreams/ what did you do while the planet was plundered?/ what did you do when the earth was unraveling?/ surely you did something/ when the seasons started failing?/ as the mammals, reptiles, birds were all dying?/ did you fill the streets with protest/ when democracy was stolen?/ what did you do/ once/ you knew?" (N. E.)

Nota do autor à edição brasileira

Estou feliz e honrado que *Enfrentando o Antropoceno* esteja enfim disponível aos leitores brasileiros. Muito obrigado à Boitempo e à responsável pela edição brasileira, Thais Rimkus.

No momento em que esta edição é publicada, geólogos estão dando passos importantes para definir formalmente uma nova época da história do sistema terrestre. Depois de estudar uma vasta gama de possíveis indicadores do início da mudança global em meados do século XX, a opinião do Grupo de Trabalho sobre o Antropoceno (AWG, sigla em inglês) convergiu para o aparecimento de plutônio 239 em estratos geológicos. Esse isótopo radioativo, produzido pela primeira vez em 1952, quando os militares dos Estados Unidos começaram a testar armas termonucleares (bombas de hidrogênio) no oceano Pacífico, espalhou-se pelo mundo como precipitação atmosférica. Sua presença nos sedimentos dá aos cientistas uma linha divisória clara entre o Holoceno e o Antropoceno. Também em 2023, o AWG concluiu a análise de doze possíveis locais para a fixação de um "prego dourado" – um lugar onde a linha divisória é particularmente evidente e que, portanto, pode ser usado como ponto de referência para pesquisas futuras. Eles selecionaram o pequeno lago Crawford, em Ontário, Canadá, onde uma camada bem definida de plutônio 239 em sedimentos profundos marca o início do que os cientistas apelidaram de Grande Aceleração da mudança ambiental.

Apesar das fortes evidências reunidas pelo AWG, a aceitação oficial do Antropoceno como nova época da escala de tempo geológico está longe de ser certa. Ela depende da aprovação de 60% dos membros de outros dois comitês

10 Enfrentando o Antropoceno

geológicos e da aprovação da grande e conservadora União Internacional de Ciências Geológicas (IUGS, sigla em inglês). Alguns membros proeminentes da IUGS argumentam que é cedo para formalizar uma nova época – alternativas incluem definir o Antropoceno como uma era do Holoceno ou apenas rotulá-lo, de maneira mais vaga, como evento geológico.

Mesmo que o Antropoceno não cumpra os rígidos requisitos da geologia, a ideia de um novo estágio na história do sistema terrestre é agora amplamente aceita por cientistas de outras disciplinas. Em 2023, as temperaturas globais dispararam como resultado direto dos níveis de dióxido de carbono, que estão mais elevados que em qualquer outro momento da história da humanidade. Estudos recentes preveem que, mesmo com os níveis de emissões mais baixos possíveis, até 90% da população mundial enfrentará os efeitos combinados do calor e da seca neste século – e o impacto será desproporcional nas regiões mais pobres do Sul global.

No Norte, incêndios florestais sem precedentes destruíram milhões de hectares de florestas, matando um número incalculável de animais e forçando milhares de pessoas a fugir. As alterações climáticas, o desflorestamento e a disseminação massiva da agricultura industrial baseada em produtos químicos estão levando à extinção de organismos diversos.

Dois terços dos insetos do mundo poderão ser extintos até meados deste século, e 49% de todas as espécies de aves selvagens estão sumindo. É provável que milhares de espécies animais e vegetais desapareçam antes de os cientistas as catalogarem.

Diante disso, governos e empresas fazem declarações piedosas, mas continuam a agir como sempre. A necessidade capitalista de acumular riqueza segue prioritária.

A sobrevivência da civilização depende, como escreveu Marx, de os produtores associados gerirem racionalmente a relação metabólica da sociedade com o mundo natural. Mais que nunca, isso requer uma mudança social e econômica que tire poder dos poluidores e faça da restauração dos sistemas de suporte à vida na Terra a prioridade máxima. Espero que esta edição de *Enfrentando o Antropoceno* contribua para esse fim.

Apresentação

John Bellamy Foster

> *Pois é porque somos mantidos na ignorância sobre a natureza da sociedade humana – em oposição à natureza em geral – que agora nos deparamos (assim me asseguram os cientistas envolvidos) com a completa destrutibilidade deste planeta que mal foi adaptado para vivermos nele.*
>
> Bertolt Brecht[1]

O Antropoceno, considerado o novo período geológico após o Holoceno, que durou de 10 mil a 12 mil anos, representa o que tem sido chamado de "ruptura antropogênica" na história do planeta[2]. Formalmente introduzido na discussão científica e ambiental pelo climatologista Paul Crutzen em 2000, resume a ideia de que os seres humanos se tornaram a principal força geológica emergente que hoje afeta o futuro do sistema terrestre. Embora muitas vezes seja datado da Revolução Industrial (fim do século XVIII), o surgimento do Antropoceno remonta mais precisamente ao fim da década de 1940 e ao início da década de 1950. Evidências científicas recentes sugerem que houve um pico por volta de 1950, marcando uma Grande Aceleração do impacto humano sobre o meio ambiente, e o traço estratigráfico mais dramático da ruptura antropogênica encontra-se na precipitação de radionuclídeos provenientes dos testes com armas nucleares[3].

1 Bertolt Brecht, *Brecht on Theatre* (Nova York, Hill and Wang, 1964), p. 275.

2 Clive Hamilton e Jacques Grinevald, "Was the Anthropocene Anticipated?", *Anthropocene Review*, 2015, p. 67.

3 Paul J. Crutzen e Eugene F. Stoermer, "The Anthropocene", *Global Change Newsletter*, n. 41, 2000; Paul J. Crutzen, "Geology of Mankind", *Nature*, v. 415, n. 3, 2002 [ed. port.: Paul J. Crutzen, "Geologia da humanidade", trad. João Ribeiro Mendes,

12 Enfrentando o Antropoceno

Desse ponto de vista, podemos entender que o Antropoceno corresponde mais ou menos à ascensão do movimento ambientalista moderno, que começou com os protestos liderados por cientistas contra os testes nucleares realizados acima do solo, após a Segunda Guerra Mundial, e emergiria como um movimento mais amplo após a publicação de *Primavera silenciosa**, de Rachel Carson, em 1962. O livro de Carson logo foi seguido pelos primeiros alertas de cientistas soviéticos e estadunidenses de que haveria um aquecimento global acelerado e irreversível[4]. Essa inter-relação dialética entre a aceleração em direção ao Antropoceno e a aceleração de um imperativo ambientalista radical como resposta constitui o tema central deste maravilhoso livro de Ian Angus. Sua capacidade de apresentar *insights* sobre o Antropoceno como um novo nível de interação entre a sociedade e a natureza trazido pela mudança histórica – e como os novos imperativos ecológicos que ele gera tornaram-se a questão central com que nos defrontamos neste século XXI – é que torna *Enfrentando o Antropoceno* tão indispensável.

Hoje parece plausível que o Antropoceno seja associado pela ciência ao período pós-Segunda Guerra Mundial. No entanto, como em todos os grandes pontos de inflexão da história, houve pequenos picos em estágios anteriores desse longo caminho desde a Revolução Industrial. Isso reflete o que o filósofo marxista István Mészáros chama de "dialética de *continuidade e descontinuidade*", que caracteriza todos os novos desenvolvimentos emergentes

---

Antropocenica: Revista de Estudos do Antropoceno e Ecocrítica, v. 1, 2020, p. 117-9.]; Colin N. Waters et al., "The Anthropocene Is Functionally and Stratigraphically Distinct from the Holocene", *Science*, v. 351, n. 6.269, 2016.

* Rachel Carson, *Primavera silenciosa* (trad. Claudia Sant'Anna Martins, São Paulo, Gaia, 2010). (N. E.)

4 Spencer Weart, "Interview with M. I. Budyko: Oral History Transcript", 25 mar. 1990, disponível on-line; Mikhail Ivánovitch Budyko, "Polar Ice and Climate", em Joseph O. Fletcher, B. Keller e S. M. Olenicoff (orgs.), *Soviet Data on the Arctic Heat Budget and Its Climatic Influence* (Santa Monica, Rand Corporation, 1966); William D. Sellars, "A Global Climatic Model Based on the Energy Balance of the Earth Atmosphere System", *Journal of Applied Meteorology*, n. 8, 1969; Mikhail Ivánovitch Budyko, "Comments", *Journal of Applied Meteorology*, v. 9, n. 2, 1970, p. 310.

Apresentação **13**

na história[5]. Embora o conceito de Antropoceno só tenha sido estabelecido plenamente com a concepção científica moderna do sistema terrestre e que se considere cada vez mais que sua base física é a Grande Aceleração, ocorrida após a Segunda Guerra Mundial, ele foi prefigurado por pensadores focados nas dramáticas mudanças da interface homem-ambiente provocadas pela ascensão do capitalismo, como a Revolução Industrial, a colonização do mundo e a era dos combustíveis fósseis.

Essa "natureza que precede a história humana [...] é uma natureza que hoje em dia, salvo talvez em recentes formações de ilhas de corais australianas, não existe mais em lugar nenhum", observaram Karl Marx e Friedrich Engels já em 1845[6]. Visões semelhantes foram apresentadas, em 1864, por George Perkins Marsh, em *Man and Nature* [Homem e natureza], dois anos antes de Ernst Haeckel cunhar a palavra "ecologia" e três anos antes de Marx publicar o Livro I de *O capital*, no qual adverte sobre a ruptura metabólica na relação humana com a Terra[7].

No entanto, só no último quarto do século XIX e no início do século XX surgiu o conceito-chave de biosfera – a partir do qual se desenvolveria a noção moderna do sistema terrestre –, principalmente com a publicação de *A biosfera*, do geoquímico soviético Vladímir I. Vernádski, em 1926. "É notável", escreveram Lynn Margulis e Dorion Sagan em *O que é vida?*, "que Vernádski tenha desmontado a rígida fronteira entre os organismos vivos e

---

5   István Mészáros, *The Power of Ideology* (Nova York, New York University Press, 1989), p. 128 [ed. bras.: *O poder da ideologia*, trad. Magda Lopes e Paulo Cezar Castanheira, São Paulo, Boitempo, 2014].

6   Karl Marx e Friedrich Engels, *Collected Works* (MECW), v. 5 (Nova York, International Publishers, 1975-2004), p. 40 [ed. bras.: *A ideologia alemã*, trad. Rubens Enderle, Nélio Schneider e Luciano Cavini Martorano, São Paulo, Boitempo, 2007, p. 32].

7   George P. Marsh, *Man and Nature, or Physical Geography as Modified by Human Action* (Nova York, Charles Scribner, 1864; reimp. *Man and Nature*, Cambridge, Harvard University Press, 1965); Frank Benjamin Golley, *A History of the Ecosystem Concept in Ecology* (New Haven, Yale University Press, 1993); Karl Marx, *Capital*, v. 1 (Harmondsworth, Penguin, 1976), p. 636-9; v. 3 (Harmondsworth, Penguin, 1981), p. 949 [ed. bras.: *O capital*, Livros I e III, trad. Rubens Enderle, São Paulo, Boitempo, 2013-2017].

14 Enfrentando o Antropoceno

um ambiente não vivo, retratando globalmente a vida antes que um único satélite tivesse enviado fotografias da Terra em sua órbita"[8].

O aparecimento do livro de Vernádski coincidiu com a primeira introdução da designação Antropoceno (juntamente com Antropogênico) por seu colega, o geólogo soviético Aleksei Pávlov, que a utilizou para se referir a um novo período geológico no qual a humanidade era o principal motor da mudança geológica planetária. Como observou Vernádski, em 1945:

> Partindo da noção do papel geológico do homem, o geólogo Aleksei Pávlov (1854-1929), nos últimos anos de sua vida, costumava falar da era antropogênica, na qual vivemos agora [...]. Enfatizou com razão que o homem, bem diante de nossos olhos, está se tornando uma força geológica poderosa e cada vez maior [...]. No século XX, o homem, pela primeira vez na história da Terra, conheceu e abraçou toda a biosfera, completou o mapa geográfico do planeta e colonizou toda a sua superfície.[9]

Na década de 1920, ao mesmo tempo que Vernádski desenvolvia seu trabalho sobre a biosfera, o bioquímico soviético Aleksandr I. Oparin e o biólogo socialista britânico J. B. S. Haldane desenvolveram de maneira independente a teoria da origem da vida, conhecida como "teoria da sopa primordial". Como resumiram os biólogos de Harvard Richard Levins e Richard Lewontin,

> a vida surgiu originalmente da matéria inanimada [que Haldane descreveu como uma "sopa quente diluída"], mas essa origem tornou impossível sua ocorrência contínua, porque os organismos vivos consomem as moléculas orgânicas complexas necessárias para recriar a vida *de novo*. Além disso, a atmosfera

8 Lynn Margulis e Dorion Sagan, *What Is Life?* (Nova York, Simon and Schuster, 1995), p. 47 [ed. bras.: *O que é vida?*, trad. Vera Ribeiro, Rio de Janeiro, Zahar, 2002]; Vladímir I. Vernádski, *The Biosphere* (Nova York, Springer, 1998) [ed. bras.: *Biosfera*, Rio de Janeiro, Dantes, 2019]. O conceito de biosfera foi introduzido originalmente pelo geólogo francês Edward Suess, em 1875, e depois desenvolvido por Vernádski, por isso ficou associado a ele.

9 Vladímir I. Vernádski, "Some Words about the Noösphere", em Jason Ross (org.), *150 Years of Vernádski*, v. 2: *The Noösphere* (Washington, 21st Century Science Associates, 2014), p. 82; E. V. Shantser, "The Anthropogenic System (Period)", em *Great Soviet Encyclopedia*, v. 2 (Nova York, Macmillan, 1973), p. 140. A palavra "antropoceno" apareceu em inglês pela primeira vez em 1973, no verbete de Shantser na *Great Soviet Encyclopedia*.

Apresentação **15**

redutora [sem oxigênio livre] que existia antes do início da vida foi convertida pelos próprios organismos vivos em uma atmosfera rica em oxigênio reativo.

Assim, a teoria Oparin-Haldane explicou pela primeira vez como a vida pode ter se originado da matéria inorgânica e por que o processo não pode se repetir. Igualmente significativo é que a vida, surgindo dessa forma há bilhões de anos, pode ser vista como a criadora da biosfera no interior de um complexo processo de coevolução[10].

Foi Rachel Carson, em seu histórico discurso de 1963, "Our Polluted Environment" [Nosso ambiente poluído], no qual apresentou o conceito de ecossistema ao público dos Estados Unidos, que transmitiu de forma mais eloquente essa perspectiva ecológica integrada e a necessidade de a levarmos em consideração em todas as nossas ações. Diz ela:

> Desde o início do tempo biológico, a interdependência entre o ambiente físico e a vida que ele sustenta é a mais estreita possível. As condições da jovem Terra produziram vida, e a vida modificou imediatamente as condições da Terra, de modo que esse ato único e extraordinário de geração espontânea não poderia se repetir. De uma forma ou de outra, desde então há ação e interação entre a vida e seu entorno.
>
> Esse fato histórico tem, penso eu, um significado muito além do acadêmico. Quando o aceitamos, vemos por que não podemos, com impunidade, atacar repetidamente o meio ambiente como fazemos hoje. Todo estudioso sério da história da Terra sabe que nem a vida nem o mundo físico que a sustenta existem em pequenos compartimentos isolados. Ao contrário, reconhece a extraordinária unidade entre os organismos e o meio ambiente. Por isso sabe que substâncias nocivas lançadas no meio ambiente com o tempo voltarão para criar problemas para a humanidade.
>
> O ramo da ciência que trata dessas inter-relações é a ecologia [...]. Não podemos pensar no organismo vivo isolado nem podemos pensar no ambiente físico

---

10 Richard Levins e Richard Lewontin, *The Dialectical Biologist* (Cambridge, Harvard University Press, 1985), p. 277; Aleksandr I. Oparin, "The Origin of Life" e John B. S. Haldane, "The Origin of Life", em John D. Bernal, *The Origin of Life* (Nova York, World Publishing, 1967), p. 199-234 e p. 242-9.

16 Enfrentando o Antropoceno

como uma entidade separada. Os dois existem juntos, cada um agindo sobre o outro para formar um complexo ecológico ou ecossistema.[11]

No entanto, apesar da visão ecológica integrada apresentada por figuras como Carson, os conceitos de biosfera e ciclos biogeoquímicos de Vernádski foram por muito tempo subestimados no Ocidente por causa da perspectiva reducionista que prevalecia no ambiente científico e da origem soviética desses conceitos. As obras científicas soviéticas eram conhecidas dos cientistas ocidentais, e muitas foram traduzidas por editoras científicas e até mesmo pelo governo dos Estados Unidos durante a Guerra Fria – mas, inexplicavelmente, *A biosfera*, de Vernádski, não fora traduzida para o inglês até 1998. E isso era necessário, porque em alguns campos, como o da climatologia, os cientistas soviéticos estavam bem à frente de seus colegas estadunidenses. No entanto, o intercâmbio científico mais amplo, capaz de superar a divisão da Guerra Fria, raramente chegava ao público em geral, cujo conhecimento das realizações soviéticas nessas áreas era quase inexistente. Ideologicamente, portanto, o conceito de biosfera parece ter caído, há muito tempo, numa espécie de interdito.

Ainda assim, a biosfera ocupou o centro do palco em 1970, com uma edição especial da *Scientific American* sobre o assunto[12]. Nesse mesmo ano, em *The Closing Circle* [O círculo que se fecha], o biólogo socialista Barry Commoner fez um alerta sobre as grandes mudanças na relação dos seres humanos com o planeta, a começar pela idade atômica e pelos desenvolvimentos da química sintética. Commoner resgatou o alerta precoce de Marx sobre a ruptura ambiental dos ciclos da vida causada pelo capitalismo quando o filósofo alemão discutiu a ruptura no metabolismo do solo[13].

Dois anos depois, Evguiéni K. Fiódorov, um dos principais climatologistas do mundo e membro do Presidium do Soviete Supremo, bem como o principal

---

11 Rachel Carson, *Lost Woods* (Boston, Beacon, 1998), p. 230-1.

12 Ver G. Evelyn Hutchinson, "The Biosphere", *Scientific American*, v. 233, n. 3, 1970, p. 45-53.

13 Barry Commoner, *The Closing Circle: Nature, Man, and Technology* (Nova York, Knopf, 1971), p. 45-62, p. 138-75, p. 280.

Apresentação 17

apoiador da análise de Commoner (ele escreveu os "Comentários finais" da edição russa de *The Closing Circle*), declarou que o mundo precisava abandonar os combustíveis fósseis: "O aumento da temperatura da Terra é inevitável se não nos limitarmos ao uso da radiação solar direta, da energia hidráulica das ondas e da energia eólica como fontes de energia e [se continuarmos a] obter energia de [combustíveis] fósseis ou reações nucleares"[14]. Para Fiódorov, a teoria de Marx sobre o "metabolismo entre as pessoas e a natureza" constituía a base metodológica para uma abordagem ecológica da questão do sistema terrestre[15]. Foi nas décadas de 1960 e 1970 que os climatologistas da União Soviética e dos Estados Unidos encontraram, pela primeira vez, "evidências", nas palavras de Clive Hamilton e Jaques Grinevald, de um "metabolismo mundial"[16].

A ascensão da análise do sistema terrestre nas décadas seguintes foi também fortemente impactada pela extraordinária visão exterior propiciada pelas primeiras missões espaciais. Howard Odum, uma das principais figuras da formação da ecologia dos sistemas, escreveu em *Environment, Power and Society* [Meio ambiente, poder e sociedade]:

> Podemos construir uma visão sistêmica do planeta a partir do ponto de vista macroscópico do astronauta fora da Terra. De um satélite em órbita, a zona viva parece muito simples. A fina camada banhada de água e ar que recobre a Terra – a biosfera – é limitada internamente por sólidos densos e externamente pelo vácuo quase perfeito do espaço sideral [...]. Do céu é fácil falar de equilíbrios gasosos, balanços de energia por milhões de anos e da magnífica simplicidade do metabolismo geral da fina camada externa da Terra. Com exceção do fluxo

---

14 Evguiéni K. Fiódorov, citado em Virginia Brodine, *Green Shoots, Red Roots* (Nova York, International Publishers, 2007), p. 29. Ver também Evguiéni K. Fiódorov, *Man and Nature* (Nova York, International Publishers, 1972), p. 29-30; John Bellamy Foster, "Late Soviet Ecology and the Planetary Crisis", *Monthly Review*, v. 67, n. 2, 2015, p. 9; Mikhail Ivánovitch Budyko, *The Evolution of the Biosphere* (Boston, D. Reidel, 1986), p. 406. Os sérios alertas de figuras proeminentes como Fiódorov para que houvesse uma resposta mais rápida e radical do Estado soviético aos problemas ambientais foram amplamente ignorados, com resultados trágicos.

15 Evguiéni K. Fiódorov, *Man and Nature*, cit., p. 146.

16 Clive Hamilton e Jacques Grinevald, "Was the Anthropocene Anticipated?", cit., p. 64.

18 Enfrentando o Antropoceno

de energia, a geobiosfera é, em grande parte, um sistema fechado em que materiais são reciclados e reutilizados.[17]

"O mecanismo de supercrescimento" que ameaça esse "metabolismo geral", prossegue Odum, "é o capitalismo"[18]. Portanto, o conceito atual de Antropoceno reflete, de um lado, o crescente reconhecimento do papel cada vez mais acelerado dos motores antropogênicos na ruptura dos processos biogeoquímicos e dos limites planetários do sistema terrestre e, de outro, um aviso terrível de que o mundo, no atual estado de coisas, está sendo catapultado para uma nova fase ecológica – menos propícia à manutenção da diversidade biológica e de uma civilização humana estável.

A união desses dois aspectos do Antropoceno – variavelmente definidos como geológico e histórico, natural e social, clima e capitalismo – em uma visão única e integrada é a principal conquista de *Enfrentando o Antropoceno*. Angus mostra que o "capitalismo fóssil", se não for parado, será um trem desgovernado que levará ao *apartheid* ambiental global e ao que o grande historiador marxista E. P. Thompson chamou de o ameaçador estágio histórico do "exterminismo", no qual as condições de existência de milhões ou talvez bilhões de pessoas serão destruídas e a própria base da vida como a conhecemos hoje ficará sob ameaça. A origem de tudo isso é o que Odum chamou de "capitalismo imperial", pondo em risco a vida das populações mais vulneráveis do planeta em um sistema de desigualdade mundial forçada[19].

De acordo com Angus, esses são os perigos para os quais somente uma abordagem nova e radical da ciência social (e, portanto, da própria sociedade) – uma abordagem que leve a sério a advertência de Carson de que, se destruirmos os processos vivos da Terra, eles "com o tempo voltarão"

17 Howard T. Odum, *Environment, Power, and Society for the Twenty-First Century* (Nova York, Columbia University Press, 2007), p. 3.

18 Ibidem, p. 263.

19 Edward P. Thompson, *Beyond the Cold War* (Nova York, Pantheon, 1982), p. 41-80; Rudolf Bahro, *Avoiding Social and Ecological Disaster* (Bath, Gateway, 1994), p. 19; Howard T. Odum, *Environment, Power, and Society for the Twenty-First Century*, cit., p. 276-8.

para nos assombrar – tem as respostas de que precisamos no Antropoceno. Quando falamos de uma mudança tão urgente, "amanhã é tarde demais"[20].

No entanto, a ciência social dominante, que serve à ordem social dominante e a seus estratos dominantes, até agora só conseguiu obscurecer essas questões, colocando todo o seu peso em medidas de melhoria aliadas a soluções mecanicistas, como mercados de carbono e geoengenharia – como se a resposta à crise do Antropoceno fosse estritamente econômica e tecnológica e compatível com a expansão da hegemonia do capital sobre a Terra e seus habitantes – e isso apesar de o atual sistema de acumulação de capital estar na raiz da crise. O resultado é fazer com que o mundo corra um perigo ainda maior. Temos de reconhecer que é a lógica de nosso modo de produção – o capitalismo – que impede a criação de um mundo de desenvolvimento humano sustentável que transcenda o desastre em espiral que aguarda a humanidade. Para nos salvar, devemos criar uma lógica socioeconômica diferente, que aponte outros fins humano-ambientais: uma revolução ecossocialista da qual participe a grande massa da humanidade.

Mas uma mudança tão radical não seria muito arriscada? Não haveria grandes lutas e sacrifícios em qualquer tentativa de derrubar o sistema vigente de produção e uso de energia em resposta ao aquecimento global? Existe alguma garantia de que seríamos capazes de criar uma sociedade de desenvolvimento humano sustentável, tal qual imaginam ecossocialistas como Ian Angus? Não seria melhor errar pelo negacionismo que pelo catastrofismo? Não deveríamos pensar melhor antes de agir nesse nível?

Aqui é útil citar o didático poema do grande dramaturgo e poeta alemão Bertolt Brecht, "A parábola de Buda sobre a casa em chamas":

> Buda ainda estava sentado sob o pé de fruta-pão e aos outros,
> Aos que não lhe pediram [garantias], contou esta parábola:
> "Há pouco tempo vi uma casa. Estava em chamas. A chama
> Lambia o telhado. Cheguei mais perto e vi

---

20 Rolf Edburg e Alexei Yablokov, *Tomorrow Will Be Too Late* (Tucson, University of Arizona Press, 1991).

20 Enfrentando o Antropoceno

Que ainda havia pessoas dentro dela. Cheguei à porta e avisei
Que o telhado estava em chamas, insistindo
Para que saíssem de uma vez. Mas as pessoas
Não pareciam ter pressa. Uma delas,
Enquanto o calor já queimava suas sobrancelhas,
Perguntou-me como estava lá fora, se não estava chovendo,
Se o vento não estava soprando, se por acaso havia
Outra casa para eles e coisas desse tipo. Sem responder,
Saí novamente. Essas pessoas, pensei,
Têm de queimar até a morte para pararem de fazer perguntas.
E, em verdade, amigos,
Quem ainda não sente tanto calor no assoalho que de bom grado
O troque por outro, em vez de ficar onde está, a tal homem
Não tenho nada a dizer". Gautama, o Buda[21]

O capitalismo e o ambiente global alienado que ele produziu constituem hoje nossa "casa em chamas". Os ambientalistas tradicionais, confrontados com esse dilema monstruoso, em geral optam por apenas *contemplá-lo*, observando e fazendo pequenos ajustes em seu ambiente interno enquanto as chamas lambem o telhado e toda a estrutura ameaça desabar. Nosso objetivo, no entanto, é *transformá-lo*, é reconstruir a casa da civilização a partir de princípios arquitetônicos diferentes, criando um metabolismo mais sustentável entre a humanidade e a Terra. O nome do movimento para alcançar isso, surgido dos movimentos socialistas e ambientalistas radicais, é *ecossocialismo*, e este livro é seu manifesto mais atual e eloquente.

Eugene, Oregon
9 de janeiro de 2016

---

21 Bertolt Brecht, *Tales from the Calendar* (Londres, Methuen, 1961), p. 31-2.

Abreviaturas

AEM – Avaliação Ecossistêmica do Milênio

BRICS – Brasil, Rússia, Índia, China, África do Sul

°C – graus Celcius

CFC – clorofluorcarboneto

CH_4 – metano

CIO – Congress of Industrial Organizations [Congresso de Organizações Industriais]

CO_2 – dióxido de carbono

COP – Conference of the Parties [Conferência das Partes] (da UNFCCC)

G20 – Grupo dos 20

GCF – Green Climate Fund [Fundo Verde para o Clima]

GM – General Motors

ICS – International Commission on Stratigraphy [Comissão Internacional de Estratigrafia]

ICSU – International Council of Scientific Unions [Conselho Internacional das Uniões Científicas]

IGBP – International Geosphere-Biosphere Program [Programa Internacional Geosfera-Biosfera]

IPCC – Intergovernmental Panel on Climate Change [Painel Intergovernamental sobre Mudanças Climáticas]

22 Enfrentando o Antropoceno

IUGS – International Union of Geological Sciences [União Internacional das Ciências Geológicas]

MECW – *Marx–Engels Collected Works*

Nasa – National Aeronautics and Space Administration [Administração Nacional da Aeronáutica e do Espaço]

NO_x – dióxido de nitrogênio e óxido nitroso

O_2 – oxigênio

O_3 – ozônio

OCDE – Organização para a Cooperação e Desenvolvimento Econômico

Pages – Past Global Changes (projeto) [Mudanças Globais Passadas]

PIB – Produto Interno Bruto

PIK – Potsdam Institute for Climate Impact Research [Instituto Potsdam para Pesquisa do Impacto Climático]

PNB – Produto Nacional Bruto

ppm – partes por milhão

RCP – Representative Concentration Pathway [Patamares de Concentração Representativos]

UN – Nações Unidas

UNFCCC – United Nations Framework Convention on Climate Change [Convenção-Quadro das Nações Unidas sobre a Mudança do Clima]

UV – ultravioleta

WBGT – Wet Bulb Globe Temperature [Temperatura do Globo de Bulbo Úmido]

Prefácio

A terra não está poluída porque os seres humanos são um tipo de animal especialmente sujo nem porque há muitos de nós. A culpa é da sociedade humana – pelos modos que escolheu de obter, distribuir e usar a riqueza extraída dos recursos do planeta via trabalho humano. Uma vez esclarecidas as origens sociais da crise, podemos começar a conceber ações sociais adequadas para resolvê-la.

Barry Commoner[1]

Nos últimos vinte anos, a geociência teve um grande avanço, combinando novas pesquisas em diversas disciplinas para expandir nossa compreensão do sistema terrestre como um todo. Um resultado fundamental desse trabalho foi a compreensão de que uma nova e perigosa etapa da evolução planetária começou: o *Antropoceno*. Ao mesmo tempo, os ecossocialistas deram grandes passos ao redescobrir e ampliar a visão de Marx de que o capitalismo cria uma "ruptura irreparável no processo interdependente de metabolismo social", o que inevitavelmente leva a crises ambientais. Esses dois desenvolvimentos ocorreram, na maior parte, de forma isolada e, apesar da relevância mútua, houve pouco intercâmbio entre eles.

Enfrentando o Antropoceno é uma contribuição que visa a colmatar a lacuna entre a ciência do sistema terrestre e o ecossocialismo. Espero mostrar aos socialistas

---

1 Barry Commoner, *The Closing Circle: Nature, Man, and Technology* (Nova York, Knopf, 1971), p. 178.

24 Enfrentando o Antropoceno

que dar respostas ao Antropoceno deve ser uma parte central de nossos programas, teorias e atividades no século XXI e, aos cientistas do sistema terrestre e ambientalistas, que a ecologia marxista oferece uma fundamental compreensão econômica e social que está ausente da maioria das discussões sobre a nova época.

O título deste livro tem dois significados. Refere-se, em primeiro lugar, ao fato de que, no século XXI, a humanidade enfrenta mudanças radicais em seu ambiente físico – não apenas mais poluição ou temperaturas mais elevadas, mas uma *crise do sistema terrestre*, causada pela atividade humana. É, em segundo lugar, um desafio lançado a todos aqueles que se preocupam com o futuro da humanidade para que enfrentem o fato de que a sobrevivência no Antropoceno requer mudanças sociais radicais, para que substituam o capitalismo fóssil por uma civilização ecológica, o ecossocialismo.

A crise do meio ambiente é a questão mais importante de nosso tempo. Lutar para reduzir os danos causados pelo capitalismo hoje ajudará a criar as bases para o socialismo amanhã, e, ainda assim, construir o socialismo nas condições dadas no Antropoceno incluirá desafios que nenhum socialista do século XX jamais imaginou. Compreender e se preparar para esses desafios deve ser, neste momento, a prioridade da agenda socialista.

Enfrentando o Antropoceno não é a palavra final sobre nenhum desses assuntos. Não tenho todas as respostas, e a tarefa diante de nós é imensa; portanto, por favor, considerem este livro o começo de uma discussão, não uma declaração final. Espero ansiosamente receber respostas, complementações e, é claro, discordâncias. A revista eletrônica que edito, *climateandcapitalism.com*, funciona como um fórum permanente de discussão sobre as questões levantadas neste livro, que está dividido em três partes:

- *Parte I: um estado não análogo*. Pouco notadas pela grande mídia e pela maioria dos ambientalistas, os cientistas fizeram descobertas extremamente importantes sobre a história e o estado atual de nosso planeta nas últimas duas décadas e concluíram que a Terra entrou em um estado novo e sem precedentes, uma época que eles chamaram de Antropoceno.

- *Parte II: capitalismo fóssil.* A primeira parte discute o Antropoceno como fenômeno *biofísico*, mas para enquadrá-lo adequadamente devemos compreendê-lo como um fenômeno *socioecológico*, um produto da ascensão do capitalismo e de sua profunda dependência de combustíveis fósseis.

- *Parte III: a alternativa.* Outro Antropoceno é possível, se houver resistência da maioria da humanidade. Quais devem ser nossos objetivos e que tipo de movimento devemos fazer para alcançá-los?

O Apêndice traz dois pequenos ensaios sobre mal-entendidos acerca do Antropoceno que têm circulado entre a esquerda: a afirmação de que a ciência do Antropoceno culpa toda a humanidade pela crise planetária e a afirmação correlata de que os cientistas escolheram um nome inapropriado para a nova época.

O QUE ESTE LIVRO NÃO FAZ

Pôr em dúvida a ciência climática. A ciência é categórica: as emissões de gases de efeito estufa, resultantes principalmente da queima de combustíveis fósseis e do desmatamento, elevaram e continuam elevando de forma significativa a temperatura média da Terra. A única incerteza é com que velocidade e quanto a temperatura global aumentará se nada for feito para diminuir ou interromper essas emissões. Qualquer um que negue isso ou é cego à ciência, ou mente de modo deliberado: é improvável que essas pessoas leiam este livro, mas, se o fizerem, não se convencerão.

Descrever exaustivamente a emergência planetária. Este livro é sobre a descoberta, os efeitos e as causas socioeconômicas do Antropoceno, e essa ênfase nos obrigou a omitir ou limitar a discussão sobre questões vitais, como a perda de biodiversidade e o esgotamento da água doce. Poderíamos escrever um calhamaço sobre cada uma das nove fronteiras planetárias que estão hoje em risco; ainda assim, ele seria incompleto. Aos leitores que queiram aprofundar esses assuntos, algumas sugestões de leitura complementar foram indicadas em *climateandcapitalism.com*.

A VERDADE É SEMPRE CONCRETA

Grande parte dos textos escritos sobre o meio ambiente reduz a história humana ao crescimento demográfico e à mudança tecnológica, que ocorreram de uma maneira ou de outra. Por que algumas sociedades têm taxas de natalidade mais elevadas? Por que os gregos antigos usavam a energia a vapor somente em brinquedos? Por que a Revolução Industrial ocorreu na Inglaterra, não na Índia ou na China? Essas perguntas não costumam ser feitas. Quando se define um conjunto de princípios ecológicos abstratos aplicáveis a todas as sociedades em todos os tempos, qualquer explicação complementar torna-se supérflua.

Os socialistas não são imunes a esse tipo de raciocínio. Tenho uma estante de livros e panfletos de vários autores e grupos de esquerda que provam que a destruição ambiental é causada pela acumulação de capital, e todos eles saltam diretamente disso para o chamado ao socialismo. Como as características antiecológicas do capitalismo manifestam-se concretamente no mundo real? As crises ambientais que vivemos hoje são novas versões de problemas do passado ou está acontecendo algo novo e diferente? Se sim, de que maneira nossas estratégias e táticas devem mudar? Com bastante frequência, esses assuntos acabam passando batidos.

Ainda mais preocupantes, no contexto atual, são os artigos de autores de esquerda que criticam ou rejeitam o próprio conceito de Antropoceno, autores cuja primeira reação à nova ciência é alertar contra uma potencial contaminação política de cientistas ideologicamente suspeitos. Ao que parece, para alguns, qualquer coisa menos que o anticapitalismo explícito deve ser denunciada como um desvio perigoso.

Quando Charles Darwin publicou *A origem das espécies*[*] em 1859, Marx e Engels leram-no avidamente. Assistiram a conferências públicas de cientistas proeminentes cujas opiniões políticas eram muito distantes das suas. Cartas

---

[*] Charles Darwin, *A origem das espécies* (trad. Daniel Moreira Miranda, São Paulo, Edipro, 2018). (N. E.)

privadas mostram que eles não concordaram com cada palavra que Darwin escreveu, mas também não o denunciaram publicamente por não ser socialista; ao contrário, fizeram o máximo para incorporar as últimas descobertas da ciência ao trabalho que vinham desenvolvendo e a sua visão de mundo. Os radicais antiantropoceno de hoje deveriam se perguntar "OQMEF?" (O que Marx e Engels fariam?). O que Marx e Engels *não fariam*, podemos ter certeza, seria construir muros entre a ciência natural e a ciência social.

Em vez de nos preocuparmos com a falta de análise social dos cientistas (ou pior, rejeitarmos a ciência por completo), devemos abordar o projeto do Antropoceno como uma oportunidade de conjugar uma análise ecológica marxista e as últimas pesquisas científicas em uma nova síntese – uma descrição socioecológica das origens, da natureza e dos rumos da crise atual. Caminhar em direção a tal síntese é parte essencial do desenvolvimento de um programa e de uma estratégia para o socialismo do século XXI: se não compreendermos o que impulsiona o trem infernal do capitalismo, não seremos capazes de detê-lo.

Há quase cinquenta anos, o ambientalista pioneiro Barry Commoner advertiu que "a crise ambiental revela incompatibilidades graves entre o sistema empresarial privado e a base ecológica da qual ele depende"[2]. Agora é a hora – aliás, já passou da hora – de darmos ouvidos a seu aviso e mudar esse sistema.

AGRADECIMENTOS

Devo um agradecimento especial a John Bellamy Foster, editor da *Monthly Review* e escritor prolífico sobre ecologia e economia marxista. Ele me fez recomendações frequentes, comentários e sugestões detalhadas no decorrer do trabalho, desde que propus um pequeno artigo sobre o Antropoceno. Este livro não teria sido escrito sem seu apoio e incentivo constantes.

---

2 Barry Commoner, *The Closing Circle*, cit., p. 277.

28 Enfrentando o Antropoceno

Clive Hamilton, Robert Nixon, Peter Sale, Will Steffen, Philip Wright e Jan Zalasiewicz interromperam seus afazeres para responder às minhas perguntas por e-mail sobre suas áreas de especialização.

Jeff White revisou cuidadosamente vários rascunhos, verificou as referências e identificou pontos fracos no texto. Lis Angus, John Riddell e Fred Magdoff fizeram críticas e ofereceram *insights* que me ajudaram a pensar melhor no assunto e expressar minhas ideias de maneira mais clara.

Foi um prazer trabalhar com a equipe da *Monthly Review Press*, Michael Yates, Martin Paddio e Susie Day. Erin Clermont editou a versão final e preparou-a para publicação.

Algumas partes de *Enfrentando o Antropoceno* saíram antes nas revistas *Climate & Capitalism*, *Monthly Review* e outras. Todas foram reescritas e atualizadas para este livro.

Muito obrigado a Drew Dellinger por permitir a inclusão aqui de um verso de "hieroglyphic stairway", originalmente publicado na coleção *Love Letter to the Milky Way* (White Cloud, 2011).

No capítulo 12, o quadro "Mudança do sistema e não mudança climática" foi escrito por Terry Townsend para a *Green Left Weekly* em 2007. Terry é editor do indispensável *Links Journal of International Socialist Renewal* e gentilmente nos autorizou a publicar uma versão atualizada aqui.

No capítulo 10, o box "A pegada dos fertilizantes" foi publicado pela primeira vez em setembro de 2015 pela Grain, organização sem fins lucrativos que disponibiliza gratuitamente um excelente material.

PARTE I

UM ESTADO NÃO ANÁLOGO

Após sua primeira aparição na literatura científica, em 2000, a palavra "antropoceno" foi propriedade exclusiva dos especialistas em geociências por cerca de uma década. Raramente era ouvida, menos ainda discutida, fora dos círculos científicos.

Em 2011, porém, uma busca pelo termo na internet produziu mais de 450 mil resultados: "Bem-vindo ao Antropoceno" foi a manchete de capa do jornal *The Economist*, um número inteiro da revista da Royal Society foi dedicado a ele, Dalai Lama realizou um seminário a seu respeito e o Vaticano encomendou e publicou um relatório sobre o assunto.

Hoje três revistas acadêmicas se dedicam exclusivamente ao Antropoceno. Ele foi tema de dezenas de livros, centenas de artigos acadêmicos e inúmeros artigos em jornais, revistas, sites e blogs. Houve exposições sobre a arte no Antropoceno, conferências sobre as ciências humanas no Antropoceno, romances sobre o amor no Antropoceno e até mesmo um álbum de *heavy metal* intitulado *The Anthropocene Extinction* [A extinção do Antropoceno]. E, na tirinha do Dilbert, quando o dinossauro Bob pergunta as horas ao relógio inteligente, este responde: "É o Antropoceno"[1].

---

1 No último quadrinho, Bob diz: "Uau! O carbono me data". [No original: "*Wow! That carbon dates me*", que também pode ser traduzido por: "Uau! O carbono tem um encontro comigo" – N. T.]

30 Enfrentando o Antropoceno

É raro que um termo científico tenha uma aceitação tão ampla e um uso tão rapidamente disseminado. Ainda mais raro é um termo científico estar sujeito a tanta desinformação e confusão. Como se queixou, com toda a razão, o ambientalista australiano Clive Hamilton, grande parte do que se escreve sobre o assunto parece vir de "pessoas que não se preocuparam em ler a meia dúzia de artigos básicos sobre o Antropoceno produzidos por aqueles que definiram o termo. Eles não sabem do que estão falando"[2].

Este livro não pretende abordar todos os debates políticos e filosóficos gerados pelo Antropoceno nem discutir questões técnicas especializadas. O objetivo aqui, ao contrário, é fornecer um pano de fundo e um contexto básico para militantes que precisam entender o que é o Antropoceno e por que ele é importante. Essa compreensão é fundamental para o desenvolvimento de um movimento ecossocialista efetivo e será essencial para a construção de uma sociedade pós-capitalista no futuro.

Esta primeira parte conta como os cientistas identificaram uma mudança qualitativa nas características físicas mais essenciais da Terra e quais são as consequências dessa mudança para todos os seres vivos, inclusive os seres humanos.

---

2 Clive Hamilton, "The Anthropocene: Too Serious for Post-Modern Games", 19 ago. 2014. Disponível on-line.

1

UMA SEGUNDA REVOLUÇÃO COPERNICANA

No que diz respeito a certos parâmetros ambientais chave, o sistema terrestre ultrapassou em muito a faixa de variabilidade natural exibida ao longo do último meio milhão de anos, no mínimo. A natureza das mudanças que vêm ocorrendo no sistema terrestre neste momento, sua magnitude e sua velocidade não têm precedentes. A Terra opera atualmente em estado não análogo.

Declaração de Amsterdã sobre Mudança Global[1]

A palavra "antropoceno" foi reformulada três vezes.

Em 1922, o geólogo soviético Aleksei Pávlov propôs "Antropoceno" ou "Antropogênico" para designar o período a partir do qual os primeiros seres humanos evoluíram, há cerca de 160 mil anos. As duas palavras foram utilizadas por geólogos soviéticos durante algum tempo, mas nunca foram aceitas pelo resto do mundo.

Na década de 1980, o biólogo marinho Eugene Stoermer usou o termo em alguns artigos, mas ninguém seguiu seus passos.

Na terceira vez, a mágica aconteceu. O químico da atmosfera Paul J. Crutzen reinventou a palavra em fevereiro de 2000, em um encontro do International Geosphere-Biosphere Programme (IGBP), em Cuernavaca, no México. O então diretor-executivo do IGBP, Will Steffen, foi testemunha:

---

1 *Amsterdam Declaration on Global Change*, jul. 2001. Disponível on-line.

32 Enfrentando o Antropoceno

Os cientistas do projeto paleoambiental do IGBP estavam apresentando suas últimas pesquisas, referindo-se com frequência ao Holoceno, época geológica mais recente da história da Terra, para definir o contexto de seu trabalho. Paul [J. Crutzen], então vice-presidente do IGBP, estava visivelmente irritado com esse uso e, quando o termo Holoceno foi novamente mencionado, ele interrompeu a apresentação: "Parem de usar a palavra Holoceno. Nós não estamos mais no Holoceno. Nós estamos no… no… no… no Antropoceno!".[2]

Cinco anos antes, Crutzen havia ganhado o Prêmio Nobel por um trabalho que ajudou a provar que produtos químicos amplamente utilizados por nós estavam destruindo a camada de ozônio na atmosfera superior da Terra, com efeitos potencialmente catastróficos para toda a vida do planeta. Em seu discurso de agradecimento, ele afirmou que suas pesquisas sobre o ozônio o haviam convencido de que o equilíbrio de forças no planeta mudara drasticamente. Estava "muito claro", disse ele, "que as atividades humanas se desenvolveram tanto que podem competir e interferir nos processos naturais"[3]. Sua intervenção durante o encontro promovido pelo IGBP em 2000 cristalizou essa percepção em uma única palavra: *Antropoceno*. "Eu simplesmente inventei a palavra, no calor da hora", afirmou. "Todos ficaram chocados. Mas parece que pegou."[4]

Crutzen era uma espécie de celebridade científica: de acordo com o Institute for Scientific Information (ISI), entre 1991 e 2001 ele foi o autor mais citado na área das geociências[5]. Não há dúvida de que o renome atraiu atenção para seus artigos sobre o Antropoceno e, eventualmente, ajudou a tornar a ideia amplamente aceita.

---

2 Will Steffen, "Commentary", em Libby Robin, Sverker Sörlin e Paul Warde (orgs.), *The Future of Nature: Documents of Global Change* (New Haven, Yale University Press, 2013), p. 486.

3 Paul J. Crutzen, "My Life with O_3, NO_x and Other YZO_xs", *The Nobel Prize*. Disponível on-line.

4 Citado em Fred Pearce, *With Speed and Violence: Why Scientists Fear Tipping Points in Climate Change* (Boston, Beacon, 2007), p. 21.

5 Ver <http://highlycited.com>.

Posteriormente, Steffen, Crutzen e o historiador ambiental John McNeill explicaram da seguinte forma a necessidade de uma nova palavra:

> O termo Antropoceno [...] sugere que a Terra já saiu de sua época geológica natural, ou seja, o atual estado interglacial chamado Holoceno. As atividades humanas se tornaram tão disseminadas e intensas que passaram a rivalizar com as grandes forças da natureza e estão levando a Terra rumo a uma *terra incognita* planetária. O planeta está se movendo depressa na direção de um estado com menor diversidade biológica, com menos florestas, muito mais quente e provavelmente mais úmido e tempestuoso.[6]

"Estado não análogo" e "*terra incognita* planetária" – essas expressões não são usadas de forma leviana. A Terra entrou em uma nova época, ao longo da qual provavelmente continuará a mudar de formas imprevisíveis e perigosas. Isso não é exagero nem palpite: é a principal conclusão de um dos maiores projetos científicos já realizados, um projeto que nos obriga a pensar sobre nosso planeta de maneira totalmente nova.

A TERRA COMO UM SISTEMA INTEGRADO

Embora tenha passado despercebido pela maioria das pessoas e não tenha sido noticiado pela mídia, o entendimento científico sobre nosso planeta mudou radicalmente nas últimas três décadas. Por muito tempo, os cientistas estudaram os diversos aspectos da Terra usando os métodos da geologia, da biologia, da ecologia, da física e de outras disciplinas. Agora muitos estudam a Terra como um *sistema planetário integrado* – e estão descobrindo que a atividade humana altera rápida e fundamentalmente esse sistema.

> Foi crucial para o surgimento dessa perspectiva o despertar para dois aspectos fundamentais da natureza do planeta. O primeiro é que a Terra é um sistema único, do qual a biosfera é componente ativo e essencial. Se fizermos uma

---

6 Will Steffen, Paul J. Crutzen e John R. McNeill, "The Anthropocene: Are Humans Now Overwhelming the Great Forces of Nature?", *Ambio: A Journal of the Human Environment*, v. 38, n. 8, 2011, p. 614.

34 Enfrentando o Antropoceno

analogia esportiva, a vida é o atleta, não o espectador. O segundo é que as consequências da atividade humana são hoje tão disseminadas e intensas que afetam a Terra em escala global de forma complexa, interativa e acelerada; os seres humanos têm a capacidade de alterar o sistema terrestre de maneira que ameaça os próprios processos e componentes, tanto bióticos quanto abióticos, dos quais os seres humanos dependem.[7]

O estudo da Terra como um sistema tornou-se possível e necessário na década de 1980. Tornou-se possível quando novos instrumentos científicos puderam ser acessados – em especial, satélites projetados para reunir dados sobre o estado da Terra inteira e sistemas computacionais capazes de coletar, transmitir e analisar enormes quantidades de dados. E tornou-se necessário quando cientistas e outros agentes perceberam que armas nucleares, produtos químicos nocivos à camada de ozônio e gases de efeito estufa poderiam remodelar o mundo: a atividade humana estava causando não apenas mudanças, mas *mudanças globais*, com consequências potencialmente desastrosas.

Após a discussão sobre as mudanças globais nas reuniões do International Council of Scientific Unions (ICSU)* em Varsóvia em 1983 e Ottawa em 1985, simpósios e relatórios internacionais recomendaram a criação de um programa internacional de pesquisas sobre mudanças no planeta. Como escreveu um membro da American Geophysical Union (AGU), a necessidade ultrapassou a curiosidade científica:

> Observou-se que a pressão sobre os sistemas de apoio que asseguram a vida estava aumentando a um ritmo cada vez maior em consequência do crescimento da população mundial, da atividade industrial, da produção de resíduos, da poluição e da exploração de recursos, bem como das tendências de longo prazo de mudanças climáticas regionais. Para preservar ou expandir os sistemas de apoio à vida no século XXI, os governos de todos os países teriam de elaborar planos de longo prazo que, ao contemplar objetivos nacionais específicos, se

---

7 Will Steffen et al. (orgs.), *Global Change and the Earth System: A Planet under Pressure* (Berlim, Springer, 2004), p. 1.

* Hoje, a instituição é conhecida como International Science Council (ISC). Ao longo do livro, será mantida a grafia utilizada pelo autor. (N. E.)

baseassem no conhecimento científico básico sobre o ambiente terrestre global e as mudanças naturais e antropogênicas previstas. O conhecimento científico quantitativo e minucioso necessário para isso simplesmente ainda não existe.[8]

Em 1986, o ICSU criou o International Geosphere-Biosphere Programe (IGBP), "o maior, mais complexo e mais ambicioso programa de cooperação científica internacional já concebido"[9]. O objetivo do IGBP era "descrever e compreender os processos físicos, químicos e biológicos interativos que regulam o sistema terrestre como um todo, o ambiente inigualável que ele proporciona à vida, as mudanças que estão ocorrendo nesse sistema e a maneira como essas mudanças são influenciadas pela ação humana"[10].

Foi criado um centro em Estocolmo, em 1988, e cerca de quinhentos cientistas de todo o mundo começaram a planejar os primeiros projetos. No início da década de 1990, o IGBP coordenava o trabalho de milhares de cientistas sobre o *sistema terrestre*, um conceito que foi muito bem definido por Frank Oldfield e Will Steffen:

> No contexto das mudanças globais, o sistema terrestre passou a designar o conjunto de ciclos físicos, químicos e biológicos globais (frequentemente denominados ciclos biogeoquímicos) e os fluxos de energia que proporcionam as condições necessárias para a vida no planeta. Mais especificamente, essa definição do sistema terrestre tem as seguintes características:
>
> • Trata-se de um sistema materialmente fechado que possui uma fonte energética primária externa, o Sol.
>
> • Os principais componentes dinâmicos do sistema terrestre são um conjunto de processos físicos, químicos e biológicos interligados que realiza o ciclo (transporte e transformação) de materiais e energia de forma complexa e dinâmica dentro do sistema. Os mecanismos de alimentação e retroalimentação do sistema são no mínimo tão importantes para o funcionamento do sistema quanto os impulsos externos.

---

8 Juan G. Roederer, "ICSU Gives Green Light to IGBP", *Eos*, v. 67, n. 41, 1986.

9 Idem.

10 Idem.

36 Enfrentando o Antropoceno

• Os processos biológicos/ecológicos são parte integrante do funcionamento do sistema terrestre, não apenas os destinatários das mudanças dentro da dinâmica do sistema físico-químico. Os organismos vivos são participantes ativos, não apenas receptores passivos.

• Os seres humanos, suas sociedades e suas atividades são componentes integrantes do sistema terrestre, não forças externas que perturbam um sistema que, do contrário, seria natural. Há muitos modos de variabilidade e instabilidades naturais dentro do sistema, assim como mudanças causadas antropogenicamente. Por definição, ambos os tipos de variabilidade são parte da dinâmica do sistema terrestre. E muitas vezes é impossível separá-los por completo, porque interagem de forma complexa e por vezes se reforçam mutuamente.[11]

Como escreveu Hans Schellnhuber, do Potsdam Institute for Climate Impact Research, essa mudança revolucionou a perspectiva científica sobre a Terra. É comparável à descoberta de Copérnico, realizada no século XVI, de que a Terra orbita o Sol.

Os instrumentos ópticos propiciaram no passado a revolução copernicana, que situou a Terra em seu contexto astrofísico correto. Técnicas sofisticadas de compressão de dados, das quais os modelos de simulação, agora nos conduzem a uma segunda revolução "copernicana" [...].

De certa forma, essa nova revolução será uma inversão da primeira: ela nos permitirá olhar em retrospecto para o planeta e perceber uma entidade única, complexa, dispersiva, dinâmica, que está longe do equilíbrio termodinâmico – o "sistema terrestre".[12]

MUDANÇAS GLOBAIS E O SISTEMA TERRESTRE

Um dos principais objetivos do IGBP era desenvolver "uma ciência substantiva da integração, reunindo as partes de forma inovadora e incisiva,

---

11 Frank Oldfield e Will Steffen, "The Earth System", em Will Steffen et al. (orgs.), *Global Change and the Earth System*, cit., p. 7.

12 Hans J. Schellnhuber, "'Earth System' Analysis and the Second Copernican Revolution", *Nature*, v. 402, 1999, p. C19-C23.

Uma segunda revolução copernicana **37**

no sentido de compreender a dinâmica do sistema planetário de apoio à vida como um todo". No início do século XXI, seus membros tinham confiança de que "uma ciência integrada do sistema terrestre começa a se desenvolver"[13].

Em 2000, o IGBP tinha uma década de existência, e seus vários projetos haviam começado a preparar relatórios detalhados sobre o que fora aprendido em dez anos de pesquisa a respeito do sistema terrestre. Os vastos documentos daí resultantes foram posteriormente publicados pela editora alemã Springer, como a IGBP Book Series[14].

A reunião realizada no México em fevereiro de 2000 foi parte desse processo de totalização. A intervenção de Paul Crutzen – "no Antropoceno!" – provocou intensas discussões não previstas. Durante dez anos, os participantes mergulharam em pesquisas detalhadas sobre aspectos do sistema terrestre; e agora eles viam o tema que unificava seu trabalho: o sistema terrestre como um todo estava sendo qualitativamente transformado pela ação humana. Essa constatação confirmou a necessidade de uma síntese geral do conhecimento científico sobre o passado, o presente e o provável futuro do sistema terrestre:

> A síntese visava a reunir uma década de pesquisa nos principais projetos do IGBP e gerar uma melhor compreensão da estrutura e do funcionamento do sistema terrestre como um todo, mais que apenas descrever as várias partes do sistema terrestre em torno das quais os principais projetos do IGBP se estruturaram. A crescente pressão humana sobre o sistema terrestre foi o elemento-chave dessa síntese.[15]

A proposta de Crutzen consolidou uma nova perspectiva sobre o impacto da mudança global. De acordo com Steffen, "o conceito de Antropoceno

---

13 Will Steffen et al. (orgs.), *Global Change and the Earth System*, cit., p. 264.

14 Ver <http://www.igbp.net/publications/igbpbookseries.4.d8b4c3c12bf3be638a80009 24.html>.

15 Will Steffen et al., "The Trajectory of the Anthropocene: The Great Acceleration", *Anthropocene Review*, v. 2, n. 1, 2015, p. 82.

38 Enfrentando o Antropoceno

passou em pouco tempo a ser amplamente utilizado em todo o IGBP, à medida que os projetos reuniam suas principais descobertas. O Antropoceno tornou-se, assim, um conceito robusto para estruturar o sentido último das mudanças globais"[16].

Após essa reunião do IGBP, uma pesquisa bibliográfica revelou que Eugene Stoermer já havia utilizado a palavra, por isso Crutzen o convidou a coassinar um curto artigo para a *Global Change Newsletter*, do IGBP:

> Considerando esses e muitos outros impactos significativos e crescentes da atividade humana sobre a terra e a atmosfera, e em todas as escalas, inclusive as globais, parece mais que apropriado enfatizar o papel central da humanidade na geologia e na ecologia propondo o uso do "Antropoceno" para designar a época geológica atual.[17]

O artigo chamava a atenção dos cientistas associados do IGBP para o fato de que estava surgindo uma nova forma de síntese. Alguns meses depois, a mensagem foi corroborada por um artigo publicado na prestigiosa revista *Science*, no qual os membros do Grupo de Trabalho sobre o Ciclo de Carbono do IGBP afirmavam que a humanidade estava "ingressando rapidamente em um novo domínio do sistema terrestre, a era do 'Antropoceno'"[18].

Mas a verdadeira festa de inauguração do Antropoceno aconteceu em Amsterdã, em julho de 2001. A conferência "Desafios de uma Terra em mutação", organizada pelo IGBP, pelo International Human Dimensions Programe (IHDP), pelo World Climate Research Programe (WCRP) e pelo programa de biodiversidade Diversitas, foi uma virada decisiva para o desenvolvimento da ciência do sistema terrestre. Cerca de 1.400 pessoas,

---

16 Will Steffen, "Commentary", cit., p. 486-7.

17 Paul J. Crutzen e Eugene F. Stoermer, "The Anthropocene", *Global Change Newsletter*, n. 41, 2000, p. 17. Stoermer não participou mais de discussões sobre o Antropoceno.

18 Paul Falkowski et al., "The Global Carbon Cycle: A Test of Our Knowledge of Earth as a System", *Science*, v. 290, n. 5.490, 2000, p. 291-6. Dado o prazo normal para a publicação de artigos revisados por pares, o texto deve ter sido concluído logo após o artigo de Crutzen e Stoermer sair. Como discutiremos no capítulo 3, se o artigo tivesse sido escrito por um geólogo, a palavra usada não teria sido "era", mas "época".

das quais pesquisadores de 105 países, participaram dos quatro dias de palestras e discussões, muitas delas sobre as pesquisas do IGBP.

O material entregue aos participantes incluía um panfleto de 32 páginas assinado pelos quatro organizadores, mas obviamente redigido pelo IGBP. Intitulado "Global Change and the Earth System: A Planet under Pressure" [Mudança global e o sistema terrestre: um planeta sob pressão], seria depois ampliado e, com o mesmo título, transformado em um relatório de síntese de 350 páginas. O panfleto, que é na verdade um resumo de alto nível do livro lançado posteriormente, incluía um capítulo intitulado "The Anthropocene Era" [A era do Antropoceno], com os argumentos apresentados no artigo que Crutzen e Stoermer publicaram na *Global Change Newsletter*:

Até muito recentemente na história da Terra, os seres humanos e suas atividades foram uma força insignificante na dinâmica do sistema terrestre. Hoje, a humanidade começou a igualar e até mesmo a superar a natureza em termos de alteração da biosfera e do impacto sobre outras facetas do funcionamento do sistema terrestre. A magnitude, a escala espacial e o ritmo das mudanças provocadas pelo homem não têm precedentes. Atualmente a atividade humana iguala ou ultrapassa a natureza em diversos ciclos biogeoquímicos. O alcance espacial dos impactos é global, tanto pelos fluxos dos ciclos da Terra como pelo acúmulo de mudanças em seus estados. O ritmo dessas mudanças é da ordem de décadas a séculos, não da ordem de séculos a milênios, o que seria o esperado para mudanças comparáveis na dinâmica natural do sistema terrestre.

O grau em que as atividades humanas estão influenciando ou mesmo dominando muitos dos aspectos do ambiente terrestre e seu funcionamento conduziu à sugestão de que outra época geológica, a *era antropocênica* [...] começou:

• em apenas algumas gerações, a humanidade entrou no processo de esgotamento das reservas de combustível fóssil que demoraram centenas de milhões de anos para ser geradas;

• cerca de 50% da superfície da Terra foi transformada por ação humana direta, com consequências significativas para a biodiversidade, o ciclo de nutrientes, a estrutura e a biologia do solo e o clima;

40 Enfrentando o Antropoceno

• hoje há mais nitrogênio fixado de maneira sintética e aplicado como fertilizante na agricultura que fixado naturalmente em todos os ecossistemas terrestres;

• mais da metade de toda a água potável acessível no planeta é utilizada direta ou indiretamente pela humanidade, e os recursos hídricos subterrâneos estão se esgotando depressa em muitas regiões;

• a concentração na atmosfera de vários gases de efeito estufa relevantes do ponto de vista climático, além do CO_2 e do CH_4, aumentou significativamente;

• os hábitats costeiros e marinhos vêm sendo drasticamente alterados; 50% dos manguezais foram destruídos e as áreas pantanosas diminuíram pela metade;

• cerca de 22% dos locais de pesca marinha conhecidos encontram-se superexplorados ou esgotados e outros 44% estão no limite da exploração;

• as taxas de extinção estão aumentando vertiginosamente nos ecossistemas marinhos e terrestres em todo o mundo; a Terra está em seu primeiro grande evento de extinção causado pela atividade de uma única espécie biológica (os seres humanos).[19]

O panfleto apresentava o conceito de Antropoceno de maneira experimental – dizia que o grau das mudanças "conduziu à sugestão", não que um novo período geológico havia definitivamente começado. É provável que tenha sido um reflexo da relutância dos outros três organizadores em endossar um conceito que era novo para eles.

A cautela estendeu-se à "Declaração sobre mudança global" aprovada na conferência. Apesar de dizer que "o sistema terrestre ultrapassou em muito a faixa de variabilidade natural exibida ao longo do último meio milhão de anos, no mínimo" e que a "Terra opera atualmente em estado não análogo", a declaração não fez referência a uma nova época geológica nem usou a palavra "antropoceno"[20].

---

19 Will Steffen e Peter Tyson, *IGBP Science*, n. 4: *Global Change and the Earth System: A Planet under Pressure* (Estocolmo, IGBP, 2001), p. 11-2.

20 Will Steffen confirma que em 2001 o Antropoceno era "amplamente desconhecido" dos outros grupos financiadores. E-mail do autor, datado de 16 de julho de 2015.

Após a conferência de Amsterdá, Paul Crutzen enviou um artigo com um texto mais contundente à *Nature*, uma das revistas científicas mais lidas no mundo. Curiosamente intitulado "Geology of Mankind" ["Geologia da humanidade"] e publicado em janeiro de 2002, foi o primeiro artigo revisado por pares a argumentar especificamente que uma nova época geológica havia começado.

Uma vez mais Crutzen listou as formas pelas quais a atividade humana estava transformando a fisionomia da Terra, entre elas:

- crescimento da população humana dez vezes maior em três séculos;

- criação de 1,4 bilhão de bovinos produzindo metano;

- exploração de 20% a 50% da superfície terrestre;

- destruição das florestas tropicais;

- ampla construção de barragens e desvio de rios;

- exploração de mais da metade de toda a água potável a que temos acesso;

- diminuição de 25% de peixes nas regiões de afloramento e 35% na plataforma continental;

- uso de energia dezesseis vezes maior no século XX, elevando as emissões de dióxido de enxofre a mais que o dobro dos níveis naturais;

- uso de fertilizantes nitrogenados na agricultura acima do dobro do que é naturalmente utilizado em todos os ecossistemas terrestres combinados;

- aumento das concentrações atmosféricas de gases de efeito estufa aos maiores níveis em mais de 400 mil anos.

Crutzen também apontou algumas consequências globais, como a precipitação ácida, o *smog* fotoquímico e o aquecimento global de 1,4 a 5,8 graus Celsius neste século. Ele teve o cuidado de acrescentar que "esses efeitos foram em grande parte causados por apenas 25% da população mundial".

Salvo no caso de uma catástrofe global – por exemplo, o impacto de um meteorito, uma guerra mundial ou uma pandemia –, "a humanidade continuará a ser uma importante força ambiental por muitos milênios", por isso

42 Enfrentando o Antropoceno

"parece apropriado atribuir o termo 'Antropoceno' à atual era geológica, sob muitos aspectos dominada pelo homem"[21].

UMA NOVA SÍNTESE

Enquanto isso, uma equipe de onze pessoas chefiada por Will Steffen iniciava a complexa e demorada tarefa de resumir uma década de trabalho de milhares de cientistas em um único volume que seria amplamente disponibilizado a um público leigo. Steffen diz que o texto principal era "uma verdadeira síntese, já que os capítulos não foram atribuídos a um autor individualmente, mas o livro inteiro foi escrito como uma narrativa única e integrada, com todos os autores contribuindo para todo o livro"[22]. A equipe também encomendou e incluiu curtos ensaios de especialistas para destacar aspectos importantes do assunto.

Finalizado no início de 2003 e publicado em 2004, *Global Change and the Earth System: A Planet under Pressure* (não confundir com o panfleto de mesmo título) mostrou-se uma contribuição inestimável para a compreensão ampla do sistema terrestre – e, apesar dos muitos avanços científicos que ocorreram desde então, continua sendo uma leitura essencial para qualquer um que queira entender a base científica para a declaração de uma nova época, o Antropoceno[23].

---

21 Paul J. Crutzen, "Geology of Mankind", *Nature*, v. 415, n. 3, 2002.

22 Will Steffen, e-mail do autor, datado de 16 de julho de 2015.

23 A versão impressa de *Global Change and the Earth System* está esgotada, mas pode ser acessada no site do IGBP.

2

A GRANDE ACELERAÇÃO

Sabemos que algo *deu errado no país após a Segunda Guerra Mundial, pois a maioria dos problemas graves que tivemos com poluição começou nos anos pós-guerra ou piorou muito desde então.*

Barry Commoner[1]

Em algum momento, a equipe de editores do IGBP decidiu que *Global Change and the Earth System* deveria "registrar a trajetória do 'empreendimento humano' por meio de uma série de indicadores" do período de 1750 a 2000[2]. Isso resultou em 24 gráficos, dos quais 12 mostram as tendências históricas da atividade humana (crescimento do PIB, população, consumo de energia, uso de água etc.) e 12 indicam as mudanças físicas no sistema terrestre (dióxido de carbono atmosférico, destruição da camada de ozônio, extinção de espécies, perda de florestas etc.) ao longo de 250 anos.

Os autores ficaram surpresos com o que descobriram: todas as curvas de tendência mostraram um crescimento gradual a partir de 1750 e um aumento brusco a partir de cerca de 1950. "Esperávamos ver um crescimento das marcas do empreendimento humano no sistema terrestre a partir do início da Revolução Industrial. Não esperávamos, no entanto, ver uma

---

1 Barry Commoner, *The Closing Circle: Nature, Man, and Technology* (Nova York, Knopf, 1971), p. 140. Grifo do original.

2 Will Steffen et al., "The Trajectory of the Anthropocene: The Great Acceleration", *Anthropocene Review*, v. 2, n. 1, 2015, p. 82.

44 Enfrentando o Antropoceno

alteração dramática na magnitude e no ritmo do impacto humano de 1950 em diante"[3]. Eles salientam o seguinte no livro:

> Um aspecto é notável. A segunda metade do século XX é única em toda a história da existência humana na Terra. Muitas das atividades humanas se iniciaram em algum momento do século XX e aceleraram abruptamente até o fim do século. Nos últimos cinquenta anos, assistiu-se, sem dúvida, à transformação mais rápida da história da relação humana com o mundo natural.[4]

AVALIAÇÃO ECOSSISTÊMICA DO MILÊNIO

Enquanto o IGBP preparava seu relatório de síntese, outro projeto científico global concluía seu trabalho. A Avaliação Ecossistêmica do Milênio (AEM), coordenada pelo Programa das Nações Unidas para o Meio Ambiente, foi lançada em 2001 para coletar e sintetizar "conhecimentos científicos confiáveis relativos ao impacto das mudanças nos ecossistemas do mundo sobre a subsistência humana e o meio ambiente"[5]. Cerca de 1,4 mil cientistas de todo o mundo contribuíram para os sete relatórios de síntese, os quatro volumes técnicos e os diversos artigos de referência que a AEM publicou em 2004 e 2005.

Uma das conclusões mais importantes do projeto foi destacada em uma apresentação final do Conselho da AEM, em março de 2005. Depois de observar que as sociedades humanas sempre modificaram os sistemas terrestres para satisfazer suas necessidades, o conselho declarou que, "ao longo da história humana, nenhum período experimentou interferência na maquinaria biológica do planeta na escala que se viu na segunda metade do século XX"[6].

---

3 Idem.

4 Will Steffen et al. (orgs.), *Global Change and the Earth System: A Planet under Pressure* (Berlim, Springer, 2004), p. 131.

5 Millennium Ecosystem Assessment, "United Nations Launches Extensive Study of Earth's Ecosystems", *News Release*, 5 jun. 2001. Disponível on-line.

6 Idem, *Living Beyond Our Means: Natural Assets and Human Well-Being, Statement of the Board of Director*, 2005, p. 9. Disponível on-line.

O relatório de síntese da AEM sobre os ecossistemas e o bem-estar humano abordou o mesmo ponto e listou exemplos relevantes:

> Nos últimos cinquenta anos, as pessoas modificaram esses ecossistemas de forma mais rápida e extensiva que em qualquer lapso de tempo equivalente na história da humanidade, em geral para satisfazer depressa a demanda crescente por alimentos, água potável, madeira, fibras e combustível. Isso causou uma perda substancial e, em grande medida, irreversível na diversidade de vida do planeta. [...]

> • Mais terras foram transformadas em lavoura das décadas de 1950 a 1980 que nos 150 anos passados entre 1700 e 1850. Os sistemas cultivados (em que pelo menos 30% da paisagem consiste em lavouras, cultivo alternado, criação de gado confinado ou aquicultura de água doce) cobrem hoje um quarto da superfície do planeta.

> • Cerca de 20% dos recifes de corais do mundo foram destruídos e outros 20% foram degradados nas últimas décadas do século XX, e cerca de 35% dos manguezais foram perdidos no mesmo período (nos países para os quais há dados suficientes; estes englobam aproximadamente metade das áreas de mangue).

> • O volume de água retida em barragens quadruplicou desde 1960, e o volume de água represada em reservatórios é de três a seis vezes maior que o dos rios naturais. A extração de água de rios e lagos duplicou desde 1960; boa parte da água utilizada (70% do uso mundial) vai para a agricultura.

> • Desde 1960, os fluxos de nitrogênio reativo (biologicamente disponível) nos ecossistemas terrestres dobraram e os fluxos de fósforo triplicaram. Mais da metade do fertilizante sintético à base de nitrogênio consumido no planeta foi utilizada a partir de 1985 (esses fertilizantes começaram a ser fabricados em 1913).

> • Desde 1750, a concentração atmosférica de dióxido de carbono aumentou cerca de 32% (de aproximadamente 280 partes por milhão para 376 partes por milhão em 2003), sobretudo em consequência da queima de combustíveis fósseis e das mudanças no uso do solo. Em torno de 60% desse aumento (60 partes por milhão) ocorreu a partir de 1959.

> Os seres humanos estão mudando fundamentalmente e, em grande medida, irreversivelmente, a diversidade de vida do planeta, e boa parte dessas mudanças representa uma perda de biodiversidade.

46 Enfrentando o Antropoceno

• Mais de dois terços da área de dois dos catorze maiores biomas do planeta e mais da metade da área de quatro outros biomas foram alterados até 1990, principalmente para se adaptar à agricultura.

• Em vários grupos taxonômicos e na maioria das espécies, o tamanho e a variedade da população, ou ambos, estão em declínio.

• A distribuição das espécies no planeta está se tornando mais homogênea; em outras palavras, o conjunto de espécies em qualquer região do globo está cada vez mais semelhante ao de outras regiões, em consequência, sobretudo, da introdução, intencional ou inadvertida, de espécies pelos seres humanos, associada ao aumento de viagens e transportes por via marítima.

• O número de espécies no mundo está diminuindo. Nos últimos séculos, a taxa de extinção de espécies pela humanidade aumentou cerca de mil vezes em comparação com as taxas históricas do planeta (precisão média). Entre 10% e 30% das espécies de mamíferos, aves e anfíbios estão ameaçadas de extinção (precisão média a alta). Em geral, os hábitats de água doce tendem a apresentar a maior proporção de espécies ameaçadas de extinção.

• A diversidade genética diminuiu no mundo todo, ainda mais entre as espécies cultivadas.[7]

DANDO NOME À VIRADA

Quase simultaneamente, dois projetos científicos globais de grande escala – o IGBP e a AEM –, trabalhando de maneira independente um do outro, identificaram a segunda metade do século XX como o ponto de virada na história da Terra. Conforme afirmou o relatório do IGBP, nos "últimos cinquenta anos assistiu-se, sem dúvida, à mais rápida transformação da relação humana com o mundo natural"[8].

Em 2005, Will Steffen e Paul Crutzen, ambos do IGBP, juntamente com o historiador ambiental John McNeill e outros que haviam cooperado com a AEM,

---

7 Idem, *Ecosystems and Human Well-Being: Synthesis* (Washington, Island, 2005), p. 2-4. Todos os relatórios da AEM estão disponíveis em: <http://www.millenniumassessment.org/>.

8 Will Steffen et al. (orgs.), *Global Change and the Earth System*, cit., p. 131.

participaram de um seminário em Dahlem, na Alemanha, com o objetivo de aprofundar seus conhecimentos sobre a história da relação entre humanidade e natureza. O seminário, presidido por Steffen, apoiou-se nas descobertas do IGBP e da AEM para afirmar que "o século XX pode ser caracterizado por processos de mudanças globais de magnitude nunca vista na história da humanidade". Após citar a AEM, o relatório do seminário deu nome a esses processos: "Essas e muitas outras mudanças demonstram um aumento acentuado nas taxas de variação em muitas das interações homem-ambiente como consequência da ampliação do impacto humano sobre o meio ambiente após a Segunda Guerra Mundial – um período que designamos como a 'Grande Aceleração'"[9].

Mais tarde, Steffen declarou que o nome Grande Aceleração foi uma homenagem deliberada ao livro *A grande transformação*, importante obra de Karl Polanyi sobre as convulsões sociais, econômicas e políticas que acompanharam a ascensão da sociedade de mercado na Inglaterra:

> Polanyi apresentou uma perspectiva holística sobre a natureza das sociedades modernas, incluindo mentalidade, comportamento, estrutura e outros aspectos. De maneira semelhante, o termo "Grande Aceleração" visa a captar a natureza holística, abrangente e interconectada das mudanças pós-1950 que atravessam as esferas socioeconômicas e biofísicas do sistema terrestre e envolvem muito mais que mudanças climáticas.[10]

UM ANTROPOCENO EM DUAS ETAPAS?

O primeiro artigo revisado por pares sobre a Grande Aceleração tinha um título provocador: "The Anthropocene: Are Humans Now Overwhelming the Great Forces of Nature?" [O Antropoceno: os seres humanos estão dominando as grandes forças da natureza?], de Steffen, Crutzen e

---

9   Kathy A. Hibbard et al., "Group Report: Decadal-Scale Interactions of Humans and the Environment", em Robert Costanza, Lisa J. Graumlich e Will Steffen (orgs.), *Sustainability or Collapse? An Integrated History and Future of People on Earth* (Cambridge, MIT Press, 2007), p. 342.

10 Will Steffen et al., "The Trajectory of the Anthropocene", cit., p. 82.

McNeill, publicado em 2007. Eles defendiam que o Antropoceno havia se desenvolvido em duas etapas distintas: *etapa 1*: a era industrial, do início do século XIX até 1945, quando o CO_2 atmosférico ultrapassou o limite superior de variação do Holoceno; *etapa 2*: a Grande Aceleração, de 1945 ao presente, "quando começou a mais rápida e mais abrangente mudança já vista na relação homem-ambiente". (Eles também previram – de maneira excessivamente otimista, eu diria – que uma terceira etapa, a dos "guardiões da Terra", começaria em 2015.) Steffen, Crutzen e McNeill não deixaram dúvidas de que a resposta à pergunta do título era um "sim" categórico.

> Nos últimos cinquenta anos, os seres humanos mudaram os ecossistemas do mundo de maneira mais rápida e ampla que em qualquer outro período de sua história. A Terra está em seu sexto grande evento de extinção em massa, com taxas de perda de espécies em rápido crescimento, tanto nos ecossistemas terrestres quanto nos marinhos. A concentração atmosférica de gases de efeito estufa relevantes aumentou de maneira significativa e a Terra está esquentando depressa. Hoje, mais nitrogênio atmosférico é convertido sob formas reativas pela produção de fertilizantes e pela queima de combustíveis fósseis que por todos os processos naturais dos ecossistemas terrestres juntos. [...]
>
> O caráter exponencial da Grande Aceleração evidencia-se quando quantificamos o impacto humano sobre o sistema terrestre utilizando a concentração atmosférica de CO_2 como indicador. Embora ao longo da Segunda Guerra Mundial a concentração de CO_2 tenha aumentado nitidamente acima do limite superior do Holoceno, houve um pico em sua taxa de crescimento por volta de 1950. Quase três quartos do aumento antropogenicamente motivado da concentração de CO_2 ocorreu após 1950 (de cerca de 310 ppm para 380 ppm), e mais ou menos metade do aumento total (48 ppm) ocorreu apenas nos últimos trinta anos.[11]

O termo Grande Aceleração difundiu-se rapidamente entre os estudiosos do sistema terrestre para descrever o período de crescimento econômico

---

11 Will Steffen, Paul J. Crutzen e John R. McNeill, "The Anthropocene: Are Humans Now Overwhelming the Great Forces of Nature?", *Ambio: A Journal of the Human Environment*, v. 38, n. 8, 2011, p. 617 e 618.

e devastação ambiental sem precedentes que se iniciou após a Segunda Guerra Mundial. No entanto, o modelo em "duas etapas" não emplacou; como veremos no capítulo 4, muitos desses estudiosos, entre eles Steffen, Crutzen e McNeill, concluíram que o Antropoceno começou de fato em meados do século XX e que o início da Grande Aceleração marca também o início do Antropoceno.

Figura 2.1: Tendências do sistema terrestre

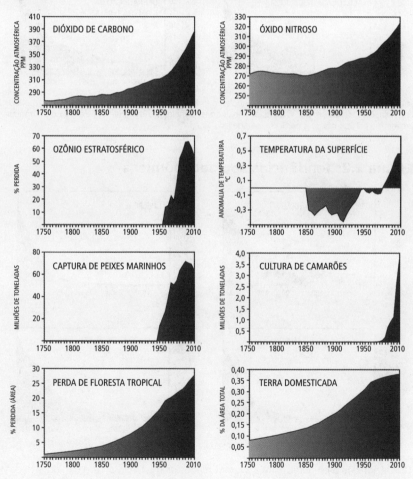

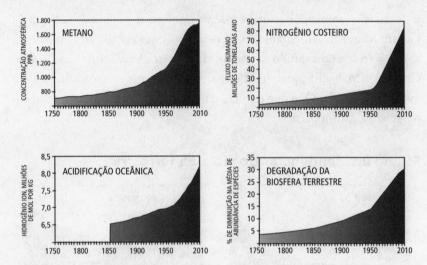

Gráficos atualizados acerca da Grande Aceleração foram publicados em 2015. Como nos gráficos originais, elaborados em 2004, todas as linhas de tendência mostram trajetórias em taco de hóquei, crescendo abruptamente a partir da metade do século XX[12].

Figura 2.2: Tendências socioeconômicas

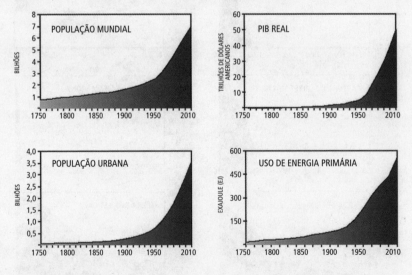

12 Os gráficos das figuras 2.1 e 2.2 foram criados por R. Jamil Jonna a partir dos dados de Will Steffen et al., "Trajectory of the Anthropocene", cit., p. 81-98.

A Grande Aceleração

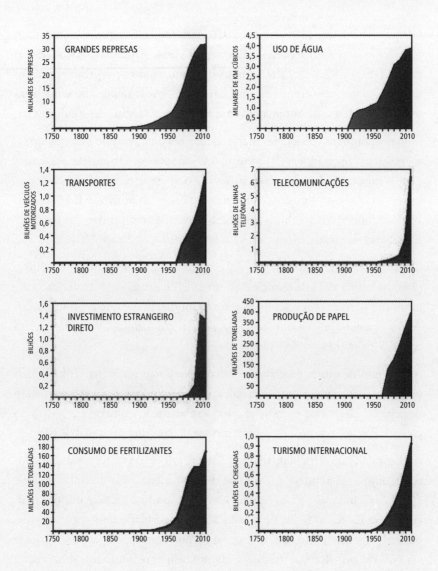

ACELERAÇÃO ATUALIZADA

Os gráficos originais da Grande Aceleração, publicados em 2004, mostravam as tendências sociais e ambientais de 1750 a 2000. Em janeiro de 2015, Will Steffen e outros cientistas associados ao IGBP e ao Stockholm Resilience

52 Enfrentando o Antropoceno

Centre atualizaram os dados até 2010 para mostrar o que denominaram "a trajetória do Antropoceno". Em alguns casos, quando dados melhores estavam disponíveis, eles alteraram os indicadores, mas em geral os gráficos atualizados fornecem uma boa imagem do desenvolvimento das tendências socioeconômicas e do sistema terrestre na primeira década do século XXI.

Em geral, tanto as tendências socioeconômicas quanto as do sistema terrestre mostram uma aceleração contínua. Os autores observam em particular que "o aumento da concentração de dióxido de carbono é muito semelhante ao aumento do uso de energia primária e ao aumento do PIB, não apresentando ainda nenhum sinal de dissociação significativa das emissões em relação ao uso de energia ou ao crescimento econômico"[13].

Duas das tendências do sistema terrestre mostram uma pequena diminuição entre 2001 e 2010. No caso da camada de ozônio estratosférica, a diminuição parece ser resultado do tratado internacional que proibiu muitos dos produtos químicos conhecidos por destruir o ozônio. Discutiremos isso com mais detalhes no capítulo 5.

A tendência de queda no gráfico relativo à pesca marinha é, na verdade, uma má notícia para o meio ambiente: reflete o crescente esgotamento da população de peixes oceânicos no mundo, levando à substituição do peixe selvagem pelo peixe de viveiro, que hoje representa metade do consumo mundial de peixes.

A quantidade de terra ocupada no planeta continua a crescer, mas, ao contrário das outras tendências, as taxas de crescimento têm diminuído desde 1950. Mais uma vez, a boa notícia não é boa, pois não reflete um uso mais cuidadoso da terra, e sim uma redução da quantidade de terra arável disponível. A maior parte da terra que está sendo convertida para uso agrícola era coberta por florestas tropicais, de modo que o indicador de perda de florestas tropicais continua subindo.

---

13 Will Steffen et al., "The Trajectory of the Anthropocene", cit., p. 89.

A QUESTÃO DA IGUALDADE

A atualização de 2015 é particularmente relevante pela cuidadosa ponderação dos autores de que os gráficos originais apresentavam totais globais e "não tentavam decompor os gráficos socioeconômicos por países ou grupos de países". Observam que essa abordagem "suscitou duras críticas por parte de cientistas sociais e das ciências humanas", que argumentavam que "questões importantes relativas à igualdade são mascaradas quando se consideram somente os agregados globais".

Steffen e seus parceiros aceitaram essa crítica e se empenharam para separar os indicadores socioeconômicos em três grupos: os países ricos da Organização para a Cooperação e o Desenvolvimento Econômico (OCDE), as nações emergentes (Brasil, Rússia, Índia, China e África do Sul, ou Brics) e o restante do mundo. Além de publicar as versões atualizadas dos gráficos agregados, eles acrescentaram dez gráficos que apresentam separadamente os indicadores socioeconômicos dos três grupos de países. (Não havia dados suficientes para os outros dois indicadores.)

Em uma seção intitulada "Deconstructing the Socioeconomic Trends: The Equity Issue" [Decompondo as tendências socioeconômicas: a questão da igualdade], eles chegam à seguinte conclusão: "Em 2010, os países da OCDE representavam 74% do PIB mundial, mas apenas 18% da população do globo. Na medida em que o impacto sobre o sistema terrestre é proporcional ao consumo, a maior parte do impacto humano sobre o sistema terrestre é proveniente dos países da OCDE"[14].

No apêndice deste livro, considero a afirmação de alguns membros da esquerda de que os estudiosos do Antropoceno responsabilizaram toda a humanidade pelas ações de uma pequena minoria. A atualização de 2015 contradiz tais acusações. Steffen e seus parceiros deixaram claro que compreendem a importância de se incluir a desigualdade global como elemento-chave em qualquer discussão sobre as causas e os efeitos da Grande Aceleração.

14 Ibidem, p. 91.

54 Enfrentando o Antropoceno

Evidentemente, os ecossocialistas aprofundaram essa separação subdividindo as desigualdades não apenas entre os países, mas também no interior de cada um deles, ressaltando o fato de que 1% da população possui metade da riqueza mundial e de que a desigualdade vem crescendo em um ritmo sem precedentes. Uma análise ecossocialista da Grande Aceleração se apoiará nas questões decisivas de classe e poder que configuram o Antropoceno e que, em última instância, determinarão o futuro da humanidade.

3

QUANDO COMEÇOU O ANTROPOCENO?

> *Uma premissa básica da geologia era: as cronologias humanas são insignificantes em comparação com a imensidão do tempo geológico; as atividades humanas são insignificantes em comparação com a força dos processos geológicos. Isso já foi verdade, mas não é mais.*
>
> Naomi Oreskes[1]

Em 2008, o Antropoceno foi descrito como "uma metáfora vívida, porém informal, da mudança ambiental no planeta"[2]. Embora tenha sido apresentado como um novo intervalo de tempo geológico, não havia sido definido em termos geológicos. É digno de nota, por exemplo, que os cientistas que empregavam esse nome o explicavam de várias maneiras: uma nova idade, época ou era, ainda que essas palavras tenham significados diversos para a geologia. Alguns artigos acadêmicos o tratavam apenas como um termo informal para designar o período desde a Revolução Industrial, sem se referir a mudanças qualitativas no sistema terrestre[3]. Nenhum dos autores princi-

---

1   Naomi Oreskes, "The Scientific Consensus on Climate Change: How Do We Know We're Not Wrong?", em Joseph Dimento e Pamela Doughman (orgs.), *Climate Change: What It Means for Us, Our Children, Our Grandchildren* (Cambridge, MIT Press, 2007), p. 93.

2   Jan Zalasiewicz et al., "Are We Now Living in the Anthropocene?", *GSA Today*, v. 18, n. 2, 2008, p. 7.

3   Ver, por exemplo, James P. M. Syvitski et al., "Impact of Humans on the Flux of Terrestrial Sediment to the Global Coastal Ocean", *Science*, v. 308, n. 5.720, 2005, p. 376-80.

56 Enfrentando o Antropoceno

pais de *Global Change and the Earth System* eram geólogos, e o IGBP parece não ter submetido o conceito, formal ou informalmente, à apreciação de organizações geológicas.

Enquanto permaneceu informal, o termo Antropoceno era uma síntese conveniente para uma grande variedade de fenômenos, mas sua utilidade científica era limitada, porque faltava uma definição específica com base em critérios objetivos. Palavras definidas de maneira vaga ou até mesmo sem definição são muito utilizadas em conversas informais, mas no campo da ciência a falta de definições claras pode causar confusão.

Felizmente, alguns geólogos resolveram determinar por conta própria se *prima facie* seria possível elaborar uma argumentação, a partir de critérios geológicos adequados, para definir formalmente o Antropoceno como um novo período geológico. Isso levantou uma questão cujas implicações vão muito além da geologia: quando começou o Antropoceno?

A ESCALA DE TEMPO GEOLÓGICO

Os geólogos dividem os 4,5 bilhões de anos da Terra em uma hierarquia de intervalos de tempo – éons, eras, períodos, épocas e idades – chamada de escala de tempo geológico. Vivemos no período Quaternário, a mais recente subdivisão da era cenozoica, que começou há 65 milhões de anos. O Quaternário, por sua vez, divide-se em duas épocas: o Pleistoceno, que começou há 2,58 milhões de anos, e o Holoceno, que começou 11.700 anos atrás e se estende até o presente.

Essas divisões não são arbitrárias: elas traduzem grandes mudanças nas condições e formas de vida dominantes na Terra, conforme revelam os estratos geológicos – camadas que se fixam ao longo do tempo em rochas, sedimentos e gelo. A era cenozoica é caracterizada pelo surgimento dos mamíferos, após a extinção em massa dos dinossauros e de muitos outros animais e plantas no fim do Mesozoico. A época do Pleistoceno se caracteriza pelas repetidas expansões e retrações dos mantos de gelo continental no hemisfério

Norte, popularmente chamadas de idades glaciais. A última retração glacial marca o início do Holoceno, caracterizado por um clima estável e relativamente quente: toda a história humana desde pouco antes da invenção da agricultura ocorreu sob as condições do Holoceno.

Portanto, para os geólogos, ratificar formalmente o Antropoceno não era aplicar uma palavra da moda a uma tendência atual, como no caso da *Jazz Age* ou dos *Gay Nineties*. Significava declarar, com critérios científicos específicos, que o tempo presente é tão diferente do Holoceno quanto o Holoceno é do Pleistoceno.

A subdisciplina da geologia que estuda e estabelece os parâmetros dos estratos geológicos é a *estratigrafia*, e foi a Comissão Estratigráfica da Sociedade Geológica de Londres, a segunda maior organização de geólogos do mundo, que decidiu iniciar essa revisão. No fim de 2007, após um ano de investigação, a comissão submeteu um artigo à revista da maior associação geológica do mundo, a Geological Society of America, que o pôs na capa de sua edição de fevereiro de 2008. O título era uma pergunta: "Are We Now Living in the Anthropocene?" [Estamos vivendo no Antropoceno?][4].

Embora "níveis cada vez maiores de influência humana" possam ser observados em estratos holocênicos de milhares de anos, os autores do artigo concluíram que, antes da Revolução Industrial, "a atividade humana não criava novas condições ambientais globais que pudessem se tornar um sinal estratigráfico fundamentalmente diferente". No entanto, desde a Revolução Industrial, "a exploração de carvão, petróleo e gás, em especial, possibilitou mundialmente a industrialização, a construção e o transporte em massa", causando uma ampla gama de mudanças que deixam vestígios em estratos de todo o mundo. A comissão concentrou-se em quatro áreas de mudanças, em curso e previstas, que podem deixar vestígios para os futuros geólogos:

---

4 Jan Zalasiewicz et al., "Are We Now Living in the Anthropocene?", cit. As citações a seguir são desse artigo.

58 Enfrentando o Antropoceno

- aumento da erosão, que atualmente excede a produção natural de sedimentos;

- níveis de dióxido de carbono e metano, que estão significativamente mais altos que em qualquer outro momento no último 1 milhão de anos e estão aumentando muito mais rápido que em qualquer outro período de aquecimento;

- extinções em massa, migrações de espécies e substituição da vegetação natural por monoculturas agrícolas, que vêm mudando a natureza da biosfera;

- aumento do nível do mar, que pode subir de dez a trinta metros para cada grau Celsius a mais na temperatura, e acidificação da água do mar, que terá efeitos graves sobre os recifes de coral e o plâncton.

O impacto combinado dessas mudanças "torna provável que tenhamos entrado em um intervalo estratigráfico sem paralelo próximo" no período Quaternário, mas "é muito cedo para afirmar se o Quaternário chegou ou não ao fim". A conclusão conservadora dos autores é que o Antropoceno deveria ser avaliado como uma nova época, não como um novo período.

> A Terra sofreu mudanças suficientes para deixar uma marca estratigráfica global distinta daquela do Holoceno ou das fases interglaciais anteriores ao Pleistoceno, envolvendo alteração biótica, sedimentar e geoquímica. Essas mudanças, apesar de provavelmente estarem ainda em fase inicial, são suficientemente distintas e solidamente estabelecidas para que sugestões de uma delimitação Holoceno-Antropoceno no passado histórico recente sejam geologicamente razoáveis. [...]

> Já há evidências suficientes de mudanças estratigraficamente significativas (tanto já ocorridas como iminentes) para o reconhecimento do Antropoceno [...] como uma nova época geológica a ser considerada para formalização pelo debate internacional.

Essa tentativa de dizer, "sim, há provas suficientes para que o assunto seja considerado" recebeu uma resposta surpreendentemente rápida. Em meses, a International Commission on Stratigraphy (ICS), comitê da International Union of Geological Sciences (IUGS) responsável pela definição da escala de tempo geológico, pediu a Jan Zalasiewicz, presidente da Comissão Estratigráfica da Sociedade de Londres, que convocasse um grupo de trabalho internacional para investigar e apresentar um relatório sobre a definição formal do Antropoceno como época geológica.

Para recomendar tal mudança, o grupo de trabalho deve comprovar que ocorreram grandes alterações qualitativas no sistema terrestre e que as evidências geológicas preservadas em rochas, sedimentos ou gelo distinguem inequivocamente as camadas fixadas no Antropoceno das camadas fixadas em tempos anteriores. Para definir quando ocorreu a transição do Holoceno para o Antropoceno, o grupo deve propor ou um marcador estratigráfico específico (com frequência denominado "prego dourado" [*golden spike*]), ou uma data específica, ou ambos[5].

O grupo de trabalho tem cerca de 38 membros voluntários de treze países dos cinco continentes. Cerca da metade são geólogos, os demais têm formação em outras ciências terrestres, arqueologia e história. As recomendações serão feitas durante o XXXV Congresso Geológico Internacional, realizado na África do Sul, em agosto de 2016, mas a formalização do Antropoceno não está garantida. É provável que seja recomendado que o termo permaneça informal ou se adie a decisão. Caso o grupo de trabalho recomende a formalização, a escala de tempo geológico não será alterada, a não ser que 60% dos membros do ICS e da IUGS concordem.

Como disse o paleontólogo Anthony Barnosky, se o Antropoceno conseguir superar todas esses obstáculos, "não apenas seria uma grande coisa para os geólogos – o equivalente acadêmico de, digamos, acrescentar uma nova emenda à Constituição dos Estados Unidos –, mas também evidenciaria que as pessoas se tornaram uma força geológica tão poderosa quanto as forças que transformaram uma Terra coberta de gelo em um planeta quente ou exterminaram os dinossauros"[6].

---

5   Os requisitos para a definição formal de um novo intervalo geológico e questões específicas sobre esse caso são discutidas em diversos ensaios de Colin N. Waters et al. (orgs.), *A Stratigraphical Basis for the Anthropocene* (Londres, Geological Society, 2014).

6   Anthony D. Barnosky, "Did the Anthropocene Begin with a Bang or a Drumroll?", *Huffington Post*, 20 jan. 2015. Disponível on-line.

60 Enfrentando o Antropoceno

Em seus primeiros artigos sobre o Antropoceno, Paul Crutzen sugeriu que a nova época pode ter começado com a Revolução Industrial, quando a queima de carvão em larga escala desencadeou um aumento de longo prazo nas concentrações atmosféricas de gases de efeito estufa. Isso fez com que alguns observadores concluíssem que a questão havia sido prejulgada, e houve um desperdício de palavras para criticar ou elogiar Crutzen e seus colaboradores por supostamente acreditarem (a exemplo de certos teóricos ambientais) que a *industrialização enquanto tal* é a fonte de todos os problemas ambientais. Na verdade, Crutzen estava apenas dando início à discussão, não apresentando uma conclusão: ele afirmou claramente que "propostas alternativas poderiam ser apresentadas"[7].

E, de fato, o grupo de trabalho recebeu pelo menos uma dúzia de propostas para datar o Antropoceno. Embora sejam substancialmente diferentes entre si, as datas seriamente consideradas para o início do Antropoceno dividem-se em dois grandes grupos que podem ser designados como *precoce* e *recente*, conforme a data proposta esteja situada num passado distante ou seja relativamente próxima do presente.

UM ANTROPOCENO PRECOCE?

A primeira proposta de Antropoceno precoce foi apresentada pelo geólogo estadunidense William Ruddiman, que afirma que o Antropoceno começou entre 8 mil e 5 mil anos atrás, quando os seres humanos iniciaram a agricultura de larga escala em várias partes do mundo. Essa atividade, acredita ele, produziu emissões de dióxido de carbono e metano que elevaram a temperatura global o suficiente para evitar o retorno da idade glacial[8].

Outras propostas de Antropoceno precoce sugerem que ele data das primeiras grandes alterações da paisagem feitas pelos seres humanos, da extinção

---

7 Paul J. Crutzen, "Geology of Mankind", *Nature*, v. 415, n. 3, 2002, p. 17.

8 William F. Ruddiman, "The Anthropogenic Greenhouse Era Began Thousands of Years Ago", *Climatic Change*, n. 61, 2003, p. 261-93; "How Did Humans First Alter Global Climate?", *Scientific American*, v. 292, n. 3, 2005, p. 46-53.

dos grandes mamíferos no Pleistoceno tardio ou da formação dos solos antropogênicos na Europa. Uma proposta amplamente discutida considera o intercâmbio intercontinental de espécies que ocorreu com as invasões europeias das Américas e propõe 1610 como data de transição. Alguns arqueólogos indicam que o início do Antropoceno seja estendido aos primeiros vestígios de atividade humana, o que abrangeria grande parte do Pleistoceno; outros sugerem que todo o Holoceno deveria simplesmente ser rebatizado como Antropoceno, pois é o período em que as civilizações humanas sedentárias se desenvolveram.

Essa profusão de propostas é um reflexo das longas e complexas relações da humanidade com os ecossistemas da Terra – muitos dos marcos iniciais propostos são pontos de inflexão importantes nessas relações e merecem estudos cuidadosos. Mas a discussão atual não se refere apenas ao impacto humano: "O Antropoceno não é definido pelo crescente impacto do homem sobre o meio ambiente, mas pela interferência humana ativa nos processos que governam a evolução geológica do planeta"[9]. Nenhuma das propostas de Antropoceno precoce atende a esse parâmetro e nenhuma acarretou ruptura qualitativa nas condições do Holoceno.

Mesmo que seja correta a controversa afirmação de Ruddiman de que a revolução agrícola causou certo aquecimento global, isso significaria apenas que a atividade humana prolongou as condições holocênicas. A recente transformação das condições holocênicas para um estado não análogo ainda precisaria ser avaliada e compreendida. O conhecido climatologista James Hansen e seus colegas escreveram:

> Mesmo que o Antropoceno tenha começado há milênios, uma fase fundamentalmente diferente, um Hiperantropoceno, teve início com o aumento explosivo do uso de combustíveis fósseis no século XX. As forças climáticas de origem humana ultrapassaram as forças naturais. CO_2 em 400 ppm em 2015 está fora do padrão [...]. A maior parte do aumento dessas forças ocorreu nas últimas

9   Clive Hamilton, "Can Humans Survive the Anthropocene?". Disponível on-line.

62 Enfrentando o Antropoceno

décadas e dois terços do aquecimento global de 0,9 grau Celsius (desde 1850) ocorreu a partir de 1975.[10]

A ideia de um Antropoceno precoce foi promovida por antiambientalistas associados ao Breakthrough Institute porque corrobora o argumento de que não houve mudanças qualitativas recentes e, portanto, não há necessidade de respostas radicais. Na opinião desses antiambientalistas, as crises atuais "são uma aceleração de tendências que remontam a centenas ou até milhares de anos atrás, não o ponto de partida de uma nova época"[11].

Como explicam Clive Hamilton e Jacques Grinevald, a argumentação do Antropoceno precoce atrai os conservadores porque minimiza as transformações recentes do sistema terrestre:

> Ela "gradua" a nova época para que não seja mais uma ruptura decorrente principalmente da queima de combustíveis fósseis, mas um fenômeno gradual causado pela propagação da influência humana sobre a paisagem. Isso desvirtua a compreensão da rapidez, da gravidade, da duração e da irreversibilidade do Antropoceno, o que conduz a uma grave subestimação e a uma caracterização equivocada da resposta humana necessária para retardar seu início e amenizar seus impactos.[12]

UM ANTROPOCENO RECENTE?

As diversas propostas de Antropoceno precoce foram cuidadosamente consideradas e rejeitadas por uma maioria significativa do grupo de trabalho.

---

10 James Hansen, et al., "Ice Melt, Sea Level Rise and Superstorms: Evidence from Paleoclimate Data, Climate Modeling, and Modern Observations that 2 °C Global Warming Is Highly Dangerous", *Atmospheric Chemistry and Physics Discussions*, v. 15, 2015, p. 3.761-3.812 . Disponível on-line.

11 Ted Nordhaus, Michael Shellenberger e Jenna Makuno, "Ecomodernism and the Anthropocene: Humanity as a Force for Good", *Breakthrough Journal*, 15 jun. 2015, disponível on-line. Para uma discussão sobre o papel reacionário dos debates do Breakthrough Institute in Anthropocene, ver Ian Angus, "Hijacking the Anthropocene", *Climate & Capitalism*, 19 maio 2015. Disponível on-line.

12 Clive Hamilton e Jacques Grinevald, "Was the Anthropocene Anticipated?", *Anthropocene Review*, 2015.

Em janeiro de 2015, mais de dois terços dos membros do grupo escreveram um artigo intitulado "When Did the Anthropocene Begin? A Mid--Twentieth-Century Boundary Level Is Stratigraphically Optimal" [Quando o Antropoceno começou? Uma delimitação em meados do século XX é estratigraficamente o ideal].

> Os seres humanos começaram a influenciar cada vez mais – porém, no geral, regionalmente e de forma altamente assíncrona – o sistema terrestre milhares de anos atrás. Com o início da Revolução Industrial, a humanidade tornou-se um fator geológico mais evidente; porém, em nossa perspectiva atual, foi a partir de meados do século XX que o impacto crescente da Revolução Industrial tornou-se global e praticamente síncrono.[13]

Eles rejeitaram as propostas de Antropoceno precoce porque abordavam apenas um aspecto do argumento a favor de uma nova época: o impacto humano sobre os ecossistemas terrestres. "A importância do Antropoceno não está tanto no fato de vermos nele 'os primeiros traços da nossa espécie' (ou seja, uma perspectiva antropocêntrica sobre a geologia), mas na escala, no significado e na durabilidade das mudanças (que, por acaso, são atualmente de origem humana) no sistema terrestre."[14]

Em janeiro de 2016, a maioria do grupo de trabalho publicou um comunicado particularmente forte sobre a questão de saber se as mudanças no sistema terrestre foram suficientes para justificar a declaração de uma nova época e, em caso afirmativo, quando ela começou. O título do artigo, publicado na revista *Science* e assinado por 24 membros do grupo de trabalho, é inequívoco: "The Anthropocene Is Functionally and Stratigraphically Distinct from the Holocene" [O Antropoceno é funcional e estratigraficamente distinto do Holoceno]. Entrevistado pelo jornal *The Guardian*, Colin Waters, autor principal do artigo, descreveu a mudança global como "uma mudança radical de um mundo para outro que justifica que seja

---

13 Jan Zalasiewicz et al., "When Did the Anthropocene Begin? A Mid-Twentieth-Century Boundary Level Is Stratigraphically Optimal", *Quaternary International*, v. 383, 2015, p. 6.

14 Idem.

64 Enfrentando o Antropoceno

chamada de época. O que o artigo faz é afirmar que as mudanças são tão grandes quanto as que aconteceram no fim da última idade glacial. Isso é muito importante"[15].

O artigo resumiu as pesquisas mais recentes à época que identificavam os principais fatores do fim do Holoceno:

- As concentrações atmosféricas de CO_2 ultrapassaram os níveis de CO_2 no Holoceno desde 1850, pelo menos, e, de 1999 a 2010, aumentaram cerca de cem vezes mais rápido que quando puseram fim à última idade glacial. As concentrações de metano subiram mais e mais rapidamente.

- Durante milhares de anos as temperaturas médias globais diminuíram lentamente em consequência de pequenas mudanças cíclicas na órbita da Terra. Desde 1800, o aumento dos gases de efeito estufa dominou o ciclo climático orbital, fazendo com que o planeta aquecesse de forma anormalmente rápida.

- Entre 1906 e 2005, a temperatura média global aumentou até 0,9 grau Celsius, e nos últimos cinquenta anos a taxa de variação dobrou.

- O nível médio global do mar começou a subir acima dos níveis do Holoceno entre 1905 e 1945. Atualmente chegou a seu ponto mais alto em cerca de 115 mil anos, e a taxa de aumento está acelerando.

- Os índices de extinção de espécies estão muito acima do normal. Se a tendência atual de perda de hábitats e superexploração se mantiver, 75% das espécies poderão morrer nos próximos séculos. Esse seria o sexto evento de extinção em massa na Terra, comparável à extinção dos dinossauros, há 65 milhões de anos.

Uma observação particularmente assustadora: *mesmo que os níveis de emissão sejam reduzidos*, até 2070 a Terra atingirá a temperatura mais alta dos últimos 125 mil anos, o que significa que será "mais quente do que foi na

---

15 Adam Vaughan, "Human Impact Has Pushed Earth into the Anthropocene, Scientists Say", *The Guardian*, 9 jan. 2016, Disponível on-line.

maior parte do tempo, se não em todo o tempo desde que os seres humanos modernos surgiram como espécie, há 200 mil anos".

Boa parte do artigo foca uma questão-chave para os geólogos: a atividade humana produziu uma assinatura estratigráfica em sedimentos e no gelo distinta daquela do Holoceno? Acontece que, contrariando as dúvidas de alguns no início desse processo, os geólogos do futuro terão uma grande variedade de indicadores para escolher.

> Os depósitos antropogênicos recentes contêm novos minerais e novos tipos de rocha, o que reflete a rápida disseminação global de novos materiais, como alumínio elementar, concreto e plástico, que formam "tecnofósseis" abundantes e em rápida evolução. A queima de combustíveis fósseis disseminou *black carbon* [carbono negro], cinzas esféricas inorgânicas e partículas esferoidais carbonosas em todo o mundo, com um aumento global quase síncrono por volta de 1950.

O gelo e os sedimentos antropogênicos também são caracterizados por concentrações únicas de produtos químicos – como o chumbo da gasolina, o nitrogênio e o fósforo dos fertilizantes, bem como o dióxido de carbono resultante da queima de combustíveis fósseis. Mas "é possível que o sinal antropogênico mais síncrono e disseminado no mundo seja consequência dos testes com armas nucleares". Os resíduos das explosões de bombas de hidrogênio, que tiveram início em 1952 e atingiram seu auge em 1961--1962, deixaram uma marca mundial nítida.

Cada uma dessas marcas estratigráficas ou é inteiramente nova, ou está fora da faixa de variação do Holoceno – e as mudanças estão acelerando. O artigo recomendou que a Comissão Internacional de Estratigrafia aceite o Antropoceno como uma nova época.

Sobre a questão de seu início, a análise dos autores é "mais consistente com meados do século XX" que com datas mais antigas propostas. Eles não recomendam uma data específica, mas observam que foi apresentada uma série de opções, com variações entre 1945 e 1964.

Finalmente, deixam em aberto "se é útil formalizar o Antropoceno ou se é melhor mantê-lo como um termo de tempo geológico informal,

66 Enfrentando o Antropoceno

ainda que solidamente fundamentado, como acontece hoje com o Pré-
-Cambriano e o Terciário".

Essa questão é complexa, porque, ao contrário de outras subdivisões do
tempo geológico, as implicações da formalização do Antropoceno vão
muito além da comunidade geológica. Seria não só a primeira ocorrência
de uma nova época testemunhada diretamente pelas sociedades humanas
avançadas, como seria uma época decorrente da própria ação humana.

Mesmo assim, ainda é possível que a Comissão Internacional de Estratigrafia,
comumente conservadora, rejeite ou decida adiar qualquer decisão sobre a
inclusão do Antropoceno na escala do tempo geológico, mas, como escreve
a maioria do grupo de trabalho, o "Antropoceno já tem uma base geológica
robusta, vem sendo amplamente utilizado e, na verdade, está se tornando
um conceito central e integrador na consideração das mudanças globais".

Em outras palavras, não vencer uma votação formal não fará com que o
Antropoceno saia de cena.

4

PONTOS DE RUPTURA, CAOS CLIMÁTICO E FRONTEIRAS PLANETÁRIAS

> *O Antropoceno suscita uma nova questão: quais são as precon-dições planetárias não negociáveis que a humanidade precisa respeitar para evitar o risco de mudanças ambientais nocivas ou mesmo catastróficas em escala continental ou global?*
>
> Johan Rockström[1]

Após listar as recentes e cruciais mudanças no sistema terrestre, os autores de *Global Change and the Earth System* insistem que essa lista não fornece o quadro completo: "Listar o amplo conjunto de mudanças biofísicas e socioeconômicas que está ocorrendo não capta a complexidade e a conecti-vidade das mudanças globais, uma vez que as muitas conexões e interações entre as mudanças individuais não são contempladas". As crises listadas e outras reforçam-se e transformam-se mutuamente, produzindo "síndromes de mudanças" complexas; além disso, "muitas mudanças não ocorrem de forma linear, mas, ao contrário, limites são ultrapassados e mudanças rápi-das e não lineares decorrem daí"[2].

---

1 Johan Rockström e Mattias Klum, *Big World, Small Planet: Abundance within Planetary Boundaries* (Estocolmo, Max Strom, 2015).

2 Will Steffen et al. (orgs.), *Global Change and the Earth System: A Planet under Pressure* (Berlim, Springer, 2004), p. 6 e 7.

68 Enfrentando o Antropoceno

Essa compreensão da volatilidade ecológica, um desenvolvimento recente na ciência do sistema terrestre, é resultado direto dos projetos do IGBP conduzidos em todo o mundo durante a década de 1990.

O PASSADO COMO GUIA PARA O FUTURO

Desde o início da década de 1990, o IGBP organizou seu trabalho em torno de nove projetos que se concentravam em aspectos abrangentes do sistema terrestre, inclusive ecossistemas terrestres, química atmosférica e ecossistemas oceânicos. Cada projeto incluía uma variedade de estudos específicos realizados por cientistas de todo o mundo.

Todos os projetos contribuíram para o objetivo do IGBP de produzir uma imagem integrada da natureza e do rumo das mudanças globais, mas sem dúvida o mais importante, tanto em relação aos objetivos quanto aos resultados, foi o projeto Past Global Changes (Pages), responsável por "fornecer uma compreensão quantitativa sobre o passado do clima e do meio ambiente da Terra"[3]. A importância desse trabalho pode ser definida de forma simples: não podemos entender a dinâmica e a direção da atual transformação da Terra a menos que saibamos como as condições do presente diferem daquelas do passado.

> Compreender a expressão, as causas e as consequências da variabilidade natural do passado é uma preocupação vital para o desenvolvimento de cenários realistas sobre o futuro. Além disso, as complexas interações entre as forças externas e a dinâmica interna do sistema em todas as escalas de tempo sugerem que, em qualquer época, o estado do sistema terrestre reflete não apenas características indicativas dos processos contemporâneos, mas também outras que são herdadas de influências passadas, todas atuando em diferentes escalas de tempo. A necessidade de uma compreensão sobre o funcionamento do sistema terrestre firmemente baseada no conhecimento do passado é essencial.[4]

3 Keith Alverson, Isabelle Larocque e Christoph Kull, "Appendix A: The Past Global Changes (Pages) Program", em Keith Alverson, Raymond S. Bradley e Thomas F. Pedersen (orgs.), *Paleoclimate, Global Change and the Future* (Berlim, Springer, 2003), p. 169-73.

4 Will Steffen et al. (orgs.), *Global Change and the Earth System*, cit., p. 23.

Pontos de ruptura, caos climático e fronteiras planetárias 69

Para alcançar tal compreensão, os pesquisadores precisavam de informações não apenas de algumas décadas ou séculos, mas de dezenas e centenas de milhares de anos, dos quais não há registros escritos ou instrumentais. Na época em que o IGBP começou a trabalhar, os cientistas conheciam, em linhas gerais, parte da complexa história do clima – quando ocorreu a idade glacial, por exemplo –, mas ainda faltavam detalhes. Na década de 1990, os cientistas associados ao Pages realizaram estudos inéditos sobre os registros físicos deixados pelas mudanças globais, inclusive anéis de árvores, recifes de corais, sedimentos oceânicos e lacustres e, em especial, geleiras, nas quais camadas de gelo se acumulam há milênios.

Novos métodos de extração e análise do núcleo profundo das geleiras forneceram uma abundância de dados novos sobre a história da temperatura, da composição atmosférica, dos níveis dos oceanos e muito mais. Dois núcleos, cada um com mais de 3 mil metros de profundidade, foram perfurados na Groenlândia no início da década de 1990 e forneceram registros das condições de 100 mil anos atrás. No fim da década, uma equipe franco-russa que trabalhava na Estação Vostok, na Antártida, extraiu e analisou um núcleo cujo ponto mais profundo tinha 420 mil anos de idade. Dados do estudo de Vostok, publicados em 1999, foram descritos como "indiscutivelmente um dos mais importantes produzidos pela comunidade científica que estuda as mudanças globais no século XX"[5]. Perfurações posteriores elevaram o recorde para 800 mil anos. Não é exagero afirmar que essa pesquisa revolucionou nossa compreensão sobre o passado da Terra – e, consequentemente, sobre seu presente e futuro.

Sabe-se, desde 1850, que pequenas quantidades de dióxido de carbono na atmosfera ajudam a controlar a temperatura da Terra – o CO_2 deixa entrar a luz solar, mas não permite que o calor saia. Se o efeito estufa não existisse, a temperatura média da Terra provavelmente seria cerca de 35 graus Celsius mais fria que atualmente, ou seja, seria muito mais fria que nas idades glaciais mais extremas. Hoje também se sabe que o dióxido de

---

5 Ibidem, p. 14.

70 Enfrentando o Antropoceno

carbono circula continuamente entre a atmosfera e os oceanos, mantendo os níveis gerais mais ou menos estáveis.

Também se sabe, há muito tempo, que o ângulo de incidência da luz solar sobre a Terra muda ligeiramente no decurso de ciclos de com duração aproximada de 100 mil, 40 mil e 20 mil anos – ciclos produzidos por combinações complexas de mudanças extremamente lentas na órbita da Terra e na inclinação e orientação do eixo do planeta. Durante muito tempo, os climatologistas acreditaram que esses ciclos – denominados "ciclos de Milankovitch", em homenagem ao engenheiro sérvio que os calculou na década de 1920 – provavelmente desempenhavam um papel no aparecimento e no desaparecimento das idades glaciais, mas as mudanças na energia solar relacionadas a esse processo eram pequenas demais para gerarem sozinhas um efeito tão grande.

A análise detalhada da composição de 800 mil anos de gelo antártico revelou, não muito tempo atrás, que dois processos à primeira vista independentes – as oscilações no espaço e os ciclos de carbono terrestre – estão, na verdade, intimamente relacionados, enquanto componentes fundamentais do sistema terrestre. Para simplificar: os pequenos resfriamentos ou aquecimentos causados pelos ciclos de Milankovitch funcionam como gatilhos que desencadeiam a absorção ou a liberação de CO_2 pelos oceanos, produzindo "mudanças que são repentinas e não proporcionais às mudanças na recepção da radiação solar"[6].

Na Conferência sobre Mudanças Globais realizada em Amsterdã em 2001, o presidente do Comitê Científico do IGBP, Berrien Moore, ressaltou que os ciclos encontrados no núcleo de gelo de Vostok mostram um padrão notavelmente consistente ao longo de centenas de milhares de anos:

> O padrão repetido de diminuição de 100 ppmv [partes por milhão em volume] no CO_2 atmosférico de um valor interglacial de 280 a 300 ppmv até um limite de 180 ppmv e, em seguida, a rápida recuperação à medida que o planeta sai das glaciações sugere um sistema de controle rigorosamente regulado por paradas firmes a 280-300 e 180 ppmv. Há um ciclo de CH_4 [metano] semelhante

6 Ibidem, p. 12.

entre 320-350 ppbv [partes por bilhão em volume] e 650-770 ppbv em sintonia com a temperatura.[7]

O diretor executivo do IGBP, Will Steffen, escreveu que "nenhum registro é mais intrigante que a 'respiração' rítmica do planeta, conforme revelado pelos registros do núcleo de gelo de Vostok". O "padrão metabólico planetário extraordinariamente regular materializado no núcleo de gelo de Vostok" proporcionou "um panorama fascinante do metabolismo da Terra ao longo de centenas de milhares de anos"[8].

Os mecanismos exatos desse "sistema de controle rigorosamente regulado" não foram ainda compreendidos por completo, mas não há dúvida de que o CO_2 atmosférico é a alavanca que controla o termostato da Terra.

Fatores externos podem interferir nesses ciclos. Cerca de 56 milhões de anos atrás, por exemplo, uma liberação gigantesca de dióxido de carbono subterrâneo, provavelmente desencadeada por supervulcões ou pelo impacto de um cometa, excedeu o processo normal, fazendo as temperaturas globais aumentarem de cinco a nove graus Celsius em um instante geológico. E foram necessários cerca de 200 mil anos para que o excesso de CO_2 fosse reabsorvido e as temperaturas voltassem ao normal[9].

A quantidade de CO_2 liberada naquele episódio é mais ou menos igual a que será produzida se queimarmos todas as nossas reservas de carvão, petróleo e gás natural. A situação atual é diferente em muitos aspectos, por isso não devemos esperar uma repetição; há, contudo, uma semelhança importante a ser observada. Como disse Berrien Moore, hoje os níveis de CO_2 atmosférico estão muito além da escala normal:

7 Berrien Moore III, "Challenges of a Changing Earth", em Will Steffen et al. (orgs.), *Challenges of a Changing Earth* (Berlim, Springer, 2002), p. 9.

8 Will Steffen, "An Integrated Approach to Understanding Earth's Metabolism", *Global Change Newsletter*, n. 41, 2000, p. 9.

9 Há análises úteis desse evento climático em Robert Kunzig, "Hothouse Earth", *National Geographic*, 1º out. 2011; Lee R. Kump, "The Last Great Global Warming", *Scientific American*, 1º jul. 2011; e Jeff Masters, "PETM: Global Warming, Naturally", *Weather Underground*, [s.d.], disponível on-line.

72 Enfrentando o Antropoceno

A atmosfera, impregnada de CO_2 proveniente de combustíveis fósseis, está cerca de 100 ppmv acima do "ponto limite" anterior de 280-300 ppmv. O valor atual de CH_4 está ainda mais acima (percentualmente) se comparado com os maiores valores interglaciais. Basicamente, o carbono passou de uma reserva relativamente imóvel (em reservas de combustíveis fósseis) no ciclo lento do carbono para uma reserva relativamente móvel (a atmosfera) no ciclo rápido do carbono.[10]

A Figura 4.1 ilustra esse ponto. Como diz o IGBP em *Global Change and the Earth System*, "as mudanças desencadeadas pelo homem estão afastando consideravelmente o sistema terrestre de sua faixa normal de funcionamento". E, como explica o historiador Spencer Weart, especializado em alterações climáticas, a descoberta das causas da idade glacial revelou que "o sistema é um equilíbrio frágil, de modo que um pequeno estímulo poderia desencadear uma grande mudança"[11]. A queima de combustíveis fósseis desorganizou o ciclo do carbono, e o aquecimento global é um resultado inevitável disso. A questão é: em que medida e a que velocidade?

PONTOS DE RUPTURA

Há dois séculos a transformação de quantidade em qualidade é um postulado fundamental da dialética. Hegel expressou-a e explicou-a como uma lei do pensamento; Marx e Engels aplicaram-na ao mundo material. Pequenas mudanças acumulam-se, criando uma complexidade cada vez maior, até que o objeto, o ser ou o sistema de súbito passa de um estado para outro radicalmente diferente, o que com frequência é chamado de mudança de fase. A água é um líquido até que atinja a temperatura de cem graus Celsius – nesse momento, ela se torna gás. A pesca intensiva produz grandes capturas, até a população de peixes sofrer um colapso repentino. As tensões sociais e econômicas acumulam-se de forma gradual até que uma explosão

10 Berrien Moore III, "Challenges of a Changing Earth", cit., p. 9.

11 Spencer Weart, *The Discovery of Global Warming* (Cambridge, Harvard University Press, 2003).

Pontos de ruptura, caos climático e fronteiras planetárias **73**

revolucionária impõe uma nova ordem social, qualitativamente diferente da sociedade anterior.

Hoje poucos cientistas estão familiarizados com a dialética, e ainda menos cientistas a usam de maneira consciente, mas o conceito dialético fundamental da transformação da quantidade em qualidade tem sido assimilado pelo pensamento científico sob o rótulo de emergência, saltos quânticos e equilíbrio pontuado. Coloquialmente, essas transições são chamadas de "pontos de ruptura", expressão originalmente usada pelos físicos para o ponto em que a adição de peso ou pressão a um objeto em equilíbrio faz com que ele passe subitamente para uma nova posição. No sistema terrestre, os pontos de ruptura não são incomuns – eles são a norma.

> Até algumas décadas atrás, acreditava-se em geral que as mudanças climáticas globais e regionais em larga escala ocorriam gradualmente, ao longo de muitos séculos ou milênios, sendo dificilmente perceptíveis durante uma vida humana. A tendência do clima de mudar de forma relativamente súbita é um dos resultados mais surpreendentes dos estudos sobre a história da Terra.[12]

Apesar dessa mudança no entendimento científico do clima, na maioria dos casos – entre eles os relatórios do Painel Intergovernamental sobre Mudanças Climáticas (em inglês, IPCC) – há uma pressuposição implícita de que a mudança climática será gradual. O século XXI será uma versão mais quente, mais tempestuosa e menos diversa biologicamente do século XX – menos agradável, mas não fundamentalmente diferente. Como aponta a pesquisa encomendada pelo Conselho Nacional de Pesquisa dos Estados Unidos, essa pressuposição leva a conclusões específicas sobre a capacidade da sociedade de responder às mudanças.

Diversas projeções das condições climáticas futuras têm indicado uma mudança constante das condições, dando a impressão de que as comunidades terão tempo para se adaptar de forma gradual, por exemplo, adotando novas práticas agrícolas a fim de manter a produtividade em

---

12 Jonathan Adams, Mark Maslin e Ellen Thomas, "Sudden Climate Transitions during the Quaternary", *Progress in Physical Geography*, v. 23, n. 1, 1999, p. 2.

condições mais quentes e secas, ou se transferindo das áreas costeiras à medida que o nível do mar sobe.

Figura 4.1: Mudança climática global

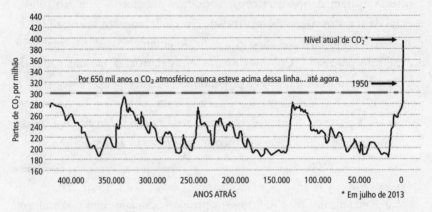

450 mil anos de CO_2 atmosférico. A linha pontilhada indica o limite superior da variação natural de CO_2, como se descobriu no núcleo de gelo de Vostok. Em 1945, o CO_2 estava 25 ppm acima do nível pré-industrial; em 2015, estava 120 ppm acima dele. Fonte: Nasa. Disponível em: <http://climate.nasa.gov/climate_resources/24/>.

Mas os autores ressaltam que, na prática, a experiência pode ser muito diferente.

> A comunidade científica vem prestando cada vez mais atenção à possibilidade de que pelo menos algumas mudanças sejam abruptas, talvez cruzando um limite ou um "ponto de ruptura" e provocando uma trasnformação tão rápida que haverá pouco tempo para reagir. Essa é uma preocupação razoável, pois mudanças abruptas – que podem ocorrer em décadas ou até mesmo anos – são parte natural do sistema climático ao longo da história da Terra. Os registros paleoclimáticos – informações sobre o clima do passado coletadas de fontes como fósseis, núcleos de sedimentos e núcleos de gelo – contêm evidências abundantes da ocorrência de mudanças abruptas no passado remoto da Terra, inclusive mudanças repentinas na circulação do ar e do oceano e eventos abruptos de extinção extrema.[13]

---

[13] National Research Council, *Abrupt Impacts of Climate Change: Anticipating Surprises* (Washington, National Academies Press, 2013), p. 8.

Muitos cientistas que estudam o sistema terrestre argumentam que mudanças repentinas não apenas são possíveis, como praticamente certas.

> Na realidade, o meio ambiente terrestre apresenta uma variabilidade significativa em praticamente todas as escalas de tempo e espaço [...]. Alterações abruptas e não lineares em parâmetros ambientais fundamentais parecem ser a norma no funcionamento do sistema terrestre, não a exceção. Assim, é pouco provável que as mudanças globais ocorram como um processo estável ou pseudolinear em qualquer cenário conceitual, mas quase com certeza serão caracterizadas por transformações abruptas, para as quais a previsão e a adaptação são muito difíceis.[14]

O DESEQUILÍBRIO DA NATUREZA

A ideia de que o mundo natural é fundamentalmente estável e imutável tem uma longa história. Sua versão mais antiga tem uma base religiosa: Deus criou um mundo perfeito e, caso os seres humanos interfiram nessa perfeição, Deus a restaurará com o tempo. Um equivalente secular foi concebido em 1864 pelo pioneiro naturalista estadunidense George Perkins Marsh:

> Nos países onde não há intervenção humana, as proporções e as posições relativas de terra e água, precipitação atmosférica e evaporação, média termométrica e distribuição de vida vegetal e animal estão sujeitas apenas a alterações decorrentes de influências geológicas tão lentas em sua operação que as condições geográficas podem ser consideradas constantes e imutáveis.[15]

Essa perspectiva se mantém influente: uma das passagens mais citadas em toda a literatura naturalista é o apelo de Aldo Leopold, feito em 1949, por uma "ética da terra" baseada na preservação da "integridade, estabilidade e beleza da comunidade biótica"[16]. Nunca ocorreu a Leopold nem à maioria

---

14 Will Steffen et al., "Abrupt Changes: The Achilles' Heels of the Earth System", *Environment: Science and Policy for Sustainable Development*, v. 46, n. 3, 2004, p. 9.

15 George P. Marsh, *Man and Nature, or Physical Geography as Modified by Human Action* (Nova York, Charles Scribner, 1864; reimp. *Man and Nature*, Cambridge, Harvard University Press, 1965), p. 34.

16 Aldo Leopold e Charles Walsh Schwartz, *A Sand County Almanac with Other Essays on Conservation from Round River (1949)* (Nova York, Ballantine, 1970), p. 262.

76 Enfrentando o Antropoceno

de seus admiradores contemporâneos que o mundo natural pudesse ser *inerentemente instável*, sujeito a mudanças rápidas, mesmo na ausência de atividade humana.

Desde meados do século XIX, os naturalistas tinham consciência de que, pelo menos uma vez, as geleiras da Terra haviam conseguido cobrir grande parte do mundo e que animais hoje desconhecidos já haviam caminhado sobre a terra, mas acreditavam que mudanças dessa magnitude ocorriam de forma extremamente lenta, sem relevância para a história e a atividade humanas. Como um pano de fundo pintado para uma peça de teatro, o mundo natural era um contexto imutável, não um ator ativo em qualquer drama humano.

Essa visão já não se sustenta. Pesquisas científicas atuais revelam que, mesmo em tempos de relativa estabilidade, como o Holoceno, o sistema terrestre está em constante mudança em todas as escalas de espaço e tempo e que as mudanças mais drásticas ocorrem muitas vezes com uma rapidez impressionante.

CAOS CLIMÁTICO

Em *Global Change and the Earth System*, Will Steffen e seus colegas escreveram:

> O comportamento do sistema terrestre não é caracterizado por equilíbrios estáveis, mas por fortes não linearidades, em que mudanças relativamente pequenas em uma função propulsora são capazes de levar o sistema a ultrapassar um limiar e provocar mudanças abruptas em funções essenciais. Alguns dos modos de variabilidade observados têm potencial de causar alterações inesperadas muito agudas e repentinas, se levarmos em conta a força relativamente pequena que as desencadeia [...]. O potencial de mudanças abruptas é uma característica extremamente importante para a compreensão da natureza do sistema terrestre. A existência de tais mudanças foi demonstrada de maneira convincente por evidências paleológicas reunidas durante a última década.[17]

---

17 Will Steffen et al. (orgs.), *Global Change and the Earth System*, cit., p. 83.

Pontos de ruptura, caos climático e fronteiras planetárias 77

A figura 4.2, adaptada de um estudo dos dados obtidos em núcleos de gelo realizado por cientistas do Potsdam Institute for Climate Impact Research[18], mostra a temperatura média anual na Groenlândia durante os últimos 100 mil anos. Nossa época atual, o Holoceno, é o segmento quase plano na parte superior direita da figura.

Noventa por cento da linha do tempo mostrado no gráfico corresponde ao fim do Pleistoceno, uma época de 2,6 milhões de anos caracterizada por repetidas glaciações e recuos interglaciais: o clima global não era apenas frio, mas também extremamente variável. Os seres humanos modernos percorreram a Terra durante todo esse tempo, mas até o Holoceno eles viviam em pequenos grupos nômades de caçadores-coletores. O historiador do clima William J. Burroughs, que chama esse período de "reino do caos", argumenta de forma convincente que enquanto duraram essas mudanças climáticas rápidas e caóticas, a agricultura e a vida sedentária foram impossíveis, mesmo em partes do mundo onde as geleiras nunca chegaram. Para se desenvolver, a agricultura precisa não apenas de estações quentes, mas de um *clima estável e previsível* – e, de fato, em apenas alguns milhares de anos após o início do Holoceno, os seres humanos adotaram a agricultura como modo de vida permanente nos cinco continentes. "Quando o clima se estabilizou numa forma que é, sob muitos aspectos, reconhecível hoje, todos os aspectos externos de nosso desenvolvimento posterior (agricultura, cidades, comércio etc.) puderam florescer"[19].

Durante 11.700 anos, a temperatura média anual no mundo não variou mais que um grau Celsius para cima ou para baixo. Mas os valores médios podem esconder grandes variações: apesar de, na média, ser quente e estável, o Holoceno não foi nenhum paraíso climático. Essa variação média de um grau acarretou secas incontáveis, escassez de alimentos, ondas de calor,

---

18 Andrey Ganopolski e Stefan Rahmstorf, "Rapid Changes of Glacial Climate Simulated in a Coupled Climate Model", *Nature*, v. 409, 2001, p. 153-8.

19 William J. Burroughs, *Climate Change in Prehistory: The End of the Reign of Chaos* (Cambridge, Cambridge University Press, 2005), p. 13 e 102.

ondas de frio e tempestades intensas – eventos climáticos extremos que levaram milhões de pessoas à morte.

O Pleistoceno foi muito pior: as variações de temperatura foram de cinco a dez vezes maiores que em qualquer outra situação que a humanidade tenha experimentado desde então.

Figura 4.2: Temperatura média anual na Groenlândia nos últimos 100 mil anos

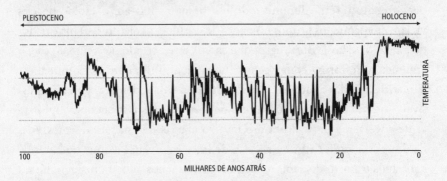

Além disso, como descreveram os geólogos Jan Zalasiewicz e Mark Williams, a transição do frio do Pleistoceno para o calor do Holoceno foi, por si só, um processo abrupto e caótico.

> Saindo do Máximo Glacial, há 14.700 anos, as temperaturas subiram repentinamente, a temperatura média no norte do Atlântico e arredores aumentou depressa cerca de cinco graus Celsius (na Groenlândia, a elevação da temperatura chegou perto de vinte graus Celsius). As temperaturas permaneceram próximas desses níveis por quase dois milênios – e em seguida caíram de repente em níveis semelhantes, uma vez que toda a região congelou outra vez.

O novo período frio, chamado de Dryas recente pelos geólogos, durou mil anos. "Então, há 11.700 anos, as temperaturas elevaram-se repentinamente de novo, em mais uma mudança climática – só que dessa vez

Pontos de ruptura, caos climático e fronteiras planetárias 79

as temperaturas quentes se mantiveram, e essa transição marca o início do Holoceno"[20].

Mas quão repentino é esse repentino? Cada um desses saltos de temperatura levou algumas décadas, ou seja, praticamente nada em termos geológicos e não muito em termos humanos. O mais surpreendente é que, em ambos os casos, a mudança na circulação atmosférica que desencadeou o aquecimento "parece ter ocorrido em cerca de *um a três anos*"[21].

DO HOLOCENO AO ANTROPOCENO

Em 1999, os primeiros cientistas que estudaram o núcleo de gelo de Vostok relataram, surpresos: "O Holoceno, que já durou 11 mil anos, é, de longe, o período quente mais longo e estável registrado na Antártida nos últimos 420 mil anos"[22]. A transição para as condições do Antropoceno será gradual ou podemos esperar mudanças repentinas comparáveis àquelas que iniciaram o Holoceno?

É improvável que as causas específicas do caos climático vivido no passado se repitam; portanto, o padrão das mudanças certamente será diferente. Mas a diferença mais significativa entre aquele momento e este é o impacto sem precedentes da atividade humana nos últimos sessenta anos – e isso faz com que seja muito provável, como concluiu uma equipe liderada pelo renomado biólogo estadunidense Anthony D. Barnosky, que a Terra esteja "se aproximando de uma mudança de estado":

> A comparação da atual extensão das mudanças planetárias com aquela que caracterizou as mudanças de estado globais no passado e as enormes forças que continuamos a exercer no mundo sugere que outra mudança de estado em

---

20 Jan Zalasiewicz e Mark Williams, *The Goldilocks Planet: The Four Billion Year Story of Earth's Climate* (Oxford, Oxford University Press, 2012), p. 204.

21 Ibidem, p. 205. Ênfase no original.

22 Jean-Robert Petit et al., "Climate and Atmospheric History of the Past 420,000 Years from the Vostok Ice Core, Antarctica", *Nature*, v. 399, p. 429-36.

80 Enfrentando o Antropoceno

escala global é altamente plausível num lapso de décadas a séculos, caso ainda não tenha começado.[23]

Se isso ocorrer, a relativa estabilidade do Holoceno poderia ser substituída por um estado climático novo e sem precedentes, diferente de tudo o que a sociedade humana já experimentou. E, como ressalta o geocientista Richard B. Alley, é provável que a transição seja rápida.

> Mudanças climáticas grandes e abruptas têm afetado grande parte da Terra ou toda ela, chegando a atingir localmente oscilações de até dez graus Celsius em dez anos. As evidências que temos disponíveis sugerem que alterações súbitas do clima não são apenas possíveis, como também prováveis, podendo causar impactos significativos nos ecossistemas e nas sociedades. [...]

> Novas e surpreendentes descobertas [mostram] que transformações climáticas repentinas podem ocorrer quando causas graduais levam o sistema terrestre a um limite. Assim como o lento aumento de pressão de um dedo acaba acionando um interruptor e acendendo uma lâmpada, os lentos efeitos da deriva dos continentes, da oscilação das órbitas ou da mudança na composição atmosférica podem "acionar" um novo estado climático. E, assim como a mão em movimento tem mais probabilidade de encontrar um interruptor e acioná-lo que a mão estacionária, mudanças mais rápidas no sistema terrestre – sejam naturais, sejam causadas pelo homem – tendem a aumentar a probabilidade de se chegar a um limiar capaz de desencadear uma mudança climática ainda mais rápida.[24]

Alley diz que mudanças abruptas são mais prováveis em momentos em que o sistema climático está sob condições de extrema tensão, como é o caso hoje.

> Mudanças climáticas abruptas eram especialmente comuns quando o sistema climático foi forçado a mudar mais rápido. Assim, o aquecimento causado pelo efeito estufa e outras alterações humanas do sistema terrestre podem aumentar a possibilidade de eventos climáticos grandes, repentinos e indesejáveis, tanto

---

23 Anthony D. Barnosky et al., "Approaching a State Shift in Earth's Biosphere", *Nature*, v. 486, 2012, p. 52-8.

24 Richard B. Alley, *Abrupt Climate Change: Inevitable Surprises* (Washington, National Academy Press, 2002).

Pontos de ruptura, caos climático e fronteiras planetárias **81**

no plano regional quanto no plano global. As mudanças abruptas do passado ainda não foram explicadas por completo, e, em geral, os modelos climáticos subestimam o tamanho, a velocidade e a extensão delas. Portanto, não é possível prever de maneira confiável as mudanças abruptas futuras, e é de se esperar que tenhamos surpresas climáticas.[25]

FRONTEIRAS PLANETÁRIAS

Nos primeiros seis anos do século XXI, dois novos importantes conceitos surgiram da ciência do sistema terrestre: *Antropoceno* e *Grande Aceleração*. Em 2007, iniciou-se uma pesquisa "para identificar quais processos da Terra são mais importantes para manter a estabilidade do planeta como o conhecemos" e determinar o que deve ser feito "para manter condições semelhantes às do Holoceno na Terra, agora que nós, no Antropoceno, nos tornamos uma força global de mudança"[26]. Esse projeto resultou em um terceiro conceito-chave: *fronteiras planetárias*.

O projeto foi iniciado pelo Stockholm Resilience Centre e liderado pelo cientista ambiental Johan Rockström. A lista de participantes parece um quem é quem da ciência do sistema terrestre: o próprio Rockström, Will Steffen, Paul Crutzen, James Hansen, Katherine Richardson e cerca de outros vinte cientistas da Suécia, do Reino Unido, dos Estados Unidos e da Austrália. Segundo eles,

> analisamos uma série de processos explorando as interações entre eles e buscando caracterizar as condições necessárias para manter um estado estável, semelhante ao Holoceno. Para cada sistema, fizemos o melhor que pudemos, partindo das últimas evidências científicas disponíveis, para quantificar os limites biofísicos para além dos quais o sistema poderia se transformar em um estado diferente e indesejável para nós.[27]

Os primeiros resultados do projeto foram publicados na revista *Ecology and Society* em setembro de 2009, em artigo intitulado "Planetary Boundaries:

---

25 Ibidem, p. 1.

26 Johan Rockström e Mattias Klum, *Big World, Small Planet*, cit., p. 59.

27 Ibidem, p. 60.

82 Enfrentando o Antropoceno

Exploring the Safe Operating Space for Humanity" [Fronteiras planetárias: explorando o espaço operacional seguro para a humanidade]. Um resumo menos técnico foi publicado simultaneamente na *Nature*[28].

Os autores partiram do fato de que toda a história da humanidade desde que inventamos a agricultura ocorreu em um período relativamente quente e estável do ponto de vista climático, após as geleiras recuarem pela última vez na maior parte da Terra. O objetivo era quantificar "os limites seguros fora dos quais o sistema terrestre não pode continuar a funcionar em estado estável, como o do Holoceno". Como afirmaram em uma atualização posterior,

> o empreendimento humano cresceu de forma tão dramática desde meados do século XX que a época relativamente estável de 11.700 anos do Holoceno, o único estado do planeta que sabemos com certeza poder suportar as sociedades humanas contemporâneas, está sendo desestabilizada. Na verdade, uma nova época geológica, o Antropoceno, já foi proposta.

> O princípio de precaução sugere que seria insensato da parte das sociedades humanas afastar substancialmente o sistema terrestre de uma condição semelhante à do Holoceno. Uma trajetória contínua de afastamento do Holoceno poderia acarretar, com uma probabilidade desconfortavelmente alta, um estado muito diferente do sistema terrestre, o qual seria provavelmente muito menos favorável ao desenvolvimento das sociedades humanas.[29]

O artigo de 2009 identificou nove fronteiras planetárias, ou seja, nove processos ecológicos que mantêm aquele "espaço operacional seguro para a humanidade" que tem caracterizado a história da civilização. Disrupção em um desses processos poderia levar a "mudanças ambientais não lineares e abruptas em sistemas de escala continental a planetária". Apresentamos a seguir um breve resumo.

---

28 Johan Rockström et al., "A Safe Operating Space for Humanity", *Nature*, v. 461, 2009, p. 472-5; Johan Rockström et al., "Planetary Boundaries: Exploring the Safe Operating Space for Humanity", *Ecology and Society*, v. 14, n. 2, art. 32, 2009, disponível on-line.

29 Will Steffen et al., "Planetary Boundaries: Guiding Human Development on a Changing Planet", *Science*, v. 347, n. 6.223, 2015, p. 736-47.

Pontos de ruptura, caos climático e fronteiras planetárias **83**

(Novos nomes e parâmetros foram adotados em 2015 para alguns desses processos. Como referência, os antigos nomes das fronteiras planetárias estão indicados entre parênteses. Para mais detalhes, ver a Tabela 4.1 e o site do Stockholm Resilience Centre: <https://www.stockholmresilience.org/>.)

Mudança climática. O volume de gás de efeito estufa na atmosfera é hoje o mais alto em centenas de milhares de anos: a média planetária passou de 400 ppm em 2015.

Mudanças na integridade da biosfera (taxa de perda de biodiversidade). Estima-se que espécies estão sendo extintas cerca de mil vezes mais que no período pré-industrial.

Fluxos biogeoquímicos (nitrogênio e fósforo). Os fertilizantes que contêm nitrogênio e fósforo, ambos essenciais para o crescimento das plantas, são amplamente utilizados na agricultura moderna. Até 50% desse nitrogênio acaba em lagos, rios e oceanos, onde podem causar mudanças abruptas nos ecossistemas, como é o caso da famosa "zona morta" no golfo do México. No futuro, essa categoria poderá incluir outros elementos.

Destruição do ozônio estratosférico. Na década de 1970, cientistas descobriram que produtos químicos amplamente utilizados por nós estavam destruindo o ozônio estratosférico – que impede que a radiação ultravioleta (nociva) chegue à superfície da Terra[30].

Acidificação oceânica. Parte das emissões de CO_2 se dissolve no mar, tornando-o muito mais ácido que nos tempos pré-industriais. Isso pode interferir no crescimento e na sobrevivência de corais, várias espécies de moluscos e plâncton, ocasionando o colapso de cadeias alimentares essenciais e a drástica redução das populações de peixes e mamíferos marinhos.

Uso de água doce. Captação em grande escala para uso agrícola e industrial está esgotando nossos principais aquíferos, ao mesmo tempo que o derretimento das geleiras vem eliminando a nascente de muitos rios. Hoje, o uso global de água pelo ser humano totaliza cerca de 2.600 quilômetros cúbicos

30 Ver o capítulo 6 para uma discussão mais aprofundada.

84 Enfrentando o Antropoceno

por ano, o que está abaixo do limite global, mas a captação está acima do limite em muitas regiões.

Mudança do sistema fundiário (*mudança de uso do solo*). Atualmente, cerca de 42% de todas as terras não congeladas são utilizadas para a agricultura: essa terra antes abrigava 70% das pradarias, 50% das savanas e 45% das florestas temperadas decíduas. A perda desses biomas causa redução de biodiversidade e tem efeitos negativos sobre o clima e os sistemas hídricos da Terra.

Carga de aerossol atmosférico. A maior parte do que costumamos chamar de "poluição do ar" consiste em gotículas e partículas microscópicas – ou aerossóis. A inalação desses aerossóis causa cerca de 7,2 milhões de mortes por ano. Além disso, eles têm efeito direto sobre o clima, em especial reduzindo significativamente a atividade das monções.

Incorporação de novas entidades (*poluição química*). Existem mais de 100 mil produtos químicos, nanomateriais e polímeros plásticos em uso hoje. Para quase todos, sabemos muito pouco sobre seus efeitos isolados ou combinados na saúde humana ou nos ecossistemas. A denominação foi alterada para incluir também organismos geneticamente modificados e materiais radioativos.

Fronteiras planetárias não são sinônimo de pontos de ruptura. Estão mais para *guard-rails* em estradas de montanha – que são posicionados ali para evitar que os motoristas cheguem perto da borda – que para a borda em si.

> Uma zona de incerteza – às vezes, grande – é associada a cada uma dessas fronteiras [...]. Essa zona comporta tanto lacunas e fragilidades na base de conhecimento científico quanto incertezas intrínsecas ao funcionamento do sistema terrestre. No extremo "seguro" dessa zona de incerteza, o conhecimento científico atual sugere que há uma probabilidade muito baixa de que um limiar crítico seja ultrapassado ou que a resiliência do sistema terrestre seja significativamente corroída. No extremo "perigoso" da zona de incerteza, o conhecimento atual sugere maior probabilidade de uma mudança no funcionamento do sistema terrestre potencialmente devastadora para as sociedades humanas.[31]

31 Will Steffen et al., "Planetary Boundaries", cit.

Pontos de ruptura, caos climático e fronteiras planetárias 85

Tabela 4.1: Fronteiras planetárias

Processo do sistema terrestre	Variáveis de controle	Fronteira planetária (zona de incerteza)	Valor atual das variáveis de controle
Mudança climática	Concentração atmosférica de CO_2 (partes por milhão)	350 (350-450)	396,5
	Desequilíbrio energético no topo da atmosfera (watts por metro quadrado)	+ 1 (+1-1,5)	2,3 (1,1-3,3)
Integridade da biosfera	Diversidade genética: número de extinções por ano (por milhão de espécies)	10 (10-100) Meta: 1	100-1.000
	Diversidade funcional Índice de biodiversidade intacta (variável provisória)	90% (90%-30%)	84,4% (somente no sul da África)
Novas entidades	A ser determinado		
Destruição do ozônio estratosférico	Concentração de ozônio estratosférico (unidades Dobson)	5% abaixo do nível pré-industrial (290) (5%-10%)	Aproximadamente 200 na Antártida, apenas na primavera.
Acidificação oceânica	Saturação de aragonita na superfície	80% ou menos que na época pré--industrial (80%-70%)	Aproximadamente 85%
Fluxos biogeoquímicos (ciclos de fósforo e nitrogênio)	Ciclo global do fósforo: fluxo dos sistemas de água doce para os sistemas oceânicos (milhões de toneladas/ano)	11 (11-100)	22
	Ciclo regional do fósforo: fluxo de fertilizantes para solos erodíveis (milhões de toneladas/ano)	3,72 (3,72-4,84)	Aproximadamente 14
	Ciclo global do nitrogênio: fixação industrial e biológica intencional de nitrogênio (milhões de toneladas/ano)	44 (44-62)	Aproximadamente 150
Mudança do sistema fundiário	Global: área de terra florestada em % da cobertura florestal original	75% (75%-54%)	62%
	Bioma: área de terra florestada em % de floresta penitencial	Tropical: 85% (85%-60%) Temperada: 50% (50%-30%) Boreal: 85% (85%-60%)	
Uso de água doce	Global: consumo máximo de água limpa (quilômetros cúbicos/ano)	4.000 (4.000-6.000)	Aproximadamente 2.600

86 Enfrentando o Antropoceno

Processo do sistema terrestre	Variáveis de controle	Fronteira planetária (zona de incerteza)	Valor atual das variáveis de controle
Uso de água doce	Bacia: retirada de água limpa em % da média de escoamento mensal	Meses de baixo fluxo: 25% (25%-55%) Meses de fluxo médio: 30% (30%-60%) Meses de alto fluxo: 55% (55%-85%)	
Carga de aerossóis atmosféricos	Global: profundidade óptica do aerossol (AOD)		
	Regional: média sazonal de AOD (dados somente das monções no sul da Ásia)	0,25 (0,25-0,5) Aquecimento por AOD menor que 10% do total	0,33

Adaptado de Will Steffen et al., "Planetary Boundaries: Guiding Human Development on a Changing Planet", *Science*, v. 347, n. 6.223, 2015, p. 736-47; e Johan Rockström e Mattias Klum, *Big World, Small Planet: Abundance within Planetary Boundaries* (Estocolmo, Max Strom, 2015). Atualização de 2015.

O artigo de 2009 tentou atribuir limites numéricos para sete das fronteiras planetárias e mostrou que três delas (mudança climática, poluição por nitrogênio e perda de biodiversidade) já se encontravam na zona de perigo e outras três estavam a caminho dela. Uma atualização publicada em 2015 redefiniu esses limites e definições à luz do progresso das pesquisas: concluiu que quatro das nove fronteiras já haviam sido ultrapassadas. "Duas estão na zona de alto risco (integridade da biosfera e interferência dos ciclos de nitrogênio e fósforo), enquanto as outras duas estão na zona de perigo (mudança climática e mudança de uso do solo)"[32].

É importante termos em mente que, embora as fronteiras planetárias sejam definidas separadamente, na realidade elas são intimamente ligadas.

Não podemos nos dar ao luxo de concentrar nossos esforços em algumas, isoladamente. Se uma fronteira é ultrapassada, então outras também estão sob

32 Johan Rockström, "Bounding the Planetary Future: Why We Need a Great Transition", *Great Transition Initiative*, 1º abr. 2015. Disponível on-line.

Pontos de ruptura, caos climático e fronteiras planetárias **87**

sério risco. Por exemplo, mudanças significativas no uso da terra na Amazônia podem influenciar os recursos hídricos de regiões tão distantes quanto o Tibete. A fronteira da mudança climática depende da manutenção em níveis seguros de fronteiras da água doce, terra, aerossol, fósforo e nitrogênio, marítimas e estratosférica. Ultrapassar a fronteira de nitrogênio-fósforo pode prejudicar a resiliência de alguns ecossistemas marinhos, reduzindo potencialmente sua capacidade de absorver CO_2 e, portanto, afetando a fronteira climática.[33]

Os cientistas associados do IGBP alertaram sobre o fato de que as mudanças climáticas abruptas são particularmente perigosas: "As sociedades podem detectar pouco ou nenhum aviso de que um elemento de força está próximo do limiar, e quando constatar a mudança no funcionamento do sistema terrestre, provavelmente será tarde demais para evitar a grande mudança"[34].

Wallace Broeker, muitas vezes chamado de avô da mudança climática, é mais dramático: "O registro paleoclimático grita que, longe de se autoestabilizar, o sistema climático da Terra é uma besta geniosa que reage exageradamente até mesmo aos pequenos estímulos"[35].

O dióxido de carbono atmosférico está atualmente acima de 400 ppm, em comparação com um nível máximo de 280 ppm durante as oscilações climáticas mais drásticas do Pleistoceno. Isso é muito mais que um pequeno estímulo, portanto ninguém se surpreenderá se a besta geniosa revidar com violência, várias e várias vezes. Nem se o resultado for um mundo diferente de tudo o que a humanidade já viu.

---

33 Johan Rockstrom et al., "A Safe Operating Space for Humanity", cit., p. 474.

34 Will Steffen et al. (orgs.), *Global Change and the Earth System*, cit., p. 235.

35 Wallace Broeker, "Cooling for the Tropics", *Nature*, v. 376, 1995, p. 212-3.

5

A PRIMEIRA QUASE CATÁSTROFE

> *Atividades prejudiciais ao meio ambiente podem ser relativamente inofensivas quando implementadas em pequena escala; mas quando se generalizam e se expandem para além de seu ponto de origem, impregnando a economia em escala global, o problema muda radicalmente. É isso que vem acontecendo, em especial após a Segunda Guerra Mundial, e o resultado acumulado corresponde ao que é visto em geral como crise ambiental.*
>
> Paul M. Sweezy[1]

Transições ambientais repentinas foram normais e frequentes durante milhões de anos. Hoje, com a atividade humana acrescentando tensões aos processos normais de mudança global, a possibilidade de mudanças abruptas com resultados potencialmente catastróficos nunca foi tão grande. E não se trata apenas de especulação sobre o que *pode* acontecer. No fim do século XX, o sistema terrestre atravessou um ponto de ruptura e se encaminhou para o desastre. A ameaça totalmente inesperada só foi identificada quando a crise já estava bastante adiantada, e, mesmo assim, a ação decisiva foi postergada. Ainda estamos sentindo o impacto, que continuará a causar dor e morte prematura aos milhares, por muitas décadas.

A crise popularmente conhecida como buraco na camada de ozônio foi muito discutida nos anos 1980 e 1990, mas nos últimos tempos praticamente

---

1 Paul M. Sweezy, "Capitalism and the Environment", *Monthly Review*, v. 41, n. 2, 1989, p. 5.

sumiu das discussões sobre o meio ambiente. Livros mais recentes sobre a crise ambiental global a omitem ou a mencionam apenas de passagem. Isso é lamentável, porque a história da camada de ozônio contém lições importantes. Em particular, ilustra o que os estudiosos do sistema terrestre querem dizer quando afirmam que, no Antropoceno, a atividade humana está *sobrecarregando as grandes forças da natureza* e os resultados são potencialmente catastróficos. A crise do ozônio foi a primeira grande demonstração, a primeira quase catástrofe do Antropoceno.

O ozônio (O_3) é uma forma de oxigênio com três átomos de oxigênio em cada molécula, em vez dos dois habituais. É raro – existem cerca de três moléculas de ozônio na atmosfera para cada 10 milhões de moléculas de oxigênio – e está quase todo localizado na atmosfera superior, entre quinze e trinta quilômetros acima do nível do mar.

No fim dos anos 1800, cientistas descobriram que a luz solar que chegava à Terra continha bem menos radiação ultravioleta que o esperado: todas as ondas de comprimento mais curto e a maior parte das ondas de comprimento médio emitidas pelo Sol são bloqueadas pelo ozônio na atmosfera superior. Em 1931, um químico britânico, Sydney Chapman, mostrou que esse processo não era um processo passivo, mas um ciclo complexo no qual a interação com a radiação ultravioleta converte oxigênio em ozônio e ozônio em oxigênio. Esse ciclo garante que a proporção de oxigênio e ozônio permaneça mais ou menos constante e que a maior parte da energia ultravioleta seja absorvida muito antes de alcançar a superfície terrestre.

Isso poderia ser apenas questão de interesse acadêmico, não fosse um fato crucial: se a luz ultravioleta não fosse bloqueada, ela seria catastrófica para a vida na Terra.

A luz UV-C, a luz de menor comprimento de onda [...] é letal o suficiente para ser usada em esterilizações [...]. A radiação UV-B [...] mata o fitoplâncton,

90 Enfrentando o Antropoceno

que é a base das cadeias alimentares oceânicas. Ela afeta toda a fotossíntese das plantas verdes. Nos seres humanos, causa catarata e outras doenças oculares, inibe a resposta do sistema imunológico e, em pessoas suscetíveis, pode gerar câncer de pele.[2]

A fina camada de ozônio, que está muito acima de nossa cabeça, é um escudo contra as radiações UV-B e UV-C, que seriam prejudiciais no curto prazo e, em última instância, mortais.

TORNANDO AS GELADEIRAS SEGURAS

Por uma dessas coincidências nas quais não acreditaríamos se estivessem em um filme, no momento que Chapman descobria como a camada de ozônio funciona, uma empresa estadunidense lançava um produto que podia destruí-la. Na reunião de 1930 da American Chemical Association, Thomas Midgley Jr. apresentou um produto que tornaria as geladeiras domésticas mais práticas e seguras – e eventualmente deixaria a Terra à beira do desastre.

Na década de 1920, a porcentagem de residências nos Estados Unidos com energia elétrica passou de 25% para 80%. Empresas gigantes como a General Motors (GM), General Electric e Westinghouse viram nisso a oportunidade de criar um mercado de massa para aparelhos elétricos e receberam incentivo das concessionárias de energia, porque mais equipamentos significava contas de consumo mais altas. Ferros de passar, fogões elétricos e máquinas de lavar foram os primeiros produtos promovidos no que a historiadora Ruth Schwartz Cowan chama justamente de "revolução industrial no lar"[3]. Muitos fabricantes viram a chance de substituir as máquinas de refrigeração domésticas por refrigeradores elétricos, mas sua adoção foi

---

2 John R. McNeill, *Something New under the Sun: An Environmental History of the Twentieth-century World* (Nova York, Norton, 2000), p. 111n e p. 113.

3 Ruth Schwartz Cowan, "The Industrial Revolution in the Home", em Donald A. MacKenzie e Judy Wajcman (orgs.), *The Social Shaping of Technology: How the Refrigerator Got Its Hum* (Filadélfia, Open University Press, 1985), p. 181-201.

lenta porque, de um lado, os primeiros modelos eram caros e, de outro, eram muito perigosos, uma vez que utilizavam como agentes refrigerantes gases tóxicos e inflamáveis, como amônia, dióxido de enxofre ou cloreto de metila. Mesmo que não matassem, os vazamentos de gás cheiravam mal e estragavam os alimentos.

Nessa época, as invenções feitas por pensadores autônomos eram substituídas por laboratórios de pesquisa que inventavam sob demanda. Na grande indústria, como escreveu Marx quando esse processo mal havia começado, "de acordo com o efeito útil almejado", as "aplicações conscientemente planificadas e sistematicamente particularizadas das ciências naturais" tornaram-se a norma[4]. Uma das mais bem-sucedidas aplicações ocorreu na Dayton Engineering Laboratories Company (Delco), criada por Charles Kettering em 1909 e adquirida pela General Motors Corporation em 1919.

Em 1928, a GM pediu à Delco que desenvolvesse um agente refrigerante seguro para sua linha de geladeiras domésticas, chamada Frigidaire. Kettering entregou o projeto a Thomas Midgley, que havia inventado o primeiro aditivo antidetonante de chumbo para gasolina e na época desenvolvia uma borracha sintética para pneus. Segundo a lenda, sua equipe inventou o novo agente refrigerante em três dias – uma família de gases sintéticos altamente estáveis chamados clorofluorcarbonetos, ou CFCs. Midgley gostava de demonstrar que os CFCs eram atóxicos e não inflamáveis, inalando o gás até encher os pulmões e depois soprando uma vela.

A produção do novo gás foi confiada ao principal proprietário da GM, a gigante química DuPont, que levou menos de dois anos para produzir a invenção em escala industrial. Em 1930, o CFC começou a ser produzido em uma nova fábrica construída para esse fim em Nova Jersey, com o nome comercial Freon.

---

4 Karl Marx, *Capital*, v. 1 (Harmondsworth, Penguin, 1976), p. 617 [ed. bras.: *O capital. Crítica da economia política*, Livro I: *O processo de produção do capital*, trad. Rubens Enderle, São Paulo, Boitempo, 2011, p. 556-7].

92 Enfrentando o Antropoceno

O Freon imediatamente deu às geladeiras Frigidaire, da GM, uma tal vantagem competitiva que, em meados dos anos 1930, todos os grandes fabricantes de refrigeradores compravam Freon da DuPont ou o fabricavam sob licença. As vendas foram intensas, apesar da Grande Depressão, mas só decolaram de fato após a Segunda Guerra Mundial, quando centenas de milhões de geladeiras e aparelhos de ar-condicionado à base de CFC foram vendidos em todo o mundo. A venda de CFC foi além da refrigeração: por ser inodoro, insípido, atóxico e facilmente comprimível, podia ser usado como propelente de qualquer produto a ser pulverizado. Nos anos 1970, produtos aerossóis em spray – inseticidas, fixadores de cabelo, desodorantes, lubrificantes para motor, perfumes, tintas e muito mais – representavam mais da metade de todo o CFC utilizado nos Estados Unidos[5]. Esse sucesso significou que cada vez mais CFC foi liberado na atmosfera – cerca de 20 mil toneladas em 1950, subindo para cerca de 750 mil toneladas em 1970[6].

Até 1974, os CFCs não estavam na pauta ambiental porque pareciam muito próximos do inerte e do inofensivo. Eram atóxicos e não inflamáveis precisamente porque não interagiam com outras substâncias ou se decompunham em outras substâncias químicas. Isso mudou após três estudos não correlacionados realizados por cientistas que não tinham a intenção de manchar a reputação ilibada do Freon como um produto útil que não causa danos.

OS CFCS E O OZÔNIO

Em 1970-1971, o químico atmosférico Paul Crutzen mostrou que a química da camada de ozônio era mais complexa do que se acreditava. Em particular, mostrou que os óxidos de nitrogênio desempenhavam um papel importante para manter constantes os níveis de ozônio. Advertiu que

5 CFCs também foram amplamente usados em extintores de incêndio (com o nome fantasia Halon), bem como em espumas de poliuretano para isolamento e materiais de embalagem.

6 John R. McNeill, *Something New under the Sun*, cit., p. 113.

A primeira quase catástrofe 93

qualquer aumento dos óxidos de nitrogênio na atmosfera superior – por exemplo, pela proposta de frotas de jatos supersônicos – poderia diminuir a camada de ozônio e expor a Terra ao aumento da radiação ultravioleta. Sua análise estabeleceu a base para todos os estudos científicos subsequentes sobre a camada de ozônio.

Em janeiro de 1971, o cientista britânico James Lovelock estava pesquisando evidências de que o *smog* industrial poderia viajar longas distâncias. Ele identificou os CFCs não como fonte de *smog*, mas como indicador de que os produtos fabricados pelo homem se movem na atmosfera. Usando um dispositivo que inventou para medir gases traços, ele coletou amostras de ar durante uma expedição científica da Grã-Bretanha na Antártida. Em janeiro de 1973, relatou na revista *Nature* que encontrou CFCs em todas as amostras, "onde e quando fossem procurados". A explicação era simples: precisamente porque não se quebram nem se combinam facilmente com nada mais, quase todas as moléculas de CFC já fabricadas ainda estão no ar, em algum lugar. No entanto, Lovelock considerou que "a presença desses compostos não constitui um perigo provável"[7].

Alguns meses depois, um professor de química da Universidade da Califórnia, Sherwood Rowland, sugeriu a Mario Molina, recém-contratado como assistente de pesquisa de pós-doutorado, que poderia ser interessante determinar para onde estavam indo todas essas moléculas de CFC. Nenhum dos dois tinha formação em química atmosférica, portanto, era uma oportunidade de ampliar o horizonte, por assim dizer. Descobriram que não havia " depósitos" naturais de CFC na atmosfera inferior – eles não eram lavados pela chuva e não se combinavam com nenhuma outra substância. Mas também descobriram que as moléculas de CFC que alcançavam a estratosfera – o que acontecia com quase todas, provavelmente – eram destruídas pela radiação ultravioleta, em um processo que liberava cloro na camada de ozônio. E o que acontecia com o cloro? Para seu

---

7 James E. Lovelock, R. J. Maggs e R. J. Wade, "Halogenated Hydrocarbons in and over the Atlantic", *Nature*, v. 241, 1973, p. 194-6.

94 Enfrentando o Antropoceno

espanto, Rowland e Molina descobriram que ele agia como um catalisador de alta potência, produzindo uma reação em cadeia na qual cada átomo de cloro poderia destruir até 100 mil moléculas de ozônio. A camada de ozônio estava sob ataque.

Em 1974, Rowland e Molina publicaram suas descobertas na *Nature* e as apresentaram à American Chemical Society. Estimavam que 1% da camada de ozônio já havia sido destruída e que, se a produção de CFC continuasse, de 5% a 7% de toda a camada desapareceria até 1995 e 50% até 2050. Até mesmo uma redução de 10% na produção poderia levar a um aumento de 80 mil casos de câncer de pele por ano nos Estados Unidos. Para proteger a vida na Terra, eles defendiam que os clorofluorcarbonetos fossem proibidos[8].

A indústria química, liderada pela DuPont, entrou no modo "negar e postergar". Insistia, corretamente, que Rowland e Molina não tinham provas de que o ozônio estivesse sendo destruído de fato. *É apenas teoria, pode estar errada, a regulamentação vai eliminar empregos, mais estudos são necessários, não há necessidade de uma ação urgente* – todos os argumentos que ouvimos desde sempre em defesa do tabaco e dos combustíveis fósseis foram mobilizados para proteger os lucros obtidos com os CFCs. Embora a maioria dos produtos aerossóis à base de CFC tenham sido proibidos nos Estados Unidos, no Canadá e na Escandinávia no fim dos anos 1970, eles continuaram a ser comercializados em outros lugares, e a produção para outros usos continuou a crescer. Em oito anos, a produção total de CFCs era maior que antes da proibição.

Alguns cientistas, entre os quais Rowland e Molina, continuaram a fazer campanha por ações mais efetivas, mas a tendência dominante entre os cientistas que abordaram a questão do CFC nos anos 1980 era conservadora. O mais impressionante foi que, em 1984, a Academia Nacional de Ciências dos Estados Unidos, que havia previsto que o ozônio diminuiria

---

8 Seth Cagin e Philip Dray, *Between Earth and Sky: How CFCs Changed Our World and Endangered the Ozone Layer* (Nova York, Pantheon, 1993), p. 8.

A primeira quase catástrofe 95

16,5% até 2100, reduziu essa previsão para 2%-4%. Tal conservadorismo foi bem recebido pelos ideólogos antiambientais do governo Reagan e deu credibilidade à política de esperar para ver da indústria química. A DuPont parou de pesquisar alternativas aos CFCs, e a Agência de Proteção Ambiental dos Estados Unidos nunca implementou a prometida segunda fase de regulamentação dos CFCs.

Um fator importante na capacidade da indústria de CFCs de evitar a proibição foi a ausência de dados científicos rigorosos mostrando um declínio nos níveis de ozônio. Os satélites começaram a medir o ozônio atmosférico no fim dos anos 1970, mas sem dados históricos era impossível saber se as mudanças eram significativas ou apenas flutuações naturais. Como disseram os representantes da DuPont em 1979: "Nenhuma diminuição da camada de ozônio foi detectada, apesar da análise mais sofisticada [...]. Todos os números relativos à diminuição da camada de ozônio até hoje são projeções computadorizadas baseadas em uma série de suposições"[9]. A teoria era sólida, mas não foi testada, e, diante da ausência de evidências, qualquer cientista que previsse a rápida diminuição da camada de ozônio era vulnerável a acusações de alarmismo.

Até 1985, os envolvidos nos debates sobre os CFCs não pareciam ter tido conhecimento de que, na realidade, havia um registro histórico detalhado dos níveis de ozônio. Desde 1957, com um orçamento de cerca de 18 mil dólares por ano, a British Antarctic Survey media a camada de ozônio a partir da Estação Halley Bay, na Antártida. Em 1982, o chefe responsável pelo projeto já havia muito tempo, Joseph Farman, notou uma queda incomum nos níveis de ozônio, mas pensou que poderia ser um mau funcionamento do equipamento. Quando novos equipamentos e observações a mil milhas de distância dali mostraram a mesma coisa, ele decidiu informar ao mundo. Farman e três colaboradores publicaram suas descobertas na *Nature* em maio de 1985.

---

9 Citado em Sharon Roan, *Ozone Crisis: The 15-year Evolution of a Sudden Global Emergency* (Nova York, John Wiley, 1990), p. 96.

96 Enfrentando o Antropoceno

Sherwood Rowland descreveu posteriormente o artigo de Farman como "a maior surpresa na história do CFC-ozônio"[10]. Desde 1979, os níveis de ozônio sobre a Antártida na primavera (outubro no Hemisfério Sul) haviam sofrido uma queda acentuada. O nível de outubro caiu de cerca de 300 unidades Dobson na década de 1970 para 125 unidades Dobson em meados da década de 1980 – uma queda de aproximadamente 60%. Ninguém havia previsto uma redução a essa velocidade e de tal magnitude; um relatório recente da Nasa previa que o ozônio poderia diminuir de 5% a 9% até 2050.

No entanto, se os níveis da Antártida estavam tão baixos quanto afirmou Farman, por que os satélites não captaram a mesma coisa? Resposta: eles captaram, mas os computadores que analisaram os dados haviam sido programados para tratar as medições anormalmente baixas como erro e, portanto, elas foram ignoradas. A revisão dos dados brutos pela Nasa confirmou que, na primavera, o nível mínimo de ozônio sobre a Antártida havia caído 40% entre 1979 e 1984. Um buraco na camada de ozônio, duas vezes maior que os Estados Unidos, se abriu em apenas cinco anos.

Os CFCs estavam atingindo a atmosfera em quantidades cada vez maiores desde o início dos anos 1930. As medições feitas em Halley Bay antes de 1980 abrangiam, sem dúvida nenhuma, seus efeitos na camada de ozônio localizada acima da Antártida, mas em 1979 o processo gradual e linear que vinha ocorrendo atravessou um ponto de ruptura e tornou-se rápido e não linear. Como diria a lógica dialética, mudanças quantitativas tornaram-se qualitativas.

Nos dois anos seguintes, uma intensa investigação científica confirmou que o buraco na camada de ozônio era real e era causado pelos CFCs. A química provou ser mais complexa do que sugeriam os estudos anteriores: o frio extremo e os ventos fortes do inverno antártico aceleram vertiginosamente a quebra dos CFCs e a destruição do ozônio e isolam a área do resto da atmosfera

10 Sherwood Rowland, "Nobel Lecture in Chemistry, December 8, 1995", *The Nobel Prize.* Disponível on-line.

A primeira quase catástrofe **97**

terrestre. Quando o inverno termina, o ozônio das latitudes mais quentes volta a circular na área, de modo que a quantidade de ozônio na camada global de ozônio diminui[11]. Em meados da década de 1990, os níveis médios de ozônio estratosférico nas latitudes médias do Norte e do Sul haviam caído 10%.

Em setembro de 1987, sob forte pressão científica e pública, 27 países e a Comunidade Econômica Europeia assinaram o Protocolo de Montreal sobre substâncias que destroem a camada de ozônio, comprometendo-se a eliminar de forma gradual a maior parte da produção de CFC até o ano 2000. Em 1988, a DuPont desistiu da oposição e concordou em parar de produzir CFC até o fim do século. Com relutância, o restante da indústria química se alinhou a ela[12].

A destruição da camada de ozônio parece ter atingido o auge na Antártida em 2006 e no Ártico em 2011. A camada de ozônio não se recuperará enquanto todo o CFC não desaparecer – processo que provavelmente demorará a maior parte do século XXI. Estima-se que até 2000 a destruição da camada de ozônio causou bem mais de 1 milhão de casos de câncer de pele e entre 10 mil e 20 mil mortes prematuras. Milhares de pessoas ainda morrerão até que a radiação ultravioleta volte aos níveis pré-CFC[13].

A crise do CFC-ozônio é um exemplo poderoso do que significa a nova época. A produção de CFC abriu um enorme buraco em um sistema metabólico básico do mundo: perturbou a complexa interação entre a radiação ultravioleta e a camada de ozônio, que há bilhões de anos protege a vida na Terra, levando-a à beira do colapso – e fez isso a uma velocidade assustadora. Como declarou um relatório dirigido ao governo dos Estados Unidos em 2013: "O buraco de ozônio na Antártida representa uma mudança

11 Processo semelhante ocorre no polo Norte, porém é menos severo porque os ventos do vórtex ártico são mais suaves que os do vórtex antártico.

12 Para uma análise abrangente da adoção e da implementação do Protocolo de Montreal, ver Stephen Andersen e K. Madhava Sarma, *Protecting the Ozone Layer: The United Nations History* (Nova York, Routledge, 2002).

13 John R. McNeill, *Something New under the Sun: An Environmental History of the Twentieth-century World* (Nova York, Norton, 2000), p. 112.

98 Enfrentando o Antropoceno

abrupta no sistema terrestre [...]. Ele exemplifica o escopo e a magnitude dos impactos que mudanças abruptas causadas pela atividade humana podem ter no planeta"[14].

Além disso, como disse Paul Crutzen em seu discurso ao Prêmio Nobel em 1995, "as coisas poderiam ter sido muito piores". Se a GM e a DuPont tivessem usado bromo, em vez de cloro, o gás resultante teria sido igualmente eficaz como agente refrigerante, mas o bromo destrói de cinquenta a cem vezes mais o ozônio e não precisa do frio antártico para ser efetivo.

> Se a indústria química tivesse desenvolvido compostos organobromados, em vez dos CFCs [...], então, sem qualquer preparação, teríamos tido de enfrentar um buraco catastrófico na camada de ozônio em todos os lugares e durante toda a década de 1970, provavelmente antes que os químicos atmosféricos tivessem desenvolvido os conhecimentos necessários para identificar o problema e as técnicas adequadas para as medidas cruciais necessárias.[15]

Mesmo com a química na forma como era comercializada, não era inevitável que o desastre provocado pelos CFCs fosse identificado e interrompido a tempo. Se Joseph Farman não tivesse continuado a medir o ozônio antártico, mesmo sem aplicações práticas, se James Lovelock não tivesse passado quase um ano medindo os níveis de CFC para provar uma hipótese sobre a circulação atmosférica, se Sherwood Rowland tivesse atribuído um projeto diferente a seu novo assistente de pesquisas, essas e muitas outras contingências poderiam ter levado a um resultado bem diferente.

Após analisar a história dos CFCs e da camada de ozônio, Paul Crutzen comentou: "Só posso concluir que a humanidade tem tido muita sorte"[16].

É verdade, mas a "sorte", nesse caso, dependia do lucro capitalista. A DuPont somente apoiou a proibição internacional dos CFCs porque os

---

14 National Research Council, *Abrupt Impacts: Anticipating Surprises* (Washington, National Academies Press, 2013), p. 36.

15 Paul J. Crutzen, "My Life with O_3, NO_x and Other YZO_xs", *The Nobel Prize*. Disponível on-line.

16 Idem.

A primeira quase catástrofe 99

lucros estavam em queda acentuada e havia alternativas mais lucrativas. Como mostraram os historiadores James Maxwell e Forrest Briscoe,

> a decisão da DuPont de apoiar a proibição do CFC baseou-se na crença de que ela poderia obter uma vantagem significativa vendendo novos substitutos químicos, graças a sua notória capacidade de pesquisa e desenvolvimento, aos progressos (limitados) que já havia obtido no desenvolvimento de substitutos e à possibilidade de lucrar mais com a venda de novos produtos químicos [...]. O regime regulatório internacional tinha potencial para tornar mais lucrativo um negócio maduro e apenas marginalmente rentável da DuPont.[17]

Se não fosse isso, talvez ainda estivéssemos combatendo os resultados de uma campanha de desinformação sobre o CFC comparável à grande negação da mudança climática patrocinada pela indústria do petróleo.

A crise do ozônio é frequentemente citada como prova de que o capitalismo pode resolver os problemas ambientais globais: se as negociações internacionais conseguiram salvar a camada de ozônio, por que não o clima? É ignorar o fato de que a crise do ozônio poderia ser resolvida por meia dúzia de empresas e indústrias apenas implementando uma correção técnica. Ao contrário, eliminar os combustíveis fósseis e as emissões de gases de efeito estufa exigirá uma transformação da economia global que levará décadas.

Após anos tentando convencer as gigantes da química a parar de produzir CFCs, Sherwood Rowland concluiu: "No que diz respeito à indústria, eles têm uma grande dificuldade em olhar mais de dez anos adiante"[18]. Esse julgamento, baseado na dura experiência com a realidade capitalista, é ao mesmo tempo preciso e assustador. A crise do CFC-ozônio foi a primeira quase catástrofe do Antropoceno e, a não ser que haja grandes mudanças, haverá muitas outras.

---

17 James Maxwell e Forrest Briscoe, "There's Money in the Air: The CFC Ban and DuPont's Regulatory Strategy", *Business Strategy and the Environment*, v. 6, 1997, p. 281.

18 Citado em Sharon Roan, *Ozone Crisis: The 15-year Evolution of a Sudden Global Emergency* (Nova York, John Wiley, 1990), p. 144.

6

UM NOVO (E MORTAL) REGIME CLIMÁTICO

As ações adotadas neste século determinarão se a anomalia climática do Antropoceno será um desvio do clima holocênico relativamente pequeno e de curto prazo ou um desvio extremo que se estenderá por muitos milhares de anos.

Conselho Nacional de Pesquisa dos Estados Unidos[1]

Em Paris, em 2015, os representantes dos países envolvidos nas negociações sobre o clima concordaram que "uma temperatura até dois graus Celsius acima dos níveis pré-industriais" é um limite aceitável para qualquer aumento da temperatura média global e que um limite de um grau e meio seria preferível[2]. O renomado cientista climático James Hansen se referiu a essa promessa como "uma verdadeira fraude, uma falsificação [...]. É pura bobagem", porque o Acordo de Paris não prevê medidas concretas para garantir que esses limites não sejam excedidos[3].

---

1 National Research Council, *Climate Stabilization Targets: Emissions, Concentrations, and Impacts over Decades to Millennia* (Washington, National Academies Press, 2011), p. 19.

2 United Nations Framework Convention on Climate Change (UNFCCC), "Paris Agreement, December 12, 2015", art. 2, par. 1(a). Disponível on-line.

3 Citado em *The Guardian*, 12 dez. 2015.

Um novo (e mortal) regime climático **101**

Nos meses anteriores à Conferência de Paris, 158 países apresentaram "Contribuições nacionalmente determinadas" – basicamente, um anúncio da redução de emissões que planejavam implementar de forma voluntária. A análise especializada dessas contribuições mostrou que, se todas as promessas forem cumpridas à risca, há 90% de chance de que a temperatura aumente mais de dois graus Celsius até 2100 e 33% de chance de aumentar mais de três graus[4]. Se tudo se mantiver como está – se essas contribuições, bem como todos os compromissos anteriores, forem apenas palavras vazias –, a temperatura média global poderá chegar quatro graus acima do nível pré--industrial até 2080.

Não parece muito. Certo dia de agosto, quando acordei pela manhã, a temperatura estava dezenove graus Celsius; ao meio-dia fazia 25 graus. Foi um salto de seis graus em cerca de cinco horas, bastante comum no verão do Canadá, onde moro. Então por que devemos nos preocupar com um aumento de dois ou quatro graus até 2100? Se eu dissesse isso em uma festa com meus vizinhos, eles certamente diriam que ficariam muito felizes se os invernos canadenses fossem quatro graus mais quentes!

Pode ser contraintuitivo, mas na verdade quatro graus é um salto enorme. Na última idade glacial, quando áreas quilométricas tão ao sul quanto Chicago e Berlim estavam cobertas de gelo, a temperatura média global era apenas cinco graus Celsius mais fria que hoje.

É importante lembrar que as temperaturas médias globais escondem variações substanciais relativas ao tempo e ao lugar. Por exemplo, a atmosfera é sistematicamente mais fria sobre os oceanos; portanto, um aumento médio global de quatro graus poderia significar um aumento de seis graus ou mais nos continentes e um aumento de dezesseis graus no Ártico. Nos trópicos, o aumento provavelmente seria inferior a quatro graus, mas essa pequena variação seria de muito quente para extremamente quente.

---

4 Climate Action Tracker, "2.7 °C Is Not Enough: We Can Get Lower", 8 dez. 2015. Disponível on-line.

102 Enfrentando o Antropoceno

O aquecimento global envolve mais que leituras médias dos termômetros: a mudança de temperatura pode causar alterações dramáticas nos padrões climáticos, na biodiversidade e muito mais. Se não houver transformações radicais, o Antropoceno será marcado não apenas pelo calor, mas por um novo regime climático, muito diferente do que vigorou nos 11.700 anos de estabilidade do Holoceno. Isso não é apenas especulação: a transição já começou.

A figura 6.1 explica o papel do desvio padrão na avaliação da variabilidade climática.

VICIANDO O DADO CLIMÁTICO

Em setembro de 2012, a prestigiosa revista *Proceedings of the National Academy of Sciences* publicou um estudo que analisava como o aquecimento global havia afetado o clima no planeta até então. Os resultados foram surpreendentes: os autores James Hansen, Makiko Sato e Reto Ruedy mostraram que a frequência com que as temperaturas extremas ocorriam, em particular no verão, "mudou drasticamente nas últimas três décadas"[5].

Como referência, Hansen, Sato e Ruedy analisaram o período de 1951 a 1980, quando a aceleração do aquecimento global ainda não havia começado e o clima ainda estava dentro das margens de longo prazo do Holoceno.

O esquema da figura 6.2, adaptado do relatório de 2001 do IPCC sobre a base científica da mudança climática, mostra o efeito sobre as temperaturas extremas quando: a) a temperatura média aumenta; b) a variação aumenta; c) tanto a média como a variação aumentam. Um artigo de 2012 de James Hansen mostra que a opção c de fato aconteceu, produzindo um clima mais quente e propenso a extremos.

Em seu estudo, Hansen, Sato e Ruedy obtiveram temperaturas médias mensais de áreas pequenas (250 quilômetros por 250 quilômetros) em todo

---

5 James Hansen, Makiko Sato e Reto Ruedy, "Perception of Climate Change", *PNAS*, 2012, E2415-33.

Figura 6.1: Desvio padrão e Eventos Sigma

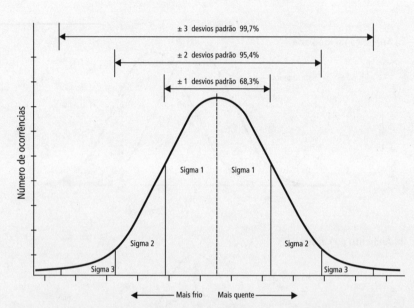

Os cientistas calculam o desvio padrão para medir a dispersão de um conjunto de observações em relação à média. Se os dados estiverem distribuídos normalmente, cerca de 68% das observações estarão dentro do desvio padrão de cada lado da média e cerca de 95% estarão dentro de dois desvios padrões. Qualquer coisa fora disso é possível, mas rara. Um gráfico das temperaturas médias no mês julho ao longo de muitos anos seria semelhante à figura apresentada.

A curva em forma de sino seria mais larga se a faixa de temperaturas fosse maior e mais estreita se a faixa fosse menor, e a largura de cada desvio padrão variaria de maneira semelhante.

O símbolo matemático do desvio padrão é o sigma (σ). As observações que estão a mais de dois desvios padrões da média são chamadas de eventos Sigma-3. Muito mais raros são os eventos Sigma-4, Sigma-5, e assim por diante. As temperaturas na faixa Sigma-3 ocorrem normalmente menos de uma vez por século, e as da faixa Sigma-5, não mais que uma vez em milhões de anos.

o globo e calcularam o desvio padrão para cada medida, a fim de mostrar a variação anual. Como esperado, as temperaturas não variaram muito: quase todas as medidas estavam dentro de dois desvios padrões da média

FIGURA 6.2: Mais quente e mais extremo

a) Aumento na mediana

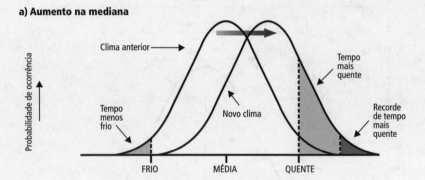

b) Aumento na variação

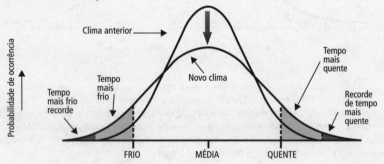

c) Aumento da mediana e da variação

Um novo (e mortal) regime climático **105**

(Sigma-1 ou Sigma-2). Eles fizeram o mesmo para 1981-2010 e compararam os resultados.

Sabendo que a Terra está mais quente, em média, desde 1981, não nos surpreende que os gráficos tenham se deslocado para a direita, a média esteja mais alta e as temperaturas também. A descoberta alarmante é que os gráficos também mudaram de forma, porque a variação aumentou. Segundo Hansen, Sato e Ruedy,

> a distribuição das anomalias sazonais em torno da média da temperatura se deslocou para temperaturas mais altas, e a série de anomalias aumentou. Uma mudança importante é o surgimento de uma categoria de valores atípicos extremamente quentes no verão, mais de três desvios padrão (3σ) mais quentes em relação ao clima do período de base de 1951-1980. Esse extremo quente, que abrangia bem menos que 1% da superfície da Terra durante o período de base, agora abrange normalmente cerca de 10% da área da Terra.[6]

A figura 6.2 mostra o que aconteceu.

Na prática, isso significa que as ondas de calor extremo – eventos Sigma-3, praticamente inexistentes entre 1951-80 – tornaram-se cada vez mais comuns. Por exemplo:

- Europa, 2003: o verão mais quente em pelo menos quinhentos anos matou mais de 70 mil pessoas.

- Rússia, 2010: o verão mais quente desde 1500 causou quinhentos incêndios perto de Moscou, 57 mil pessoas morreram e a safra de grãos caiu 30%.

- Estados Unidos, 2011: o calor e a seca mais extremos em um mês de julho desde 1880 no Texas e em Oklahoma. Os prejuízos foram estimados em 13 bilhões de dólares.

- Índia, 2015: 2.500 pessoas morreram em uma onda de calor em maio, quando as temperaturas chegaram a 47,7 graus Celsius.

6 Idem.

106 Enfrentando o Antropoceno

Referindo-se a eventos como esses, Hansen, Sato e Ruedy escreveram: "Podemos afirmar com grande segurança que tais anomalias extremas não teriam ocorrido na ausência do aquecimento global"[7].

Eles comparam o clima a um dado colorido. Nas décadas de base, dois lados do dado eram vermelhos (calor), dois eram azuis (frio) e dois eram brancos (perto da média) – a probabilidade de qualquer mês ser vermelho, azul ou branco era a mesma. Atualmente, o dado está viciado: quatro lados são vermelhos, então o calor aparece com mais frequência. Mas essa analogia está começando a falhar, pois temos de acrescentar uma nova categoria: *extremamente quente*.

Em um comentário, os climatologistas Thomas Karl e Richard Katz descrevem esse estudo como uma demonstração "simples e elegante" de que "estamos mais de dez vezes mais propensos a passar por um verão extremamente quente que estávamos nas décadas de 1951-1980".

> Hansen et al. defendem que não estamos mais à espera de evidências do aquecimento global. Claramente ele está acontecendo aqui e agora, influenciando uma grande variedade de eventos climáticos e meteorológicos, e continuará a crescer à medida que queimarmos mais combustíveis fósseis [...]. Mesmo a distribuição aparentemente normal da temperatura pode exibir um comportamento extraordinário, o que pode levar a extremos de magnitude ainda maior do que se poderia esperar.[8]

Em resumo, um aumento médio de temperatura inferior a um grau já perturbou o sistema climático global, afastando o clima da Terra das condições holocênicas – e isso é apenas o começo. Como advertem Hansen, Sato e Ruedy, outro aumento de um grau terá consequências devastadoras: "Nesse caso, o deslocamento da distribuição da anomalia tornará as anomalias Sigma-3 a norma e as anomalias Sigma-5 serão comuns"[9].

---

7 Idem.

8 Thomas R. Karl e Richard W. Katz, "A New Face for Climate Dice", *Proceedings of the National Academy of Sciences*, v. 109, n. 37, 2012, p. 14.271.

9 James Hansen, Makiko Sato e Reto Ruedy, "Perception of Climate Change", cit.

Outros estudos chegaram a conclusões semelhantes. Um artigo de 2012 analisou o "número excepcionalmente alto de ondas de calor recordes e destrutivas" na primeira década deste século. Os autores descobriram que

> muitas evidências – análise estatística dos dados observados, modelagem climática e raciocínio físico – dão fortes indicações de que alguns tipos de evento extremo, principalmente ondas de calor e precipitações extremas, aumentarão muito em um clima mais quente, e isso já tem acontecido [...]. Há sólidas evidências de que extremos antropogênicos e sem precedentes de calor e precipitação estão ocorrendo – e vêm causando intenso sofrimento humano.[10]

Um estudo sobre eventos climáticos extremos ocorridos entre 1997 e 2012 concluiu que "as evidências disponíveis sugerem que os extremos mais 'extremos' são os que apresentam maior mudança. Isso é particularmente relevante para os impactos relacionados às mudanças climáticas, pois as mudanças nos extremos mais quentes de temperatura estão entre as mais impactantes para a saúde humana, a agricultura, os ecossistemas e a infraestrutura"[11].

Outros estudos descobriram que o aquecimento global fez a seca de 2012--2014 na Califórnia ser significativamente pior do que teria sido em outras circunstâncias e que, na Austrália, onde os recordes de calor e frio costumavam ser mais ou menos iguais em termos numéricos, os recordes de calor de todos os tempos têm sido mais numerosos que os recordes de frio (doze para um)[12].

Em resumo, o clima não apenas está ficando em média mais quente, *o padrão climático está se inclinando para extremos de calor*. Isso é de suma

---

10 Dim Coumou e Stefan Rahmstorf, "A Decade of Weather Extremes", *Nature Climate Change*, v. 2, 2012, p. 496.

11 Sonia I. Seneviratne et al., "No Pause in the Increase of Hot Temperature Extremes", *Nature Climate Change*, v. 4, 2014, p. 163.

12 A. Park Williams et al., "Contribution of Anthropogenic Warming to California Drought during 2012-2014", *Geophysical Research Letters*, v. 42, 2015, p. 6.819-28; Sophie C. Lewis e Andrew D. King, "Dramatically Increased Rate of Observed Hot Record Breaking in Recent Australian Temperatures", *Geophysical Research Letters*, v. 42, n. 18, 2015, p. 7.776-84.

108 Enfrentando o Antropoceno

importância, porque a adaptação ao novo normal – se isso for possível – exigirá uma resposta aos extremos, não apenas às médias. Para o bem-estar e a sobrevivência humana, a questão não é apenas quanto o nível médio dos oceanos subirá, mas quão altas serão as maiores ondas de tempestade; não apenas qual será a média diária de chuvas, mas quanto tempo durarão as secas; não apenas quão mais quentes serão as ondas de calor, mas quanto tempo durarão e quão mortíferas serão.

Se um grau de aquecimento global tornou o clima extremo significativamente mais provável, o que podemos esperar nas próximas décadas, à medida que o primeiro século completo do Antropoceno se desenrolar? Um volume crescente de pesquisas científicas tem se concentrado nessa questão, e as respostas são consistentes: os eventos de calor extremo dos últimos anos se tornarão mais frequentes e mais severos à medida que o século avançar.

Em 2012, por exemplo, um relatório especial do IPCC sobre a natureza e a probabilidade de eventos extremos concluiu que "é praticamente certo que a frequência e a magnitude dos extremos quentes diários aumentarão e os extremos frios diminuirão em escala global ao longo do século XXI", e que muito provavelmente a duração, a frequência e/ou a intensidade de episódios quentes ou ondas de calor aumentarão na maioria das áreas terrestres. Em cenários de manutenção do estado de coisas, "um evento de dia mais quente em vinte anos provavelmente se tornará um evento de dia mais quente em dois anos na maioria das regiões no fim do século XXI"[13].

PROJEÇÕES MÉDIAS E MUDANÇAS PERIGOSAS

A meta de dois graus Celsius adotada em Paris foi considerada uma sentença de morte para bilhões de pessoas na África, na Ásia e na América

---

13 Christopher B. Field et al., *Managing the Risks of Extreme Events and Disasters to Advance Climate Change Adaptation: Special Report of the Intergovernmental Panel on Climate Change* (Cambridge, Cambridge University Press, 2012), p. 112.

Latina. Como escrevem os climatologistas britânicos Kevin Anderson e Alice Bows-Larkin, dois graus Celsius "representa um limiar não entre uma mudança climática aceitável e perigosa, mas entre uma mudança climática perigosa e 'extremamente perigosa'"[14].

No entanto, tal compromisso de nos dá um marco de referência: se a ação para conter a mudança climática depender das ações voluntárias dos governos, esse é o *máximo* que podemos esperar. É provável que a realidade esteja em algum ponto entre isso e deixar as coisas como estão – isto é, fazer pouco ou nada para reduzir as emissões de gases de efeito estufa, causando provavelmente um aumento na temperatura média global de quatro graus Celsius ou mais em relação ao nível pré-industrial antes de 2100.

O Banco Mundial, que investiu bilhões de dólares no desenvolvimento de combustíveis fósseis, não é um amigo altruísta do meio ambiente. Mas ele também investe na adaptação à mudança climática e em outros projetos relacionados ao clima, então talvez tivesse isso em mente quando encomendou ao prestigioso Potsdam Institute for Climate Impact Research um estudo e um relatório sobre o impacto da manutenção do estado de coisas atual e a possibilidade de um aumento de quatro graus na temperatura. Que diferença dois graus a mais poderiam fazer?

Quaisquer que fossem os motivos do Banco Mundial, certamente eles ficaram chocados com o resultado. O Potsdam Institute é líder na pesquisa climática desde 1992; mesmo assim, o diretor do instituto, Hans Schellnhuber, disse na Conferência Climática da ONU em Doha, em 2013: "Até nós, pesquisadores, ficamos chocados com nossas descobertas"[15].

---

14 Kevin Anderson e Alice Bows, "Beyond 'Dangerous' Climate Change: Emission Scenarios for a New World", *Philosophical Transactions of the Royal Society*, n. 369, 2011, p. 23.

15 Hans J. Schellnhuber, "The Laws of Nature – and the Laws of Civilization", discurso proferido na COP 18. Disponível on-line.

UM NOVO NORMAL

As constatações do Potsdam Institute foram publicadas pelo Banco Mundial em três relatórios detalhados em 2012, 2013 e 2014, com o título geral de *Turn Down the Heat* [Reduza o calor]. Os relatórios combinavam uma análise exaustiva de pesquisas realizadas por cientistas de todo o mundo com modelagens computacionais de última geração baseadas nos novos cenários de emissões previstos pelo IPCC, chamados "Patamares de Concentração Representativos" (em inglês, RCPs)[16].

Os pesquisadores do Potsdam Institute se concentraram em dois deles: o RCP 2.6, segundo o qual cortes imediatos nas emissões e "emissões negativas" após 2050 podem manter os aumentos de temperatura abaixo de dois graus Celsius; e o RCP 8.5, que é essencialmente uma projeção para o cenário de manutenção do estado de coisas atual, em que as emissões e as temperaturas continuam crescendo – o que, de acordo com as projeções, levará a um aquecimento global cerca de quatro graus acima dos níveis pré-industriais até a década de 2080[17].

Os pesquisadores usaram os rótulos de *Mundo 2 °C* e *Mundo 4 °C* para as duas situações e as compararam com o período de base usado por James Hansen e seus colaboradores, que era de 1951 a 1980. Os resultados corroboram inteiramente a constatação de Hansen de que um aumento na temperatura média leva a um aumento desproporcional nos extremos de calor – o aumento de dois para quatro graus mais que dobra a extensão e a magnitude dos danos.

Em um mundo com dois graus Celsius a mais, as ondas de calor incomum (Sigma-3) afetarão cerca de 20% do planeta por volta de 2050 e continuarão

---

16 Os RPCs foram introduzidos em 2012 para substituir os cenários de emissões que o IPCC usava desde 2000. São essencialmente bancos de dados gigantescos sobre o clima no mundo todo, subdivididos em mais de 500 mil células geográficas. Isso permite estudos altamente detalhados das mudanças globais do fim do século XX até mais ou menos 2100. Para um panorama não técnico, ver Graham Wayne, "The Beginner's Guide to Representative Concentration Pathways", *Skeptical Science*, 2013. Disponível on-line.

17 Potsdam Institute for Climate Impact Research and Climate Analytics, *Turn Down the Heat: Confronting the New Climate Normal* (Washington, World Bank, 2014), p. 6.

Um novo (e mortal) regime climático **111**

a afetá-lo ao longo do século. (O relatório do Potsdam Institute não discute se esse cenário é realista, mas é preciso observar que ele requer cortes nas emissões muito mais drásticos que qualquer governo do Primeiro Mundo já sugeriu e tecnologias que ainda nem existem.)

Em um mundo com quatro graus Celsius a mais, cerca de 50% da população global, especialmente na África, na América Central e em partes da América do Sul, terá de suportar ondas frequentes de calor incomum (Sigma-3) até 2040 – essa será a nova norma nos verões. Até 2100, ondas de calor sem precedentes (Sigma-5) afetarão 60% da área terrestre do planeta, ainda mais nos países mais pobres, onde as pessoas têm menos recursos para se proteger e não têm como escapar.

Esta passagem do primeiro relatório *Turn Down the Heat* é um resumo contundente sobre os extremos de calor em um mundo quatro graus mais quente:

> Os efeitos do aquecimento de quatro graus Celsius não se distribuirão uniformemente pelo mundo e suas consequências não serão apenas uma extensão daquelas que seriam percebidas em um aquecimento de dois graus Celsius. O aquecimento mais acentuado ocorreria sobre a zona de terra e variaria de quatro a dez graus. Aumentos de seis graus Celsius ou mais na média mensal das temperaturas estivais serão esperados em grandes regiões do mundo, inclusive no Mediterrâneo, no Norte da África, no Oriente Médio e partes dos Estados Unidos.
>
> As projeções para um mundo quatro graus mais quente mostram um aumento drástico na intensidade e na frequência dos extremos de alta temperatura. As recentes ondas de calor extremo, como a que ocorreu na Rússia em 2010, provavelmente se tornarão o novo verão normal em um mundo quatro graus mais quente. A parte tropical da América do Sul, a África Central e todas as ilhas tropicais do Pacífico provavelmente enfrentarão reiteradas ondas de calor de magnitude e duração sem precedentes.
>
> Nesse novo regime climático de alta temperatura, é provável que os meses mais frios sejam consideravelmente mais quentes que os meses mais quentes no fim do século XX. Em regiões como o Mediterrâneo, o Norte da África, o Oriente Médio e o planalto tibetano, é provável que quase todos os meses de verão sejam mais quentes que nas ondas de calor mais extremo que ocorrem atualmente. Por

112 Enfrentando o Antropoceno

exemplo, o mês de julho mais quente na região do Mediterrâneo poderia ser nove graus Celsius mais quente que o mês de julho mais quente dos dias atuais.

As ondas de calor extremo dos últimos anos tiveram sérios impactos, causando mortes relacionadas ao calor, incêndios florestais e perdas de safra. Os impactos das ondas de calor extremo previstos para um mundo quatro graus Celsius mais quente ainda não foram avaliados, mas é de esperar que excedam em muito as consequências experimentadas até o momento e, com isso, extrapolem também a capacidade de adaptação de muitas sociedades e sistemas naturais.[18]

É importante lembrar que o aumento projetado de quatro graus Celsius até 2100 é uma média, não um valor máximo. Os pesquisadores do Potsdam Institute relatam que os únicos modelos baseados no RCP 8.5 que incluem um possível aquecimento de menos de quatro graus partem de suposições extraordinárias de melhoria da eficiência energética e redução da demanda[19]. De fato, de acordo com o último relatório do IPCC, que costuma ser cauteloso, se o crescimento das emissões se mantiver, há uma chance de até 2100 a temperatura média global aumentar até 7,8 graus Celsius, o que faria com que um mundo quatro graus mais quente pareça totalmente inofensivo[20].

É praticamente certo que nossos descendentes viverão em um mundo quatro graus Celsius mais quente antes do fim do século, a menos que as emissões de gases de efeito estufa sejam radicalmente reduzidas em breve. Esse mundo não será apenas mais quente: quase todo o seu território estará sob um *novo regime climático*.

Esse termo tem um significado específico no âmbito da climatologia. Mudar para um novo regime climático significa mudar para um ambiente com uma gama completamente diferente de possibilidades climáticas. Um exemplo extremo: a Antártida está sob um regime climático completamente

---

18 Idem, *Turn Down the Heat: Why a 4° Warmer World Must Be Avoided* (Washington, World Bank, 2012), p. xv.

19 Idem, *Turn Down the Heat: Confronting the New Climate Normal*, cit., p. 5.

20 Intergovernmental Panel on Climate Change (IPCC), "Summary for Policymakers", em *Climate Change 2014: Mitigation of Climate Change* (Cambridge, Cambridge University Press, 2014), p. 8.

Um novo (e mortal) regime climático 113

diferente do Mali ou da Venezuela – os dias mais quentes no polo Sul são significativamente mais frios que os dias mais frios nos trópicos. Não há coincidência de temperaturas. No caso de um mundo quatro graus mais quente, estamos falando de uma mudança de regime climático no *tempo*, não no espaço.

Um artigo de 2011 de cientistas do Wood Institute for the Environment, da Universidade de Stanford, examinou "a probabilidade de que o aumento nas concentrações de gases de efeito estufa resulte em um regime de calor novo e permanente no qual a estação quente mais fria do século XXI seja mais quente que a estação quente mais quente do fim do século XX", se as emissões continuarem a crescer[21]. Eles concluíram que, até a década de 2050, praticamente todas as regiões tropicais, bem como o Norte da África e o Sul da Eurásia (Oriente Médio, Sul e Sudeste da Ásia), estarão permanentemente sob um regime de calor sem precedentes. Até 2070-2099, isso valerá para 80% dos verões na região extratropical da América do Norte, na China e no Mediterrâneo. Como destacam os autores, isso impõe grandes desafios à adaptação.

> Além de aumentar a ocorrência de eventos quentes severos, uma transição permanente para um regime de calor sem precedentes poderia aumentar substancialmente os estresses relacionados ao clima, exigindo que os sistemas tolerem um novo enquadramento térmico no qual as novas condições são mais quentes que as condições mais quentes com as quais esses sistemas estão acostumados.[22]

Esses sistemas envolvem os bilhões de seres humanos que terão de viver e trabalhar em locais que serão mais quentes que qualquer outro lugar da Terra já foi desde antes da evolução da nossa espécie. As consequências para nossa saúde – e, no longo prazo, para nossa sobrevivência – são assustadoras. Um estudo de 2009 da revista médica britânica *The Lancet* concluiu que "a

---

21 Noah S. Diffenbaugh e Martin Scherer, "Observational and Model Evidence of Global Emergence of Permanent, Unprecedented Heat in the 20th and 21st Centuries", *Climatic Change*, v. 107, 2011, p. 615-24. O estudo usou modelos baseados no cenário A1B do IPCC, no qual o uso intensivo de energia fóssil e não fóssil cresce em taxas iguais.

22 Ibidem, p. 616.

114 Enfrentando o Antropoceno

mudança climática é a maior ameaça global à saúde do século XXI"[23]. Um estudo complementar de 2015 afirmou que a ameaça havia piorado: "Os efeitos da mudança climática já estão sendo sentidos hoje, e as projeções futuras apresentam um risco inaceitavelmente alto e potencialmente catastrófico para a saúde humana"[24].

A Organização Mundial da Saúde (OMS) estima que entre 2030 e 2050 a mudança climática causará milhões de mortes a mais por ano e que o número de mortes aumentará substancialmente na segunda metade do século. A proporção de mortes causadas por estresse térmico – ou seja, por calor extremo – aumentará mais depressa que as mortes provocadas por qualquer outro fator[25].

Hoje, o estresse por calor afeta principalmente crianças pequenas e idosos. À medida que o mundo esquenta, pessoas que trabalham ao ar livre ou em prédios sem ar-condicionado estarão cada vez mais expostas a riscos, pois o calor se tornará excessivo para trabalhar em segurança – atingindo ou ultrapassando a temperatura do globo de bulbo úmido (em inglês, WBGT), que é quando o corpo humano não consegue mais controlar sua temperatura interna[26].

Como disse um editorial da revista *The Lancet* sobre o relatório de 2014 do IPCC:

> Alguns cenários preveem um aquecimento de quatro a sete graus Celsius (em média) em grande parte da massa terrestre do globo até o fim do século XXI. Se essa mudança ocorrer, os dias mais quentes excederão largamente as temperaturas atuais e aumentará o número de pessoas que vivem em condições tão extremas que a capacidade do corpo humano de manter o equilíbrio térmico

---

23 Antony Costello et al., "Managing the Health Effects of Climate Change", *The Lancet*, v. 373, n. 9.676, 2009, p. 1.693.

24 Nick Watts et al., "Health and Climate Change: Policy Responses to Protect Public Health", *The Lancet*, v. 386, n. 10.006, 2015, p. 1.861-914.

25 World Health Organization, "Climate Change and Health: WHO Fact Sheet No. 266", 1º ago. 2014. Disponível on-line.

26 A "temperatura do globo de bulbo úmido" é um índice de estresse térmico que combina temperatura, umidade, vento e radiação solar.

Um novo (e mortal) regime climático **115**

durante suas atividades físicas ficará comprometida em parte do ano e não será mais possível trabalhar ao ar livre sem proteção.[27]

Até 2100, de acordo com cientistas da U.S. National Oceanic and Atmospheric Administration,

> grande parte dos trópicos e das latitudes médias enfrentará meses de estresse térmico extremo, de modo que o estresse térmico em Washington D.C. será maior que o de New Orleans nos dias atuais, o de New Orleans será maior que o do Bahrein nos dias atuais e o do Bahrein atingirá um WBGT de 31,5 graus Celsius.

O novo regime climático, segundo eles, imporá "limitações ambientais cada vez mais severas à capacidade individual de trabalho [...], especificamente a perda da capacidade de trabalho nos meses de pico de estresse por calor".

> Tanto no RCP 4.5 quanto no RCP 8.5, até 2050 a perda de capacidade de trabalho global nos meses de pico será cerca de duas vezes maior que no período histórico anterior. Depois de 2050, a mitigação ativa no RCP 4.5 fará a capacidade de trabalho cair para 75% da capacidade atual nos meses de pico. Assim, mesmo a mitigação ativa para limitar o aquecimento global a um aumento de dois graus Celsius em relação às condições pré-industriais resultará em cerca do dobro da redução da capacidade de trabalho perdida nesse modelo. O cenário com o maior índice considerado reduz a capacidade de trabalho para 63% da capacidade atual até 2100 nos meses mais quentes.[28]

Mas nem todos os trabalhadores *podem* se recusar a trabalhar, mesmo quando sua saúde está em jogo. A pressão para que o trabalho continue, sob pena de demissão, a pressão econômica para evitar perdas de salário por hora ou peça, todos esses fatores podem e vão manter a produção à custa dos trabalhadores. Somente uma organização militante para a proteção mútua dos trabalhadores pode evitar que a mudança climática se torne a principal causa de morte no trabalho no século XXI.

---

27 Alistair Woodward et al., "Climate Change and Health: On the Latest IPCC Report", *The Lancet*, v. 383, n. 9.924, 2014, p. 1.187.

28 John P. Dunne, Ronald J. Stouffer e Jasmin G. John, "Reductions in Labour Capacity from Heat Stress under Climate Warming", *Nature Climate Change*, v. 3, n. 6, 2013, p. 563-6.

116 Enfrentando o Antropoceno

Os trabalhadores agrícolas enfrentarão uma dupla ameaça: não poderão trabalhar tanto tempo no campo e o aumento das temperaturas reduzirá as colheitas das quais eles dependem para comer e se sustentar. Pesquisas recentes descobriram alguns pontos de ruptura específicos: quando as temperaturas ultrapassam determinados níveis, o rendimento das colheitas diminui depressa. Em um mundo quatro graus mais quente, no qual um aumento local de cinco a dez graus afetará muitas áreas, o impacto sobre a produção de alimentos pode ser catastrófico: "Preveem-se perdas substanciais nas regiões tropicais e subtropicais e em todos os principais tipos de lavoura. No caso do trigo e do milho, as perdas podem exceder os 50%, em média, em grande parte da zona tropical"[29].

Em 2015, um painel de especialistas convocado pelas Nações Unidas identificou alguns dos principais riscos apresentados pelo aquecimento de quatro graus Celsius:

> Em um mundo quatro graus mais quente, os riscos globais serão altos ou muito altos. A maioria dos impactos previstos nos ecossistemas terá altos níveis de risco. A velocidade da mudança climática será muito alta para que as espécies terrestres e de água doce consigam mudar de maneira suficientemente rápida. Haverá perda de biodiversidade, inclusive extinção substancial de espécies e interrupção de ciclos ecossistêmicos. Os riscos combinados do aquecimento e da acidificação dos oceanos se tornarão muito altos. O potencial da atividade pesqueira será bastante reduzido, e a produção agrícola correrá riscos muito altos, sem possibilidade de adaptação. O aumento do nível do mar poderá exceder bem mais de um metro no longo prazo, e o gelo marinho do verão ártico desaparecerá. Alguns sistemas específicos ficarão sob ameaça e o risco de eventos climáticos extremos se tornará muito alto ou de médio a alto, se houver adaptação.

> Esse risco colocará sob maior ameaça as pessoas marginalizadas social, econômica, cultural, política ou institucionalmente [...]. As perspectivas de redução de riscos por adaptação em um mundo quatro graus Celsius mais quente são limitadas, e os impactos aumentarão significativamente em todas as regiões.

---

29 Potsdam Institute for Climate Impact Research and Climate Analytics, *Turn Down the Heat: Confronting the New Climate Normal*, cit., p. 16.

Com esse nível de aquecimento, os limites de adaptação serão atingidos no que concerne aos sistemas urbanos de abastecimento de água, às pessoas sensíveis ao calor, à produtividade agrícola e à segurança alimentar, aos meios de implementação e à preservação da identidade cultural. Além disso, o potencial de adaptação em caso de conflito por propriedade de terras e deslocamento diminuirá significativamente, o risco de insegurança alimentar (África e Ásia) e desnutrição (África, Ásia Central e do Sul) será alto e muito alto, e o risco de enchentes se tornará mais comum na Ásia e nas Américas Central, do Sul e do Norte.[30]

ACELERANDO EM UMA VIA DE MÃO ÚNICA

Apesar disso, algumas pessoas dizem que não há por que nos preocuparmos: *"É alarmismo! Você está falando de coisas que podem acontecer daqui a um século. Temos muito tempo para lidar com isso"*.

Na medida em que esses argumentos "anticatastrofistas" não se restringem aos lobistas anticiência e a seus seguidores, eles refletem uma profunda incompreensão das questões em jogo. O problema não é que as mudanças catastróficas são iminentes, mas que, se não forem tomadas medidas em breve, as mudanças catastróficas se tornarão inevitáveis.

O motivo, colocado em termos simples, é que o volume do aquecimento global depende do volume de gases de efeito estufa acumulado na atmosfera, e, há mais de um século, esses gases estão entrando na atmosfera muito mais rapidamente que os processos naturais são capazes de eliminá-los. Mesmo na hipótese de que todas as emissões parem hoje, demoraria séculos para que as concentrações de CO_2 voltassem aos níveis do Holoceno.

Grande parte do dióxido de carbono liberado pelas fábricas nos anos 1800 ainda está presente na atmosfera, e grande parte do dióxido de carbono emitido hoje continuará afetando o clima daqui mil anos. O painel de especialistas da ONU é incisivo: "A mudança climática antropogênica, que

---

30 United Nations Framework Convention on Climate Change (UNFCCC). *Report on the Structured Expert Dialogue on the 2013-2015 Review* (Genebra, United Nations Office, 2015), p. 16 e 17.

118 Enfrentando o Antropoceno

inclui a acidificação dos oceanos e muitos outros impactos, *é irreversível em uma escala de tempo de vários séculos a milênios*"[31]. Uma das maiores autoridades no assunto, David Archer, professor na Universidade de Chicago, é mais dramático, mas igualmente incisivo: "Os impactos climáticos do CO_2 liberado na atmosfera pelos combustíveis fósseis durarão mais que Stonehenge. Mais que as cápsulas do tempo, mais que o lixo nuclear, muito mais que a idade da civilização humana até agora"[32].

Apesar das flutuações regionais, a temperatura média global em todo o Holoceno variou menos de um grau Celsius para mais ou para menos. Hoje, estamos acelerando em uma via de mão única para fora do Holoceno: a temperatura média global aumentou um grau desde 1880, e esse pequeno aumento já perturbou o sistema climático global. Literalmente, não há como voltar para trás, e, se continuarmos no ritmo atual, "até 2100 as temperaturas médias globais provavelmente estarão entre cinco e doze desvios padrões acima da média de temperatura do Holoceno"[33]. Será um calor sem precedentes, um cenário de pesadelo.

Também é importante reconhecer que as previsões do IPCC tendem a subdimensionar a extensão e a taxa de mudança. Além do conservadorismo inerente à abordagem que é consenso para a avaliação de riscos, quatro fatores tendem a tornar a ameaça da mudança climática mais urgente do que os relatórios oficiais sugerem.

Pontos de ruptura. Como vimos, a história climática do sistema terrestre caracteriza-se por mudanças abruptas de um regime climático para outro, mas tais mudanças são imprevisíveis, de modo que nem mesmo modelos computacionais bastante sofisticados podem prevê-las: presume-se que as temperaturas mudarão gradualmente ao longo do tempo. À medida que o aquecimento

---

31 Idem. Grifo nosso.

32 David Archer, *The Long Thaw: How Humans Are Changing the Next 100,000 Years of Earth's Climate* (Princeton, Princeton University Press, 2009), p. 1.

33 Shaun A. Marcott et al., "A Reconstruction of Regional and Global Temperature for the Past 11,300 Years", *Science*, v. 339, n. 6.124, 2013, p. 1.201.

global se desenvolve, há um perigo cada vez maior de atingirmos um ponto de ruptura que cause uma mudança repentina no sistema climático.

Nove fronteiras planetárias. A mudança climática é o desafio mais imediato para a estabilidade do sistema terrestre, mas é apenas uma das nove fronteiras planetárias que estão em perigo. A transgressão de várias fronteiras ao mesmo tempo provavelmente multiplicará seu efeito deletério sobre o desenvolvimento humano.

2100ismo. Esse termo foi criado pelo climatologista australiano James Risbey para descrever a tendência do IPCC e de outros relatórios oficiais sobre o clima de "enquadrar o problema da mudança climática até 2100 [...] [a despeito de que] o aquecimento e a elevação do nível do mar continuarão muito além de 2100"[34]. Vimos isso acontecer nas negociações sobre o clima em Paris, em 2015, quando as discussões sobre o aumento da temperatura simplesmente ignoraram o período posterior a 2100.

Cauda gorda. As previsões sobre o clima para o futuro são *probabilidades* – eventos de Sigma-1 são descritos como "prováveis" –, mas a curva de probabilidade não é simétrica, é inclinada para a direita. Praticamente não há chance de a temperatura média aumentar menos de dois graus e há uma chance significativa de aumentar mais que isso. No jargão estatístico, a curva apresenta uma "cauda gorda" à direita. No livro *Choque climático*, Gernot Wagner e Martin Weitzman mostram que, se a faixa provável de aumento da temperatura ficar entre 1,5 e 4,5 graus Celsius, "a chance de as temperaturas reais ultrapassarem seis graus Celsius é de cerca de 10%"[35]. Segundo eles, o risco de uma casa pegar fogo ou um carro sofrer uma colisão é muito menor que 10%, mas seria tolice não fazer um seguro contra essa possibilidade.

---

34 James S. Risbey, "The New Climate Discourse: Alarmist or Alarming?", *Global Environmental Change*, v. 18, 2007, p. 33.

35 Gernot Wagner e Martin L. Weitzman, *Climate Shock: The Economic Consequences of a Hotter Planet* (Princeton, Princeton University Press, 2015), p. 53 [ed. port.: *Choque climático*, trad. Pedro e Rita Carvalho e Guerra, Lisboa, Bertrand, 2016].

120 Enfrentando o Antropoceno

Quando nossos governantes falam em manter o aquecimento global abaixo de dois graus Celsius, é apenas da boca para fora. Está cada vez mais claro que isso não acontecerá, se a redução necessária na emissão de CO_2 depender apenas da boa vontade de empresas como Exxon e Volkswagen e dos políticos que as defendem. Os climatologistas britânicos Kevin Anderson e Alice Bows-Larkin argumentam de forma convincente que manter o aumento abaixo de dois graus exige uma ação radical que implique "uma redução do tamanho geral da economia global".

> Somente se as emissões das nações industrializadas forem reduzidas de imediato e em taxas sem precedentes e somente se as nações menos abastadas iniciarem uma rápida transição para um desenvolvimento de baixo teor de carbono, com diminuição das emissões a partir de 2025, somente assim haverá alguma probabilidade razoável de não ultrapassarmos a "barreira de segurança" de dois graus Celsius.[36]

Como insiste Naomi Klein, isso deveria fazer com que a necessidade de mudanças sociais radicais fosse prioritária em nossa agenda: "O que Anderson e Bows-Larkin querem dizer é que ainda há tempo para evitarmos um aquecimento catastrófico, mas não dentro das regras do capitalismo como estabelecidas hoje. Esse é com segurança o melhor argumento que já existiu para mudarmos essas regras"[37].

---

36 Kevin Anderson e Alice Bows, "A 2 °C Target? Get Real, Because 4 °C Is on Its Way", *Parliamentary Brief*, 2010, p. 19.

37 Naomi Klein, *This Changes Everything: Capitalism vs. the Climate* (Toronto, Knopf, 2014), p. 88 [ed. port.: *Tudo pode mudar: capitalismo vs. clima*, trad. Ana Cristina Pais, Lisboa, Presença, 2016].

PARTE II

CAPITALISMO FÓSSIL

Em abril de 1856, em um encontro de trabalhadores radicais em Londres, Karl Marx descreveu uma profunda contradição do desenvolvimento capitalista:

> Por um lado, despontaram para a vida forças industriais e científicas de que nenhuma época da história humana anterior alguma vez tinha suspeitado. Por outro lado, existem sintomas de decadência que ultrapassam de longe os horrores registados nos últimos tempos do Império Romano [...]. Este antagonismo entre a indústria e a ciência modernas, por um lado, e a miséria e a dissolução modernas, por outro; esse antagonismo entre os poderes produtivos [*productive powers*] e as relações sociais da nossa época é um fato palpável, esmagador, e que não é para ser controvertido.[1]

Em outra ocasião, Marx comparou o progresso sob o capitalismo àquele "ídolo pagão que somente quer beber o néctar no crânio de suas vítimas"[2]. Esse tema, a incapacidade do capitalismo de criar sem destruir, percorre a obra de Marx como um fio vermelho, mas nem mesmo ele poderia imaginar quão extrema essa contradição se tornaria.

Houve imensas melhorias na condição humana durante a era capitalista – na saúde, na cultura, na filosofia, na literatura, na música e em diversas

---

1 Karl Marx, "Speech at the Anniversary of the People's Paper", em *Collected Works* (MECW), v. 14 (Nova York, International Publishers, 1975-2004), p. 655 [ed. port.: Karl Marx e Friedrich Engels, *Obras escolhidas*, v. 1, trad. José Barata-Moura, Lisboa, Avante!, 1982].

2 Idem, "The Future Results of British Rule in India", em MECW, v. 12, cit., p. 222.

122 Enfrentando o Antropoceno

outras áreas. Mas o capitalismo também levou à fome, à miséria, à violência em massa, à tortura e ao genocídio, tudo isso em escala sem precedentes. À medida que o capitalismo cresceu e envelheceu, o lado bárbaro de sua natureza se evidenciou. As extraordinárias forças produtivas que ele cria são, sempre e simultaneamente, poderosas forças de destruição.

O capitalismo e os combustíveis fósseis expandiram de maneira espetacular a saúde e a riqueza humana nos últimos dois séculos. Hoje eles sobrecarregam os processos planetários que durante 10 mil anos tornaram a Terra hospitaleira para a civilização e para nossa espécie. E nos empurram para uma nova e perigosa época, o Antropoceno.

Os gráficos da Grande Aceleração exibem doze tendências críticas do sistema terrestre desde 1750. Todas são – em si ou como instrumento de medida – um componente crítico do sistema terrestre. Todas funcionaram dentro de limites claros nos 12 mil anos da época do Holoceno. Após a atualização de 2015, o climatologista Will Steffen e seus colegas concluíram que, para nove das doze tendências, "há evidências convincentes de que os parâmetros ultrapassaram em muito o padrão de variabilidade do Holoceno".

1, 2 e 3. As concentrações atmosféricas de três gases de efeito estufa – dióxido de carbono, óxido nitroso e metano – estão bem acima do máximo observado em qualquer momento do Holoceno.

4. Não há evidências de diminuição significativa do ozônio estratosférico em qualquer momento do Holoceno.

5. Não há evidências de que o impacto humano na biosfera marinha, medido pela tonelagem global de pesca, tenha chegado perto do nível do fim do século XX em qualquer época do Holoceno.

6. O ciclo do nitrogênio foi maciçamente alterado ao longo do século passado e hoje opera muito acima da faixa observada no Holoceno.

7. A acidificação dos oceanos provavelmente está mudando mais rápido que em qualquer outro momento dos últimos 300 milhões de anos.

8. A perda de biodiversidade pode estar se aproximando das taxas de extinção em massa.

9. No período de 1901 a 2012, a temperatura média da superfície global aumentou quase 0,9 grau Celsius. A temperatura média global de 8 mil a 6 mil anos atrás estava cerca de 0,7 grau Celsius acima daquela do período pré-industrial, o que sugere que o clima global está atualmente fora do padrão de variabilidade do Holoceno[3].

Os seres humanos sempre modificaram o mundo, mas o Antropoceno é algo novo. Os autores da atualização dos gráficos enfatizam que as mudanças do passado, por mais extensas ou destrutivas que tenham sido, não causaram "mudanças significativas na estrutura ou no funcionamento do sistema terrestre como um todo": "Somente após meados do século XX há evidências claras de mudanças fundamentais no estado e no funcionamento do sistema terrestre que 1) estão além da faixa de variabilidade do Holoceno e 2) são impulsionadas por atividades humanas, não pela variabilidade natural". E concluem: "Chegamos a um ponto em que muitos indicadores biofísicos claramente ultrapassaram os limites de variabilidade do Holoceno. Estamos vivendo em um mundo não análogo"[4]. Hoje não há dúvida de que o clima global está fora do padrão de variabilidade do Holoceno. Estamos em *terra incognita*, um território desconhecido denominado Antropoceno.

A parte I deste livro discutiu o Antropoceno como um fenômeno *biofísico* – uma mudança qualitativa nas características físicas mais críticas da Terra, com profundas implicações para todos os seres vivos, inclusive os humanos. Isso é importante, mas para compreendermos adequadamente o Antropoceno precisamos vê-lo como um fenômeno *socioecológico* – uma mudança qualitativa

---

3 Will Steffen et al., "The Trajectory of the Anthropocene: The Great Acceleration", *Anthropocene Review*, v. 2, n. 1, 2015, p. 92-3. Por questões de clareza, parafraseei esses pontos.

4 Ibidem, p. 93-4.

124 Enfrentando o Antropoceno

na relação entre a sociedade humana e o restante do mundo natural. Trata-se do resultado direto, para usar uma frase de Marx, de uma "ruptura irremediável no metabolismo social, prescrito pelas leis naturais da vida"[5].

Esta parte II examinará por que e como duzentos anos de desenvolvimento capitalista puseram fim ao Holoceno e começaram a "conduzir o sistema terrestre a estados mais hostis, dos quais não conseguiremos sair com facilidade"[6].

A busca pelas origens sociais e econômicas do Antropoceno é muito diferente da busca por seu início geológico. A geologia, por sua própria natureza, procura uma transição física clara em rochas, sedimentos ou gelo, um local onde fincar um "prego dourado" (na verdade, um pino de latão) para demarcar formalmente uma época. A ciência social não consegue ser tão precisa. Como escreveu Lênin em seu famoso balanço do surgimento do imperialismo: "Não é preciso dizer, claro, que na natureza e na sociedade todos os limites são convencionais e mutáveis, que seria absurdo discutir, por exemplo, o ano ou a década precisa em que se instaurou 'definitivamente' o imperialismo"[7].

As mudanças mostradas nos gráficos da Grande Aceleração não foram produzidas por um evento único, por exemplo, uma colisão com um cometa: elas são a culminação de dois séculos de desenvolvimento capitalista. Assim, enquanto os geólogos procuram uma década exata ou mesmo um dia exato, a análise marxista procura por um período mais longo de mudança social e econômica durante o qual o Holoceno terminou e o Antropoceno começou.

---

5 Karl Marx, *Capital*, v. 3 (Harmondsworth, Penguin, 1981), p. 949 [ed. bras.: *O capital. Crítica da economia política*, Livro III: *O processo total da produção capitalista*, trad. Rubens Enderle, São Paulo, Boitempo, 2017, p. 873].

6 Will Steffen et al., "The Anthropocene: From Global Change to Planetary Stewardship", *Ambio*, v. 40, 2011, p. 739. Disponível on-line.

7 Vladímir I. Lênin, "Imperialism, the Highest Stage of Capitalism", em *Collected Works*, v. 22 (Moscou, Progress, 1964), p. 267 [ed. bras.: *Imperialismo, estágio superior do capitalismo: ensaio de divulgação ao público*, trad. Avante! e Paula Vaz de Almeida, São Paulo, Boitempo, 2021, p. 115].

7

TEMPO DO CAPITAL *VERSUS* TEMPO DA NATUREZA

> *O mundo moderno adora os deuses da velocidade, da quantidade e do lucro rápido e fácil, e dessa idolatria surgiram males monstruosos.*
>
> Rachel Carson[1]

Artigo após artigo, livro após livro, cientistas e ambientalistas expuseram os efeitos devastadores da constante expansão econômica no ambiente global. O impulso para produzir cada vez mais "coisas" está enchendo nossos rios de veneno e nosso ar de gases que alteram o clima. Os oceanos estão morrendo, espécies estão desaparecendo em taxas sem precedentes, a água está acabando e o solo está sendo erodido muito mais rapidamente do que é capaz de se recuperar.

Mas a máquina do crescimento segue operante. Executivos de empresas, economistas, especialistas, burocratas e, claro, políticos, todos concordam que o crescimento é bom e o não crescimento é ruim. A expansão material sem fim é uma política deliberada promovida por ideólogos de todas as tendências políticas, de sociais-democratas a ultraconservadores. Quando os líderes dos países mais ricos do mundo, o G20, se reuniram em Toronto em 2010, eles foram unânimes: a prioridade era "estabelecer as bases para

---

1 Rachel Carson, *Lost Woods* (Boston, Beacon, 1998), p. 194-5.

126 Enfrentando o Antropoceno

um crescimento sólido, sustentável e equilibrado". A palavra *crescimento* apareceu 29 vezes na declaração final[2].

Por que, diante de evidências esmagadoras de que a expansão constante da produção e da extração de recursos está nos matando, governos e empresas continuam extraindo carvão para o trem do crescimento descontrolado?

A maioria dos escritos sobre meio ambiente nos oferece uma destas duas explicações: trata-se ou da natureza humana, ou de um erro.

O argumento da natureza humana é central para a economia dominante. Nossa espécie é o *homo economicus*, definido por John Stuart Mill como "um ser que faz inevitavelmente aquilo que lhe permite obter a maior quantidade de coisas necessárias, conveniências e luxos com a menor quantidade de trabalho e sacrifício físico"[3]. Portanto, sempre queremos mais, e o crescimento econômico é apenas a maneira pela qual o capitalismo atende a esse desejo humano fundamental. Para nossa espécie, o suficiente nunca é o bastante.

Essa visão muitas vezes leva seus proponentes a concluírem que a única maneira de retardar ou reverter a pilhagem da Mãe Terra é retardar ou reverter o crescimento da população. Mais pessoas significa mais coisas; menos pessoas quer dizer menos coisas. Como Simon Butler e eu mostramos em nosso livro *Too Many People?* [Gente demais?], a maioria dos argumentos baseados em índices populacionais não é mais sofisticada que isso. O fato de os países com as maiores taxas de natalidade terem, em geral, um padrão de vida mais baixo e produzirem menos poluição fatalmente invalida essas afirmações – se, por alguma razão, os 3 bilhões de pessoas mais pobres do planeta desaparecessem amanhã, não haveria virtualmente nenhuma redução na atual destruição ambiental.

---

2 White House, "The G-20 Toronto Summit Declaration", Office of the Press Secretary, 27 jun. 2010, § 7. Disponível on-line.

3 John Stuart Mill, *Essays on Some Unsettled Questions* (Nova York, Cosimo, 2007), p. 116.

SEDUZIDOS POR UMA IDEOLOGIA FALSA?

Outra explicação "verde" para o fomento constante do crescimento é que fomos seduzidos por uma falsa ideologia. Por exemplo, o professor de ciências ambientais Robert Nadeau afirma que líderes políticos e planejadores econômicos são influenciados por "um sistema de crenças quase religioso"; logo, a solução seria uma conversão religiosa. "Quando eles perceberem que os deuses a quem estão servindo são falsos e fizerem o necessário para resolver a crise ambiental, em pouco tempo poderemos viver em um mundo muito diferente."[4] Outros autores descrevem o impulso de crescimento como um *fetiche*, uma *obsessão*, um *vício* ou mesmo um *feitiço*.

O especialista em tecnologia Fawzi Ibrahim afirma que tais análises apresentam o impulso inexorável de expansão do capitalismo não como um resultado inevitável do sistema de lucros, mas como "uma obsessão psicológica, uma espécie de capricho coletivo que domina simultaneamente todos os governos e todos os economistas em todo o mundo ou uma espécie de complicada conspiração global"[5].

> A importância que se dá ao crescimento [...] é vista como um fenômeno autônomo, uma questão de escolha individual dos economistas ou uma decisão coletiva do governo e da sociedade que se pode ativar e desativar. É talvez a primeira vez na história que uma necessidade é descrita como um fetiche. O fetiche do capitalismo pelo crescimento pode ser descrito como o fetiche dos peixes pela água. O crescimento é tão essencial para o capitalismo quanto a água para os peixes. Assim como os peixes morreriam sem água, o capitalismo se asfixiaria sem crescimento.[6]

Durante milênios, quase toda a produção era voltada para o uso, havia pouca necessidade ou espaço para o crescimento econômico como o entendemos

---

4 Robert L. Nadeau, *The Environmental Endgame: Mainstrean Economics, Ecological Disaster, and Human Survival* (New Brunswick, Rutgers University Press, 2006), p. 146 e 166.

5 Fawzi Ibrahim, *Capitalism versus Planet Earth: An Irreconcilable Conflict* (Londres, Muswell, 2012), p. 164.

6 Ibidem, p. 161.

128 Enfrentando o Antropoceno

hoje. Mas, no capitalismo, a maior parte da produção é direcionada para a troca: o capital explora o trabalho e a natureza para produzir bens a ser vendidos acima de seu custo de produção e acumular mais capital, e o mesmo processo se repete indefinidamente. A ideologia do crescimento não é a causa da acumulação perpétua – ela é apenas sua *justificativa*.

A PRIMEIRA DIRETRIZ DO CAPITAL

Se questionássemos cada uma das pessoas que dirigem a Exxon, a Volkswagen e outros grandes poluidores, elas sem dúvida diriam que desejam que seus filhos e netos vivam em um mundo limpo e ambientalmente saudável. Mas, na posição de grandes acionistas, executivos e altos gerentes, elas agem, nas palavras de Marx, como a "personificação do capital". Independentemente de seu comportamento em casa ou com os filhos, no trabalho elas são o capital em forma humana, e os imperativos do capital têm precedência sobre todas as outras necessidades e valores. Por isso, quando se trata de escolher entre proteger o futuro da humanidade e maximizar os lucros, elas optam pelos lucros.

Alguém que não esteja disposto a colocar as necessidades do capital em primeiro lugar provavelmente nunca chegará a um cargo executivo de uma grande corporação. Se o processo de seleção falhar ou se o executivo tiver uma inconveniente crise de consciência, ele não durará muito no cargo. É o que tem sido chamado de *tirania ecológica da linha do mínimo*: se proteger a humanidade e o planeta gera a possibilidade de redução de lucros, as empresas sempre colocarão os lucros em primeiro lugar.

A única medida de sucesso do capital é a *acumulação*. Quanto lucro a mais foi realizado neste trimestre em relação ao trimestre anterior? Quanto a mais foi feito hoje em comparação a ontem? Não importa que os produtos vendidos sejam nocivos ao homem e à natureza nem que muitas mercadorias não possam ser produzidas sem propagar doenças, arrasar florestas que produzem o oxigênio que respiramos, destruir ecossistemas e tratar nossa água, ar e solo como esgotos que recebem resíduos industriais. Tudo isso contribui para o crescimento do capital – e é isso que importa.

O capital existe sob várias formas há milhares de anos, mas somente nos últimos cinco séculos ele definiu e dominou a economia como um todo. Uma pequena minoria possui quase toda a riqueza geradora de lucro e vive disso, enquanto a maioria deve trabalhar para essa minoria a fim de sobreviver. Os trabalhadores produzem mais riqueza do que recebem, e o capital cresce tomando parte do excedente ou todo ele.

Cada empresa procura garantir que seus produtos sejam vendidos a um preço capaz de produzir um lucro atraente sobre o capital investido. Uma empresa com custos mais baixos ou produtos mais atraentes pode levar os concorrentes à falência. Isso cria uma pressão irresistível sobre todas as empresas para que melhorem sua produtividade, reduzam custos ou tornem seus produtos mais vendáveis – e isso impele o sistema como um todo a se expandir física, financeira e geograficamente. Como Marx e Engels escreveram no *Manifesto Comunista*:

> Essa subversão contínua da produção, esse abalo constante de todo o sistema social, essa agitação permanente e essa falta de segurança distinguem a época burguesa de todas as precedentes. Dissolvem-se todas as relações sociais antigas e cristalizadas, com seu cortejo de concepções e de ideias secularmente veneradas; as relações que as substituem tornam-se antiquadas antes de se consolidarem. Tudo o que era sólido e estável se desmancha no ar, tudo o que era sagrado é profanado.[7]

Se nada o impedir, o capital tentará se expandir infinitamente – mas a Terra não é infinita. A atmosfera, os oceanos e as florestas são muito grandes, mas, em última análise, são recursos finitos e limitados – e o capitalismo está pressionando esses limites. As emissões de gases de efeito estufa não são incomuns ou excepcionais. Despejar lixo no meio ambiente é característica

---

7 Em *Collected Works* (MECW), v. 5 (Nova York, International Publishers, 1975-2004), p. 487 [ed. bras.: *Manifesto Comunista*, trad. Álvaro Pina e Ivana Jinkings, São Paulo, Boitempo, 2010, p. 43].

130 Enfrentando o Antropoceno

fundamental do capitalismo, e isso não vai mudar enquanto o capitalismo se mantiver. É por isso que "soluções" como o *cap and trade* falharam tanto e continuam a falhar: o desperdício, a poluição e a destruição ecológica estão no DNA do sistema.

Em *17 contradições e o fim do capitalismo*, David Harvey se pergunta se a acumulação de capital não poderia se estabilizar numa economia capitalista de crescimento zero – e a resposta que ele encontra é "um retumbante 'não'".

> A razão mais simples é que capital é busca de lucros. Para todos os capitalistas, realizar lucro positivo é ter mais valor no fim do dia do que tinha no início. Isso significa uma expansão da produção total do trabalho social. Sem essa expansão, o capital não existe. Uma economia capitalista de crescimento zero é uma contradição lógica e excludente, simplesmente impossível.[8]

É claro que o fato de o capital *precisar* crescer não significa que ele *possa* crescer sempre. Pelo contrário, o impulso ao crescimento leva periodicamente a situações em que se produzem mais mercadorias do que se podem vender: o resultado é uma crise na qual quantidades substanciais de riqueza são destruídas. Empresas podem sair – e de fato saem – do mercado em tais situações, mas no longo prazo a busca pelo lucro, pela acumulação cada vez maior de capital, sempre se reafirma: é uma característica definidora do sistema capitalista e a causa primordial da crise ambiental global.

"UM METABOLISMO PRESCRITO PELAS LEIS NATURAIS DA VIDA"

Em meados do século XIX, o cientista alemão Justus von Liebig explicou o declínio da produtividade agrícola na Inglaterra mostrando que,

---

8 David Harvey, *Seventeen Contradictions and the End of Capitalism* (Oxford, Oxford University Press, 2014), p. 232 [ed. bras.: *17 contradições e o fim do capitalismo*, trad. Rogério Bettoni, São Paulo, Boitempo, 2016, p. 216].

em seu estado natural, o solo fornece os nutrientes essenciais para o crescimento das plantas e recupera o estoque desses nutrientes a partir de resíduos vegetais e animais. A agricultura capitalista interrompe esse ciclo, impedindo que os resíduos retornem ao solo, o que faz com que a fertilidade diminua. Liebig usou a palavra "metabolismo" (*Stoffwechsel*) para designar as interações e as trocas químicas/biológicas entre plantas, animais e solo.

Desde então, o conceito de metabolismo se tornou "uma categoria-chave na abordagem da teoria dos sistemas à interação dos organismos com seu meio ambiente".

> Ele capta o complexo processo bioquímico da troca metabólica, através do qual um organismo (ou determinada célula) se serve dos materiais e da energia de seu meio ambiente e os converte, por meio de várias reações metabólicas, nas unidades constituintes do crescimento. Além disso, o conceito de metabolismo é usado para se referir aos *processos regulatórios* específicos que governam essa complexa troca entre os organismos e seu meio ambiente.[9]

O trabalho de Liebig lançou as bases para uma nova abordagem do mundo natural, que passou a ser visto não como um conjunto de coisas separadas – plantas, animais, seres humanos, rios, atmosfera etc. –, mas como sistemas nos quais todos os componentes estão em constante interação e nos quais qualquer mudança em algum deles pode mudar todos os outros. Na década de 1930, o ecologista Arthur Tansley, um socialista fabiano, cunhou a palavra "ecossistema" para designar as comunidades biológicas, "que incluem não apenas o organismo complexo, mas também todo o complexo de fatores físicos que formam o que chamamos de meio ambiente"[10].

---

9 John Bellamy Foster, *Marx's Ecology: Materialism and Nature* (Nova York, Monthly Review Press, 2000), p. 160 [ed. bras.: *A ecologia de Marx: materialismo e natureza*, trad. Maria Teresa Machado, Rio de Janeiro, Civilização Brasileira, 2005, p. 226]. Grifo do original.

10 Arthur Tansley, "Use and Abuse of Vegetational Terms and Concepts", *Ecology*, v. 16, n. 3, 1935, p. 284.

132 Enfrentando o Antropoceno

UM SISTEMA QUE NUNCA ESTÁ PARADO

O propósito do empreendimento capitalista sempre foi maximizar o lucro, nunca servir a fins sociais. A teoria econômica dominante desde Adam Smith insiste que, ao maximizar diretamente o lucro, o capitalista (ou empresário) serve de modo indireto à comunidade. Todos os capitalistas juntos, maximizando seus lucros individuais, produzem aquilo de que necessita a comunidade, mantendo-se mutuamente em equilíbrio por competição mútua. Tudo isso é verdade, mas é apenas parte da história. A atividade dos capitalistas não se limita à produção dos alimentos, das roupas, do abrigo e das comodidades de que a sociedade necessita para existir e se reproduzir. Em sua obstinada busca por lucro, à qual não podem não aderir, sob pena de serem eliminados, os capitalistas são levados a acumular cada vez mais capital, e isso se torna a meta subjetiva e a força motriz de todo o sistema econômico.

É essa obsessão pela acumulação de capital que distingue o capitalismo de um simples sistema de satisfação das necessidades humanas, modo como é retratado pela teoria econômica dominante. Um sistema impulsionado pela acumulação de capital nunca fica parado, está sempre mudando, adotando novos métodos de produção e distribuição e desfazendo-se dos antigos, desbravando novos territórios, submetendo a seus propósitos sociedades frágeis demais para se protegerem. Preso nesse processo de inovação e expansão inexorável, o sistema passa por cima até mesmo dos que se beneficiam dele, caso se interponham ou caiam no meio do caminho. No que diz respeito ao ambiente natural, o capitalismo o percebe não como algo a ser valorizado e apreciado, mas como um meio para os fins supremos de obtenção de lucro e acumulação de mais capital.

Paul M. Sweezy[11]

---

11 Paul M. Sweezy, "Capitalism and the Environment", *Monthly Review*, v. 41, n. 2, 1989, p. 7-8.

Como vimos, nas últimas décadas os cientistas foram além da ecologia para estudar a própria Terra como um sistema integrado de sistemas. Um resultado importante que obtiveram foi uma compreensão muito mais clara – e muito mais preocupante – da relação sistêmica entre a sociedade e o restante do planeta.

Para entendermos por que um sistema que funcionou sem solavancos durante milhares de anos agora se vê seriamente perturbado, é útil considerarmos as ideias de um radical do século XIX que estudou com atenção o trabalho de Liebig sobre o metabolismo do solo cultivado. Estou falando de Karl Marx.

Um dos livros mais importantes da teoria marxista publicado nos últimos anos é *A ecologia de Marx: materialismo e natureza*, de John Bellamy Foster. Nele, Foster redescobre e desenvolve um aspecto da obra de Marx que durante muito tempo foi ignorado: o conceito de *ruptura metabólica*. A ideia ficou escondida nas páginas de *O capital* por mais de um século, e só com a crise ambiental do fim do século XX os socialistas se familiarizaram novamente com os poderosos *insights* de Marx sobre a relação disfuncional entre o capitalismo e o mundo natural do qual ele depende.

Marx estudou em detalhes o trabalho de Liebig e, em 1866, disse a seu camarada de toda uma vida, Friedrich Engels: "A nova química agrícola [...] é mais importante para esse assunto do que todos os economistas juntos"[12]. Ele aproveitou o conceito de metabolismo, de ciclos materiais essenciais à vida, e colocou-o no centro de sua análise das relações entre a humanidade e a natureza. Em *O capital*, Marx incorporou a explicação de Liebig sobre a química do esgotamento do solo à sua análise histórica e social do capitalismo, mostrando como os imperativos do crescimento capitalista entram inevitavelmente em conflito com as leis da natureza.

> Com a predominância sempre crescente da população urbana, amontoada em grandes centros pela produção capitalista, esta, por um lado, acumula a força motriz histórica da sociedade e, por outro lado, desvirtua o metabolismo entre o homem e a terra, isto é, o retorno ao solo daqueles elementos que lhe são

12 MECW, v. 42, cit., p. 227.

134 Enfrentando o Antropoceno

constitutivos e foram consumidos pelo homem sob forma de alimentos e vestimentas, retorno que é a eterna condição natural da fertilidade permanente do solo.[13]

Em vez de cultivar alimentos para o uso, a agricultura capitalista cultiva alimentos para vender e lucrar: o produto da terra é enviado para as cidades, mas os resíduos da humanidade não são devolvidos ao solo. Nutrientes essenciais despejados em outra parte qualquer tornam-se poluentes: "Com o adubo produzido por 4,5 milhões de seres humanos", escreveu Marx, "não ocorre a essa economia [capitalista] fazer nada melhor que, com enormes custos, utilizá-lo para empestar o Tâmisa"[14].

Marx descreveu esse processo como "uma ruptura irremediável no metabolismo social prescrito pelas leis naturais da vida"[15]. O conceito de ruptura metabólica expressa simultaneamente a dependência e o isolamento da humanidade do restante da natureza. Segundo Foster,

> Marx empregou o conceito de "ruptura" na relação metabólica entre os seres humanos e a terra para captar o estranhamento material dos seres humanos dentro da sociedade capitalista das condições naturais que formaram a base da sua existência – o que ele chamou "a[s] perpétua[s] condição[ões] da existência humana imposta[s] pela natureza".[16]

A socialista e ambientalista australiana Del Weston explicou particularmente bem o conceito de ruptura metabólica em seu livro *The Political Economy of Global Warming* [A economia política do aquecimento global]. Ela descreveu a ruptura metabólica como "o ponto crucial da crítica ecológica de Marx ao capitalismo".

---

13 Karl Marx, *Capital*, v. 1 (Harmondsworth, Penguin, 1976), p. 637 [ed. bras.: *O capital. Crítica da economia política*, Livro I: *O processo de produção do capital*, trad. Rubens Enderle, São Paulo, Boitempo, 2011, p. 572].

14 Idem, *Capital*, v. 3 (Harmondsworth, Penguin, 1981), p. 195 [ed. bras.: *O capital*, Livro III, cit., p. 129].

15 Ibidem, p. 949 [p. 873].

16 John Bellamy Foster, *Marx's Ecology*, cit., p. 163 [ed. bras.: *A ecologia de Marx*, cit., p. 229, trad. modif.].

Em sentido geral, a ruptura metabólica refere-se a uma perturbação da relação entre sistemas sociais e sistemas naturais que leva a uma crise ecológica. Na teoria ecológica marxista, os seres humanos existem em uma relação "metabólica" com a natureza que é fundamental para sua sobrevivência. A relação metabólica é o trabalho das pessoas, o processo material pelo qual os seres humanos transformam as matérias-primas da natureza para atender a suas necessidades materiais [...].

[Ela] está no cerne da crítica ecológica de Marx ao capitalismo, e denota a disjunção entre os sistemas sociais e o restante da natureza. É parte inerente das relações sociais capitalistas de produção e é encontrada, por exemplo, nas expressões da relação do capitalismo com a fertilidade do solo, na relação do capital com o trabalho e na natureza imperialista do capitalismo [...].

A ruptura metabólica refere-se, assim, a uma ruptura no metabolismo de todo o sistema ecológico, incluindo a parte humana desse sistema. O conceito é construído em torno da ideia de que a lógica da acumulação rompe os processos básicos de reprodução natural, levando à deterioração do meio ambiente e da sustentabilidade ecológica e interrompendo as operações básicas da natureza. Ela captura perfeitamente a falta de equilíbrio entre "despesas e receitas" no metabolismo da Terra sob o sistema capitalista.[17]

UM INCORRIGÍVEL HORIZONTE NO CURTO PRAZO

Os impactos ambientalmente destrutivos do capital resultam não apenas de sua necessidade de crescer, mas também de sua necessidade de *crescer mais rápido*. O circuito de investimento, lucro e reinvestimento requer tempo, e, quanto mais tempo leva, menor é o retorno obtido pelos investidores. Mantendo-se tudo constante, um investimento com lucro mais rápido atrairá mais capital que um investimento que só trará lucro mais tarde. Se meu dinheiro volta antes para mim, posso "colocá-lo para trabalhar de novo" mais rápido: dois ciclos em um ano é melhor que um, três é melhor que dois, e assim por diante. A competição pelos investimentos produz uma pressão constante para que o ciclo se acelere, para que passe do

---

17 Del Weston, *Political Economy of Global Warming: The Terminal Crisis* (Nova York, Routledge, 2014), p. 65-6.

136 Enfrentando o Antropoceno

investimento à produção e à venda cada vez mais depressa. Como escreveu Rachel Carson, no mundo moderno, "a rapidez da mudança e a velocidade com que novas situações são criadas seguem o ritmo impetuoso e desatento do homem, não o ritmo cauteloso da natureza"[18].

É por isso que se levava dezesseis semanas para criar uma galinha de um quilo e meio em 1925, ao passo que hoje se leva apenas seis semanas para criar uma galinha duas vezes maior. Reprodução seletiva, hormônios e alimentação química permitiram que as fazendas industriais produzissem não apenas mais carne, como também *mais carne mais rapidamente*. O sofrimento dos animais e a qualidade da alimentação são secundários, se é que são considerados.

"O SISTEMA DE MERCADO FUNCIONA MUITO BEM"

O problema fundamental da Terra – e nosso – é que existe um descompasso entre os prazos curtos do mercado e dos sistemas políticos ligados a ele e os prazos muito mais longos de que o sistema terrestre precisa para se acomodar à atividade humana. A crise climática é uma realidade para nós não porque o mercado não funciona suficientemente bem, mas porque o sistema de mercado funciona muito bem e acelerando os ciclos globais de materiais e energia. O progresso tecnológico e a globalização das finanças, dos transportes e das comunicações azeitaram as engrenagens dos componentes do sistema planetário sujeitos à vontade humana, permitindo que se acelerassem. Dito de outro modo, o ritmo do metabolismo do mercado é muito mais rápido que o do sistema terrestre, mas no Antropoceno eles não funcionam mais de maneira independente um do outro.

Clive Hamilton[19]

---

18 Rachel Carson, *Silent Spring* (ed. comem. Nova York, Houghton Mifflin, 2002), p. 7.

19 Clive Hamilton, "Human Destiny in the Anthropocene", em Clive Hamilton, François Gemenne e Christophe Bonneuil (orgs.), *The Anthropocene and the Global Environmental Crisis* (Nova York, Routledge, 2015), p. 35.

Tempo do capital *versus* tempo da natureza 137

A maioria dos processos naturais não pode ser manipulada dessa forma. Como Marx escreveu sobre a agricultura, "todo o espírito da produção capitalista, orientado para o lucro monetário direto e imediato" contradiz a agricultura, "que deve operar com o conjunto das condições vitais permanentes das sucessivas gerações de seres humanos"[20]. Em sua busca incessante por lucro, o capital destrói o solo, mesmo que isso prive de alimento as gerações futuras. A indústria madeireira destruiu as grandes florestas que cobriam a Europa e nunca mais as substituiu, porque "o longo tempo de produção [...] e, por conseguinte, a longa duração de seus períodos de rotação tornam a silvicultura um ramo de negócios desfavorável à empresa privada e, portanto, capitalista"[21].

Os ciclos da natureza funcionam a uma velocidade que muda no decorrer de muitos milênios – forçá-los de qualquer maneira inevitavelmente desestabilizará esses ciclos e acarretará resultados desagradáveis. Terras férteis estão sendo destruídas, florestas estão sendo derrubadas e a população de peixes está diminuindo porque o capitalismo precisa funcionar a uma velocidade muito maior que a dos ciclos naturais de reprodução e crescimento. Christopher Wright e Daniel Nyberg descrevem tal irracionalidade, com toda a razão, como "processos de autodestruição criativa":

> Nosso sistema econômico está engajado em maneiras cada vez mais criativas de consumo dos próprios sistemas de suporte da vida, dos quais dependemos como espécie; além disso, essa atividade irracional é reinventada como um processo perfeitamente normal e sensato para o qual todos contribuímos e do qual todos nos beneficiamos.[22]

Os ambientalistas liberais sugerem que o fim dos balanços trimestrais encorajaria os executivos a pensar no longo prazo e agir de maneira mais

---

20 Karl Marx, *Capital*, v. 3, cit., 754n [ed. bras.: *O capital*, Livro III, cit., p. 678, n27].

21 Idem, *Capital*, v. 2 (Harmondsworth, Penguin, 1978), p. 321-2 [ed. bras.: *O capital. Crítica da economia política*, Livro II: *O processo de circulação do capital*, trad. Rubens Enderle, São Paulo, Boitempo, 2014, p. 338].

22 Christopher Wright e Daniel Nyberg, *Climate Change, Capitalism and Corporations: Processes of Creative Self-Destruction* (Cambridge, Cambridge University Press, 2015), p. 45.

138 Enfrentando o Antropoceno

responsável em relação à natureza. Esse tipo de proposta ingênua confunde causa e efeito e ignora o que Mészáros chama de *incorrigível horizonte de curto prazo do sistema do capital**. "Não pode ser outro em vista das pressões desviantes de competição e monopólio e das formas decorrentes de impor a dominação e a subordinação, no interesse do ganho *imediato*."[23]

Em suma, existe um conflito insuperável entre o tempo da natureza e o tempo do capital – entre os processos cíclicos do sistema terrestre que se desenvolveram ao longo de milhões de anos e a necessidade do capital de produção, entrega e lucro rápidos.

RUPTURAS METABÓLICAS GLOBAIS: CARBONO E NITROGÊNIO

Os processos metabólicos que Liebig e Marx conheciam e sobre os quais eles escreveram eram locais ou regionais: uma ruptura nos processos metabólicos de uma fazenda não afetava necessariamente as fazendas vizinhas. O colonialismo propagou os danos transportando compostos químicos e produtos vindos de lugares distantes. Ao explicar como a Inglaterra importava alimentos de uma Irlanda empobrecida, Marx escreveu: "A Inglaterra tem exportado indiretamente o solo da Irlanda, sem proporcionar a seus lavradores sequer os meios para repor seus componentes"[24]. Mesmo nesses casos, porém, as áreas afetadas eram limitadas.

Somente na década de 1970, quando se descobriu que os CFCs destruíam a camada de ozônio, ficou evidente que o que parecia ser uma atividade econômica banal poderia romper processos naturais essenciais ao

---

* Karl Marx, *O capital*, Livro II, cit., p. 336. (N. E.)

23 István Mészáros, *Challenge and Burden of Historical Time: Socialism in the Twenty-first Century* (Nova York, Monthly Review, 2008), p. 386 e 383 [ed. bras.: *O desafio e o fardo do tempo histórico: o socialismo no século XXI*, trad. Ana Cotrim e Vera Cotrim, São Paulo, Boitempo, 2007, p. 333].

24 Karl Marx, *Capital*, v. 1, cit., p. 860 [ed. bras.: *O capital*, Livro I, cit., p. 775, n186].

Tempo do capital *versus* tempo da natureza **139**

funcionamento do planeta. Essa percepção contribuiu diretamente para o nascimento da ciência do sistema terrestre, e isso, por sua vez, levou a uma compreensão mais apurada dos processos metabólicos que formam o sistema terrestre. A estrutura das fronteiras planetárias, discutida no capítulo 4, tenta definir os processos e os sistemas naturais que regulam a estabilidade e a resiliência do sistema terrestre – e as próprias fronteiras tentam definir limites além dos quais esses processos e sistemas não podem mais funcionar como funcionaram por pelo menos 11 mil anos. Cada uma das fronteiras é uma ruptura metabólica atual e potencial.

Em um artigo datado de 1969, o ecologista Barry Commoner recorreu à linguagem poética para descrever quatro elementos essenciais para toda a vida:

> Quatro elementos químicos compõem parte substancial da matéria viva – carbono, hidrogênio, oxigênio e nitrogênio – e deslocam-se por grandes ciclos entrelaçados nas camadas superficiais da terra: ora como componentes do ar ou da água, ora como constituintes de um organismo vivo, ora como partes de um produto residual, depois de passar um tempo incorporados a depósitos minerais ou restos fósseis.[25]

Já houve rupturas metabólicas globais em dois desses quatro ciclos químicos.

O *ciclo do carbono* regula o equilíbrio energético do sistema climático. Há um intercâmbio constante de dióxido de carbono (CO_2) entre a atmosfera e os oceanos. O CO_2 atmosférico é transparente à luz solar visível, mas opaco à energia térmica infravermelha, de modo que permite a entrada de luz e impede que o calor escape para o espaço. Quando a temperatura da atmosfera aumenta, os oceanos podem absorver mais CO_2, o que significa que sobra menos CO_2 na atmosfera, portanto mais calor escapa, e a atmosfera esfria. Quando cai a temperatura da atmosfera, esta absorve mais CO_2 dos oceanos e se aquece. Durante milhões de anos, esse ciclo impediu que a Terra se tornasse como Marte ou Vênus, que fosse muito fria ou muito quente.

---

25 Barry Commoner, "Threats to the Integrity of the Nitrogen Cycle: Nitrogen Compounds in Soil, Water, Atmosphere and Precipitation", em S. Fred Singer (org.), *Global Effects of Environmental Pollution* (Nova York, Springer, 1970), p. 70.

140 Enfrentando o Antropoceno

Há mais de 300 milhões de anos, muito antes do surgimento dos dinossauros, processos geológicos enterraram samambaias e outras plantas nas profundezas da terra e, com o tempo, transformaram seu carbono em petróleo, gás e carvão, removendo-o do ciclo global. Hoje esse carbono enterrado há milênios é queimado em uma fração de segundo geológico. O que a natureza levou centenas de milhões de anos para criar, o capital destrói em algumas centenas de anos, liberando milhões de toneladas de CO_2 na atmosfera muito mais rapidamente do que os oceanos e outros sumidouros de carbono podem absorvê-lo. O ciclo de carbono foi rompido, a temperatura global está subindo e, como vimos no capítulo 6, isso está mudando o estado de todo o planeta.

Outra ruptura metabólica menos visível, mas igualmente séria, afeta *o ciclo do nitrogênio*. Todos os seres vivos precisam de nitrogênio: as plantas não podem crescer sem ele e os animais (inclusive nós) precisamos dele para produzir músculos, pele, sangue, cabelo, unhas e DNA. Tradicionalmente, os agricultores conservavam os níveis de nitrogênio do solo fazendo rotação de culturas e usando esterco animal, mas a agricultura intensiva voltada para o mercado que se iniciou no século XIX esgotou o solo mais rapidamente do que os processos naturais são capazes de regenerá-lo. Fertilizantes a base de guano – que contém nitrogênio – ou nitrato mineral ajudaram por algum tempo, mas essas fontes já estavam quase esgotadas na década de 1890. Em 1909, químicos alemães descobriram uma maneira – que consome muita energia – de extrair nitrogênio da atmosfera. Hoje, o processo de Haber-Bosch produz mais nitrogênio utilizável que todos os processos naturais combinados.

A fertilização excessiva, tanto acidental como deliberada, para maximizar as colheitas é comum; o excesso de nitrogênio produz uma série de problemas ambientais, inclusive zonas costeiras mortas e mortandade de peixes, perda de biodiversidade, poluição de lagos, rios e lençóis freáticos, doenças respiratórias, aquecimento global e destruição da camada de ozônio. A triste ironia é que o uso excessivo de fertilizantes nitrogenados reduz a fertilidade do solo, tornando necessário o uso de quantidades cada vez maiores para manter a produção.

A estrutura de fronteiras planetárias recomenda que o nível atmosférico de CO_2 seja reduzido para menos de 350 ppm (hoje ele está em mais de 400 ppm) e a produção de nitrogênio artificial diminua para menos de 25% da produção natural.

Em cada um desses dois casos, o tempo do capital sobrecarrega o tempo da natureza, produzindo rupturas grandes o suficiente para serem chamadas de abismos metabólicos. Segundo Del Weston, a ruptura metabólica

> cresceu tanto em dimensão quanto em complexidade, a ponto de as atividades econômicas da sociedade humana causarem uma mudança sem precedentes na biosfera da Terra, nos solos, florestas, água e ar, trazendo potencialmente o fim da era do Holoceno como resultado do aquecimento global antropogênico.[26]

A questão, então, é como isso aconteceu?

---

26 Del Weston, *Political Economy of Global Warming*, cit., p. 67.

8

A FORMAÇÃO DO CAPITALISMO FÓSSIL

Outra contradição básica do sistema capitalista de controle é que ele não pode separar "avanço" de destruição nem "progresso" de desperdício – ainda que as resultantes sejam catastróficas. Quanto mais o sistema destrava os poderes da produtividade, mais libera os poderes de destruição; quanto mais dilata o volume da produção, tanto mais tem de sepultar tudo sob montanhas de lixo asfixiante.

István Mészáros[1]

O capítulo anterior discutiu as características antiecológicas do capitalismo em geral – seu impulso fundamental de crescimento e aceleração e sua consequente tendência a perturbar e romper os processos e ciclos essenciais da natureza. Esses fatores estão por trás da atual crise do sistema terrestre, mas não explicam seu caráter específico. Marx e Engels rejeitaram tentativas de deduzir desenvolvimentos sociais e políticos a partir de princípios básicos:

> Nossa visão da história [...] é antes de tudo um guia de estudo, não uma ferramenta para construir objetos segundo o modelo hegeliano. Toda a história deve ser estudada novamente, e as condições de existência das várias formações sociais devem ser investigadas antes de se tentar deduzir daí os pontos de vista políticos, jurídicos, estéticos, filosóficos, religiosos etc. que lhes correspondem.[2]

1 István Mészáros, *Necessity of Social Control* (Nova York, Monthly Review Press, 2015), p. 49-50 [ed. bras.: "A necessidade do controle social", em *A crise estrutural do capital*, 2. ed., trad. Paulo Cezar Castanheira e Sérgio Lessa, São Paulo, Boitempo, 2011, p. 73].

2 "Engels to C. Schmidt, August 5, 1890", em *Collected Works* (MECW), v. 49 (Nova York, International Publishers, 1975-2004), p. 8.

A formação do capitalismo fóssil **143**

Reconhecer que o capitalismo causa destruição ambiental é o começo da sabedoria ecológica, mas apenas o começo. Como escreveu Ernest Mandel em outro contexto, toda crise capitalista "combina características gerais relacionadas às contradições fundamentais do modo de produção capitalista com características particulares resultantes do exato momento histórico do desenvolvimento daquele modo de produção em que ela ocorre"[3]. A Grande Aceleração e a transição da Terra para o Antropoceno não são exceções. O capitalismo vem destruindo ecossistemas há centenas de anos, mas o ataque a todo o sistema terrestre de uma só vez é um desenvolvimento recente. Essa transformação única requer explicação.

Nos séculos XVIII e XIX, a necessidade de crescimento do capital impulsionou uma mudança histórica em direção a uma economia baseada em combustíveis fósseis, tornando-se, nas palavras de Engels, um "esbanjador do calor solar do passado"[4]. O uso da energia solar preservada no subsolo por milhões de anos permitiu que a produção superasse as limitações do vento, da água e dos músculos. O custo de obter e usar combustível fóssil era muito menor que os lucros resultantes dele. Como sabemos agora, havia custos enormes ocultos na destruição ambiental, especialmente a ruptura do ciclo do carbono, mas esses custos não entram na contabilidade do capital.

A queima de combustíveis fósseis bombeou dióxido de carbono e outros gases para a atmosfera, levando a uma ruptura do ciclo do carbono que se manifesta na forma de acidificação dos oceanos e mudanças climáticas. A ruptura no metabolismo do carbono da Terra cresceu lentamente ao longo de um século e atingiu um ponto crítico nos anos posteriores à Segunda Guerra Mundial. O Antropoceno, que em retrospecto era uma possibilidade desde o início da Revolução Industrial, tornou-se realidade na segunda metade do século XX, quando a ruptura no ciclo do carbono subitamente ultrapassou um ponto de não retorno.

3 Ernest Mandel, *The Second Slump: A Marxist Analysis of Recession in the Seventies* (Londres, Verso, 1980), p. 28.

4 MECW, v. 46, cit., p. 411.

CARVÃO, VAPOR E CAPITAL

O capitalismo nasceu na Europa ocidental nos séculos XV e XVI, mas seu desenvolvimento não se deu de uma vez só, como um salto. Na visão de Marx, um "*modo de produção* especificamente *capitalista*" exige uma "indústria de grande escala", que "se desenvolve [...] com o progresso da produção capitalista e que *revoluciona* não apenas as relações entre os diversos agentes da produção, mas, simultaneamente, o tipo de trabalho e o modo real do processo de trabalho em seu todo"[5]. Essa transformação começou na Inglaterra durante a Revolução Industrial, e, desde então, a história do modo de produção especificamente capitalista é inseparável da história dos combustíveis fósseis.

Quando o capitalismo surgiu no século XV, as principais fontes de energia eram a madeira, o vento, a água e os músculos humanos ou animais. O uso do carvão mineral era limitado e só se tornou um fator significativo na produção depois de 1700, quando começou a substituir a madeira em processos de produção que exigiam calor – fabricação de cerveja e sabão, por exemplo – e para aquecer as casas e cozinhar.

As impurezas do carvão mineral bruto o tornavam impróprio para a fundição de minério de ferro, de modo que a indústria continuou a usar carvão vegetal até o século XVIII. A produção de carvão vegetal consumia tanta madeira que houve uma grave escassez de combustível na Grã-Bretanha e foi preciso importar ferro da Suécia. Essa crise foi superada no fim do século, quando a indústria de ferro trocou o carvão vegetal pelo carvão coque – carvão mineral cozido para que as impurezas fossem removidas. Essa mudança gerou um aumento enorme na produção de ferro e um aumento paralelo na mineração de carvão. O ferro prontamente disponível, por sua vez, permitiu a produção em grande escala de maquinarias para fábricas e motores a vapor e, no século XIX, possibilitou o *boom* das ferrovias. Todos os elementos-chave da Revolução Industrial estavam atrelados ao carvão mineral.

---

5 Karl Marx, *Capital*, v. 1 (Harmondsworth, Penguin, 1976), p. 1.021 [ed. bras.: *Capítulo VI (inédito): manuscritos de 1863-1867, O capital, Livro I*, trad. Ronaldo Vielmi Fortes, São Paulo, Boitempo, 2023, p. 90].

A formação do capitalismo fóssil **145**

Como mostra o perspicaz relato de Andreas Malm em *Fossil capital* [Capital fóssil], a adoção generalizada de carvão mineral e vapor na manufatura não foi automática. No início do século XIX, a maioria das fiações e tecelagens de algodão, que são praticamente sinônimo do sistema fabril inicial, usava rodas d'água movidas pela água dos rios, não por carvão. Em 1800, um quarto de século depois que James Watt aperfeiçoou sua máquina a vapor, somente 84 fábricas de algodão usavam motores a vapor, em comparação com mil que usavam rodas d'água. O número de usinas movidas a vapor somente se igualou ao número de usinas que empregavam energia hidráulica por volta de 1830. Malm demonstra que, ao contrário do que se diz, a mudança para o carvão e o vapor não ocorreu porque estes eram mais baratos ou confiáveis – pois não eram –, mas porque davam aos donos das fábricas mais acesso e controle sobre a mão de obra. Fábricas movidas a água tinham de estar localizadas ao lado de corredeiras ou cachoeiras, geralmente em áreas rurais, onde o número de trabalhadores em potencial era pequeno; as fábricas movidas a vapor podiam se localizar em vilas e cidades, onde havia uma grande quantidade de trabalhadores acostumados ao trabalho fabril e onde a presença de um exército de desempregados facilitava a substituição de qualquer trabalhador que não atendesse a expectativas e requisitos dos proprietários das fábricas[6].

Enquanto os proprietários das fábricas adotavam o carvão e o vapor como base energética da produção, outros capitalistas faziam o mesmo com os transportes. As locomotivas a vapor, que são essencialmente motores a vapor sobre rodas, eram usadas para transportar carvão das minas para os portos marítimos ou fluviais já em 1804, e a primeira ferrovia pública da Inglaterra, construída para transportar algodão bruto do porto de Liverpool para as fábricas têxteis em Manchester, começou a operar em 1830. Seu sucesso – os investidores receberam dividendos anuais de 9,5% durante

---

6 Obviamente, essa é uma análise muito simplificada. Para uma avaliação completa da transição da água para o vapor e, portanto, do nascimento do capitalismo fóssil, recomendo o livro de Andreas Malm, *Fossil capital: The Rise of Steam Power and the Roots of Global Warming* (Londres, Verso, 2016).

146 Enfrentando o Antropoceno

quinze anos – provocou um *boom* na construção de ferrovias e gerou uma bolha especulativa na década de 1840, quando milhares de investidores perderam tudo. Na década de 1850, cerca de 10 mil quilômetros de trilhos haviam sido construídos na Grã-Bretanha[7]. Nos anos seguintes, as ferrovias cresceram de forma particularmente rápida do outro lado do Atlântico: em 1877, havia mais de 120 mil quilômetros de trilhos nos Estados Unidos, e uma companhia ferroviária, a Pennsylvania Railroad, era de longe a maior empresa do país[8].

A Grã-Bretanha estava uma geração à frente dos outros países capitalistas no que diz respeito à adoção dos combustíveis fósseis: em 1825, produzia 80% das emissões mundiais de gases de efeito estufa provenientes da queima de combustíveis fósseis e, em 1850, ainda era responsável por 62% das emissões – o dobro de Estados Unidos, França, Alemanha e Bélgica juntos[9]. Entre 1850 e 1873, o consumo de carvão na Grã-Bretanha triplicou, passando de 37 milhões para 112 milhões de toneladas; o da França saltou de 7 milhões para quase 25 milhões de toneladas; e o da Alemanha subiu de 5 milhões para 36 milhões[10]. Mas no fim do século a indústria e as ferrovias queimavam mais carvão nos Estados Unidos que na Grã-Bretanha, a Alemanha estava prestes a alcançá-los, e vários outros países europeus estavam se aproximando.

COMBUSTÍVEL, IMPÉRIO E GUERRA

Como mostrou Bruce Podobnik, "a mudança energética global para o carvão mineral, que ocorreu no século XIX, não apenas transformou as sociedades da Europa, como teve consequências globais de longo alcance":

---

7 Ver ibidem, esp. cap. 1-3.

8 Philip S. Foner, *Great Labor Uprising of 1877* (Nova York, Monad, 1977), p. 13-4.

9 Andreas Malm, *Fossil Capital*, cit., p. 13 e 253.

10 Andrew Simms, *Ecological Debt: Global Warming and the Wealth of Nations* (2. ed., Londres, Pluto, 2009), p. 97.

A formação do capitalismo fóssil **147**

Essa mudança energética tornou-se intimamente associada a um novo processo de conquista pelo qual novas regiões foram incorporadas à força a um sistema mundial em expansão. Navios e ferrovias movidos a carvão permitiram que a Grã-Bretanha e seus rivais continentais assumissem o controle de territórios na Ásia, na África e no Oriente Médio que havia muito resistiam à conquista.[11]

Barcos a vapor patrulhavam os rios da Índia, e a Marinha britânica usou canhoneiras movidas a vapor para derrotar uma frota à vela muito maior da China nas chamadas Guerras do Ópio, nas décadas de 1840 e 1850. Grã--Bretanha, França e Alemanha usaram barcos a vapor nas guerras coloniais, "alterando fundamentalmente o equilíbrio militar entre a Europa e as sociedades asiáticas e africanas, mesmo as mais fortes"[12]. No fim do século XIX, a principal tarefa das expedições navais britânicas na África, na Ásia e no Pacífico era encontrar e assumir o controle de reservas de carvão mineral e estabelecer estações de carvão para que navios mercantes e da Marinha pudessem viajar sem impedimentos pelo mundo.

As ferrovias desempenharam papel importante na movimentação de tropas e munição na Guerra Civil dos Estados Unidos (1861-1865) e na Guerra Franco-Prussiana (1870-1871), levando os governos da Europa e da América do Norte a subsidiar a extração de carvão e a construção de ferrovias com dinheiro, doação de terras e grandes contratos com os militares. "O período de 1880 em diante", escreve Podobnik, "marca o surgimento dos primeiros verdadeiros complexos industriais militares, com empresas europeias, estadunidenses e até japonesas entrando em projetos de desenvolvimento de longo prazo com empreiteiros militares e navais"[13].

A invenção do motor de combustão interna, na década de 1880, e do avião, em 1903, criou um novo mercado para o petróleo, até então usado principalmente para a iluminação (como querosene) e lubrificação. As novas

---

11 Bruce Podobnik, *Global Energy Shifts: Fostering Sustainability in a Turbulent Age* (Filadélfia, Temple University Press, 2006), p. 29.

12 Ibidem, p. 30-1.

13 Ibidem, p. 27 e 65.

148 Enfrentando o Antropoceno

máquinas usavam gasolina, uma parte do petróleo que as refinarias consideravam inútil e perigosa e, por isso, era descartada. Nas duas primeiras décadas do século XX, os exércitos imperiais tornaram-se os principais consumidores de gasolina. A Itália usou aviões contra a Turquia em 1911 e contra rebeldes no Marrocos em 1912, e os Estados Unidos usaram quase seiscentos caminhões quando atacaram as forças rebeldes de Pancho Villa em 1916, no México.

Mas o grande avanço do uso do petróleo como combustível foi provocado pela decisão da Grã-Bretanha, em 1912, de converter seus navios de guerra movidos a carvão em navios movidos a petróleo. Tal como aconteceu com a mudança do uso da água para o do carvão nas fábricas têxteis britânicas, a luta de classes desempenhou um papel importante nessa decisão. Em 1910, Winston Churchill havia usado o exército para acabar com as greves nas minas de carvão galesas, que eram a única fonte do carvão antracito de alta qualidade exigido pelos navios de guerra. Quando se tornou responsável pela Marinha, em 1911, ele logo iniciou um programa de conversão dos encouraçados. "Ao comprometer a Marinha Real com uma nova fonte de energia, o governo [...] se libertava das reivindicações políticas dos mineiros de carvão."[14]

Tanques, aviões, contratorpedeiros e submarinos movidos a petróleo desempenharam um papel decisivo no bárbaro massacre conhecido como Primeira Guerra Mundial. A Grã-Bretanha sozinha mobilizou cerca de 100 mil caminhões e carros, enquanto os Estados Unidos usaram cerca de 50 mil veículos terrestres e 15 mil aviões. Entre 1914 e 1918, a tonelagem global de navios movidos a petróleo mais que triplicou, e a produção de veículos movidos a gasolina aumentou cinco vezes[15].

---

14 Timothy Mitchell, *Carbon Democracy: Political Power in the Age of Oil* (Londres, Verso, 2011), p. 63.

15 Bruce Podobnik, *Global Energy Shifts*, cit., p. 69.

SURTO AUTOMOBILÍSTICO

Em 1966, no livro pioneiro *Capitalismo monopolista*, Paul Baran e Paul Sweezy discutiram "inovações que marcaram época [...], abalaram todo o padrão da economia e, portanto, criaram vastas possibilidades de investimento além do capital que elas absorveram diretamente [...]. Apenas três realmente passaram pelo teste do 'marcar época': a máquina a vapor, a ferrovia e o automóvel"[16].

Todas essas três inovações dependiam de combustíveis fósseis, por isso seria mais preciso descrevê-las como máquina a vapor/carvão, ferrovia/carvão e automóvel/petróleo. Essa combinação de tecnologia com combustível levou o modo de produção especificamente capitalista à plena maturidade como economia fóssil.

Os primeiros automóveis eram construídos individualmente e vendidos como brinquedos caros para os muito ricos, por isso de início o mercado de gasolina era pequeno. A situação logo mudou quando a indústria automobilística, liderada pela Ford Motor Company, adotou técnicas e tecnologias de produção em massa. Assim como aconteceu com os têxteis na Grã-Bretanha no século XIX, a mudança para um modo de produção especificamente capitalista foi revolucionária. Custos e preços caíram, e as vendas dispararam.

A primeira fase do processo que Baran e Sweezy chamaram de "surto automobilístico" começou pouco antes da Primeira Guerra Mundial e se prolongou até cerca de 1929 nos Estados Unidos. As vendas de carros, caminhões e ônibus dispararam nesse período: passaram de 4 mil em 1900 para 1,9 milhão em 1919 e 5,34 milhões em 1929, época em que a fabricação de automóveis era a maior indústria do país. Além de vender milhões de carros, a própria indústria automobilística era um grande mercado para o aço, o vidro e a borracha.

---

16 Paul Baran e Paul M. Sweezy, *Monopoly Capital: An Essay on the American Economic and Social Order* (Nova York, Monthly Review Press, 1966), p. 219 [ed. bras.: *Capitalismo monopolista: ensaio sobre a ordem econômica e social americana*, trad. Waltensir Dutra, Rio de Janeiro, Zahar, 1966, p. 97, trad. modif.].

150 Enfrentando o Antropoceno

O mais importante para essa discussão é que "automóveis e caminhões transformaram a indústria do petróleo de produtora de iluminantes e lubrificantes em fornecedora de gasolina"[17]. As companhias petrolíferas construíram uma rede de vendas e suporte sem precedentes. Em 1920, a gasolina era um produto anônimo, vendido como acessório em lojas de ferragens e mercearias, mas em 1929 havia mais de 120 mil postos de gasolina com bandeira em todo o país, e o número dobrou em 1939[18]. Dois terços do petróleo mundial vinham de poços nos Estados Unidos, e as empresas petrolíferas estadunidenses estavam entre as maiores e mais lucrativas corporações do mundo.

QUÍMICA INDUSTRIAL

Enquanto as empresas petrolíferas construíam mercados para o petróleo como combustível, a indústria química desenvolvia produtos totalmente novos, feitos a partir de subprodutos do refino do petróleo ou que exigiam altos níveis de energia que somente o petróleo poderia fornecer, ou ambas as coisas.

As principais tecnologias desenvolvidas na Revolução Industrial – a máquina a vapor, a máquina de fiar, a descaroçadora de algodão etc. – foram inventadas por funileiros que trabalhavam sozinhos ou com poucos assistentes. Ainda em 1903, a primeira máquina voadora mais pesada que o ar foi projetada e construída por dois irmãos em uma loja de bicicletas. Mas, a essa altura, o próprio processo de invenção havia se tornado um grande negócio: as empresas contratavam cientistas e criavam laboratórios de pesquisa próprios para inventar sob demanda. Havia trezentos laboratórios de empresas nos Estados Unidos em 1920 e mais de 2,2 mil em 1940[19].

---

17 Richard B. DuBoff, *Accumulation and Power: An Economic History of the United States* (Armonk, Sharpe, 1989), p. 83-4.

18 Theodore N. Beckman, "Brief History of the Gasoline Service Station", *Journal of Historical Research in Marketing*, v. 3, n. 2, 2011, p. 159.

19 Harry Braverman, *Labor and Monopoly Capital: The Degradation of Work in the Twentieth Century* (ed. comem. 25 anos, Nova York, Monthly Review, 1998), p. 113 [ed. bras.: *Trabalho e capital monopolista: a degradação do trabalho no século XX*, trad. Nathanael C. Caixeiro, 3. ed., Rio de Janeiro, Guanabara, 2010].

Às vésperas da Segunda Guerra Mundial, treze empresas estadunidenses empregavam um terço de todos os cientistas pesquisadores do país[20]. No capítulo 5, discutimos um produto importante dessa fusão de ciência e grandes corporações: a criação, em 1930, de clorofluorcarbonetos (CFCs) para o uso em refrigeradores, ares-condicionados e *sprays* pelo grupo General Motors/DuPont.

Ernest Mandel descreve esse desenvolvimento como parte de uma terceira revolução tecnológica, "uma época de fusão entre ciência, tecnologia e produção numa escala jamais vista"[21]. Harry Braverman a chama de revolução científico-tecnológica:

> O contraste entre a ciência como propriedade social generalizada, ligada casualmente à produção, e a ciência como propriedade capitalista no próprio centro da produção é o contraste entre a Revolução Industrial, que ocupou a última metade do século XVIII e o primeiro terço do século XIX, e a revolução científico-técnica, que começou nas últimas décadas do século XIX e ainda está em curso.[22]

Antes da Primeira Guerra Mundial, a indústria química dos Estados Unidos fabricava principalmente produtos desenvolvidos na Alemanha, sob licença de empresas como Basf e Bayer, líderes mundiais indiscutíveis no setor químico industrial, mas uma semana antes do fim da guerra os Estados Unidos confiscaram todas as patentes alemãs sob a Lei de Comércio com o Inimigo e começaram a licenciar produtos a baixo custo para empresas nacionais. Isso lançou as bases para o rápido crescimento das empresas químicas nos Estados Unidos, como DuPont, American Cyanamid, Dow Chemical e Monsanto. A década de 1930 assistiu à invenção das fibras artificiais, como o nylon e o rayon, aos primeiros

---

20 Ernest Mandel, *Marxist Economic Theory*, v. 2 (Nova York, Monthly Review, 1968), 431n.

21 Idem, *Late Capitalism* (ed. rev., Londres, Verso, 1978), p. 215 [ed. bras.: *O capitalismo tardio*, trad. Carlos Eduardo Silveira Matos, Regis de Castro Andrade e Dinah de Abreu Azevedo, São Paulo, Abril Cultural, col. Os Economistas, 1982, p. 151].

22 Harry Braverman, *Labor and Monopoly Capital*, cit., p. 108.

152 Enfrentando o Antropoceno

plásticos produzidos em massa e a uma ampla gama de novos produtos. As gigantes petrolíferas estavam desempenhando um papel importante no que veio a ser chamado de indústria petroquímica[23].

CONCENTRAÇÃO DE CAPITAL

Em 1930, 106 das 200 maiores empresas dos Estados Unidos eram do setor químico, petrolífero, de metais, borracha e transportes, todas intimamente ligadas ao complexo petrolífero-automobilístico[24]. Esse crescimento e essa concentração extraordinária faziam parte de uma tendência de longo prazo: desde a década de 1880, o capitalismo havia mudado rapidamente de um sistema no qual cada setor compreendia muitas empresas de pequeno e médio porte para um sistema dominado por um pequeno número de empresas gigantes. Em 1916, Lênin calculou que 1% das empresas dos Estados Unidos era responsável por quase metade de toda a produção e que menos de 1% das empresas na Alemanha usava mais de três quartos de todo o vapor e a energia elétrica produzidos[25]. De acordo com a Comissão Federal de Comércio, as duzentas maiores empresas dos Estados Unidos detinham 35% do faturamento de todas as empresas nacionais em 1935, 37% em 1947, 40,5% em 1950 e 47% em 1958[26].

Como Paul Baran e Paul Sweezy escreveram em *Capitalismo monopolista*, o resultado foi um tipo diferente de capitalismo:

> Devemos reconhecer que a concorrência, forma predominante das relações mercantis na Grã-Bretanha do século XIX, deixou de ocupar tal posição não só ali, como em todos os outros pontos do mundo capitalista. Hoje, a unidade econômica típica na sociedade capitalista não é a pequena firma que fabrica

---

23 Benjamin Ross e Steven Amter, *The Polluters: The Making of Our Chemically Altered Environment* (Nova York, Oxford University Press, 2010), p. 25.

24 Alfred D. Chandler e Takashi Hikino, *Scale and Scope: The Dynamics of Industrial Capitalism* (Cambridge, Harvard University Press, 1990), p. 21.

25 Ibidem, p. 196-7.

26 Ernest Mandel, *Marxist Economic Theory*, cit., p. 398.

A formação do capitalismo fóssil **153**

uma fração desprezível de uma produção homogênea para um mercado anônimo, mas a empresa em grande escala, à qual cabe parcela significativa da produção de uma indústria, ou mesmo de várias indústrias, capaz de controlar seus preços, o volume de sua produção, o tipo e o volume de seus investimentos.[27]

Na década de 1970, o notável economista John Kenneth Galbraith apresentou alguns números sobre a concentração de poder:

> Nada caracteriza tanto o sistema de planejamento como o porte da grande empresa moderna. Em 1976, as cinco maiores companhias industriais, com um ativo somado de 113 bilhões de dólares, tinham quase 13% de todos os ativos utilizados na indústria. As cinquenta maiores companhias tinham 42% de todos os ativos industriais. As quinhentas maiores tinham 72%.

> No mesmo ano, empresas com ativos superiores a 1 bilhão de dólares (162 ao todo) tinham 54% de todos os ativos imobilizados na indústria; empresas com ativos acima de 100 milhões tinham aproximadamente quatro quintos da totalidade dos ativos; e 3.801 firmas com ativos superiores a 10 milhões possuíam 89% da totalidade.[28]

Essa concentração de poder significa que a produção, o marketing e outras decisões tomadas em um punhado de empresas podem em pouco tempo transformar setores inteiros e afetar o mundo todo.

Nas primeiras quatro décadas do século XX, a economia fóssil, que Andreas Malm define como "uma economia de crescimento autossustentado baseada no consumo crescente de combustíveis fósseis e, portanto, que gera um crescimento sustentado das emissões de dióxido de carbono"[29], enraizou-se

---

27 Paul Baran e Paul M. Sweezy, *Monopoly Capital*, cit., p. 6 [ed. bras.: *Capitalismo monopolista*, cit., p. 15].

28 John Kenneth Galbraith, *New Industrial State* (Princeton, Princeton University Press, 2007), p. 92 [ed. bras.: *O novo Estado industrial*, trad. Leônidas Gontijo de Carvalho, São Paulo, Abril Cultural, 1982, p. 67].

29 Andreas Malm, *Fossil Capital*, cit., p. 11.

154 Enfrentando o Antropoceno

em todos os países capitalistas avançados e estabeleceu fortes pontos de apoio no que mais tarde seria chamado de Terceiro Mundo.

No entanto, mesmo uma rápida olhada nos gráficos da Grande Aceleração – que refletem diretamente o uso de combustível fóssil (dióxido de carbono, óxido nitroso, metano, PIB real, uso de energia primária e transportes) – mostra que os combustíveis fósseis mal haviam chegado a todo o seu potencial antes da Segunda Guerra Mundial. Nas palavras de Barry Commoner, "sabemos que *algo* deu errado no país após a Segunda Guerra Mundial, pois a maioria dos problemas graves que tivemos com poluição começou nos anos pós-guerra ou piorou muito desde então"[30].

---

30 Barry Commoner, *The Closing Circle: Nature, Man, and Technology* (Nova York, Knopf, 1971), p. 140.

9

GUERRA, LUTA DE CLASSES E PETRÓLEO BARATO

As dezenas de milhões de mortos nas duas guerras mundiais geraram dezenas de trilhões de investimentos lucrativos nas enormes reconstruções de casas e indústrias destruídas e no rearmamento: um milhão de dólares ou mais por cadáver.

Darko Suvin[1]

O hábito de usar eventos históricos como marcos pode nos distrair do real conteúdo desses eventos. Quando dizemos que o Antropoceno começou após a Segunda Guerra Mundial, em geral queremos afirmar apenas que ele começou depois de 1945, mas o que devemos dizer é que ele é posterior ao conflito mais destrutivo, mais assassino e mais desumano de toda a história.

Essa distinção é importante porque a guerra não foi somente um divisor passivo entre o Holoceno e o Antropoceno. A Segunda Guerra Mundial e suas consequências criaram as condições que moldaram o capitalismo a partir de então e iniciaram a Grande Aceleração e seu curso destrutivo do meio ambiente. Este capítulo considera a guerra e suas consequências como um momento de transição entre duas épocas.

---

1 Darko Suvin, *In Leviathan's Belly: Essays for a Counter-Revolutionary Time* (Rockville, Wildside, 2013), e-book, loc. 1825.

OS LUCROS DA GUERRA

O desenvolvimento do capitalismo a partir do início do século XIX foi marcado pela crescente dependência dos combustíveis fósseis, mas o ritmo do crescimento econômico e das mudanças foi retardado pela Grande Depressão nos anos 1930 e, principalmente, pela Segunda Guerra Mundial. Dada a necessidade inerente do capitalismo não apenas de crescer, mas de crescer mais rápido, é provável que houvesse ocorrido algo similar à Grande Aceleração, mesmo que sem a Grande Depressão e a Segunda Guerra Mundial, mas isso é apenas especulação. No mundo real, a pior depressão que já houve no capitalismo e a guerra mais destrutiva que já vivemos prepararam o terreno para as mudanças econômicas e sociais que empurraram o sistema terrestre em direção a uma nova e perigosa época.

É impossível exagerar o horror da Segunda Guerra Mundial, um conflito no qual impérios rivais usaram todos os recursos e armas possíveis para alcançar o domínio global. Em seis anos, 60 milhões de soldados e civis foram mortos por ação militar ou genocídio perpetrado pelo Estado, e outros 20 milhões morreram de fome e doenças. Vinte e sete milhões de pessoas morreram na União Soviética. Na Índia, 3 milhões de pessoas morreram de fome naquilo que foi chamado de "guerra secreta de Winston Churchill". No Japão e na Europa, cidades inteiras foram destruídas. Vastas florestas, milhões de hectares de terras agrícolas e plantas industriais de bilhões de dólares foram destruídos. Em agosto de 1945, a arma mais destrutiva já feita matou mais de 100 mil pessoas em dois breves momentos e condenou incontáveis outras a morrer aos poucos.

Quando os combates cessaram, vastas áreas da Europa, da Ásia e da África estavam em ruínas, suas infraestruturas econômicas e físicas haviam sido arrasadas. A Grã-Bretanha estava em melhor situação que a maior parte da Europa, mas sua economia era fraca e seu governo estava quase falido.

O único vencedor foi os Estados Unidos, que saíram da guerra fisicamente ilesos e economicamente mais poderosos que nunca. A produção de guerra quase dobrou o PIB estadunidense: cerca de dois terços da produção industrial mundial estavam concentrados naquele único país, a nova potência hegemônica global[2].

GANHOS PARA O CAPITAL MONOPOLISTA

Em 1942, o secretário da guerra de Roosevelt, Henry Stimson, explicou por que se opunha a um imposto sobre o lucro excessivo: "Se você está se preparando para a guerra em um país capitalista, precisa deixar que os negócios ganhem dinheiro com o processo, ou os negócios não funcionarão"[3]. Em outras palavras, enquanto milhões são massacrados, alguns enriquecem. Como comentou um escritor socialista em 1946: "Para a plutocracia estadunidense, a Segunda Guerra Mundial foi o empreendimento mais lucrativo de toda a sua carreira. Os capitalistas estadunidenses se tornaram a classe dominante mais rica já surgida na história da humanidade"[4].

As tendências de longo prazo que discutimos no capítulo 8 se fortaleceram durante a guerra.

Concentração corporativa. Dos 175 bilhões de dólares em contratos de produção bélica fechados durante a guerra, dois terços foram para cem empresas e mais da metade foi para apenas 33. Quase 80% das novas fábricas construídas com dinheiro público eram administradas pelas 250 maiores empresas dos Estados Unidos. Depois da guerra, essas fábricas foram vendidas por menos de um quarto do que custou sua construção, e dois terços delas foram adquiridas por 87 empresas. A maioria dos contratos era de custo mais margem, portanto os lucros estavam assegurados. Durante a guerra, as empresas estadunidenses obtiveram 52 bilhões de dólares em lucros (descontados os

2 Eric J. Hobsbawm, *Age of Extremes: The Short Twentieth Century, 1914-1991* (Londres, Abacus, 1995), p. 258 [ed. bras.: *Era dos extremos: o breve século XX, 1914--1991*, trad. Marcos Santarrita, São Paulo, Companhia das Letras, 2003, p. 253].

3 Citado em David M. Kennedy, *Freedom from Fear: The American People in Depression and War, 1929-1945* (Nova York, Oxford University Press, 1999), p. 622.

4 J. Thorne, "Profiteering in the Second World War", *Fourth International*, v. 7, n. 6, 1946. Disponível on-line. J. Thorne poderia ter sido Frank Lovell ou Art Preis.

158 Enfrentando o Antropoceno

impostos), acumularam cerca de 85 bilhões de dólares em reservas de capital e acrescentaram mais de 50% a sua capacidade produtiva[5].

No fim da guerra, 31% dos trabalhadores estadunidenses estavam empregados em empresas com mais de 10 mil funcionários, em comparação com apenas 13% em 1939[6]. No mesmo período, as empresas com menos de quinhentos funcionários caíram de 52% para 34% do total. Em 1946, o Comitê de Pequenas Empresas do Senado informou que as 250 maiores empresas do país controlavam "66,5% do total das instalações utilizáveis e quase a totalidade dos 39,6 bilhões de dólares que antes da guerra se distribuíam entre todas as mais de 75 mil empresas manufatureiras existentes" nos Estados Unidos[7].

As empresas estadunidenses começaram o período pós-guerra com uma enorme reserva de dinheiro e uma infraestrutura produtiva que era não apenas mais nova, mas também maior que a disponível para quaisquer potenciais concorrentes em outros países.

Petróleo e automóveis. O petróleo foi importante na Primeira Guerra Mundial, mas na Segunda Guerra mundial ele foi decisivo.

> Muito mais que em qualquer conflito anterior, as armas movidas a petróleo – tanques, aviões, submarinos, porta-aviões e blindados – dominaram as praças de guerra [...]. A demanda por combustível era prodigiosa: um batalhão blindado típico exigia 17 mil galões de petróleo para percorrer apenas 160 quilômetros; somente a Quinta Frota dos Estados Unidos consumiu 630 milhões de galões de óleo combustível durante um período de dois meses.[8]

Seis em cada sete barris de petróleo usados pelas forças aliadas vinham de poços estadunidenses e eram refinados por companhias petrolíferas

---

5 George Lipsitz, *Rainbow at Midnight: Labor and Culture in the 1940s* (Chicago, University of Illinois Press, 1994), p. 57; James Heartfield, *Unpatriotic History of the Second World War* (Londres, Zero, 2012), p. 36.

6 George Lipsitz, *Rainbow at Midnight*, cit., p. 61.

7 Citado em Art Preis, *Labor's Giant Step: Twenty Years of the CIO* (Nova York, Pioneer, 1964), p. 301.

8 Michael T. Klare, *Blood and Oil: The Dangers and Consequences of America's Growing Dependency on Imported Petroleum* (Nova York, Henry Holt, 2004), p. 28.

estadunidenses[9]. Para garantir o abastecimento, o governo construiu oleodutos para transportar petróleo do Texas para as refinarias do Nordeste e, em "um dos maiores e mais complexos empreendimentos industriais da guerra", construiu dezenas de novas refinarias equipadas com nova tecnologia capazes de produzir combustível de octanagem de cem para aviões[10]. Após a guerra, a gasolina de alta octanagem alimentaria tanto a tecnologia de produção com uso intensivo de energia quanto os motores V8 dos automóveis particulares absurdamente grandes de Detroit.

Haveria petróleo suficiente para a economia do pós-guerra e, mais ainda, para outra guerra? Ninguém sabia quanto petróleo ainda havia no solo dos Estados Unidos, então, em 1943, o governo tomou medidas para evitar uma escassez futura, subornando o monarca feudal absoluto Ibn Saud para que um consórcio de empresas petrolíferas estadunidenses tivesse acesso exclusivo ao petróleo saudita.

A produção estadunidense de automóveis particulares, caminhões e autopeças parou por completo em 1942, mas as montadoras prosperaram, recebendo cerca de 29 bilhões de dólares para produzir mais de 3 milhões de jipes e caminhões, bem como motores de avião, tanques, carros blindados, metralhadoras e bombas. No fim da guerra, as instalações das montadoras estavam não apenas intactas, mas atualizadas e ampliadas.

Química industrial. Durante a Segunda Guerra Mundial, o governo dos Estados Unidos gastou mais de 3 bilhões de dólares construindo ou expandindo petroquímicas para produzir nitrogênio para explosivos, borracha sintética para pneus, náilon para paraquedas e outras coisas. Após a guerra, as empresas petrolíferas e químicas compraram essas fábricas por uma pechincha: entre outros exemplos, uma fábrica de 2 milhões de dólares foi

---

9   Timothy Mitchell, *Carbon Democracy: Political Power in the Age of Oil* (Londres, Verso, 2011), p. 111; Michael T. Klare, *Blood and Oil*, cit., p. 28.

10   Daniel Yergin, *The Prize: The Epic Quest for Oil, Money, and Power* (Nova York, Simon & Schuster, 1991), p. 383-4 [ed. bras.: *O petróleo: uma história mundial de conquistas, poder e dinheiro*, trad. Leila Marina U. Di Natale, Maria Cristina Guimarães e Maria Christina L. de Góes, 3. ed., São Paulo, Paz e Terra, 2014].

160 Enfrentando o Antropoceno

vendida por 325 mil dólares (Standard Oil); uma fábrica de 19 milhões foi vendida por 10 milhões (Monsanto); e uma operação de 38 milhões foi cedida por 13 milhões (DuPont)[11].

Esse obséquio da parte do governo criou a base para a idade dos plásticos, na qual a DuPont podia anunciar: "Melhorar as coisas para melhorar a vida por meio da química" sem ser achincalhada. Como escreve o historiador Kevin Phillips, a tecnologia de fabricação dos Estados Unidos "foi revolucionada pelas demandas do tempo de guerra", e o resultado foi que "executivos de todas as empresas começaram a vender produtos que eram comercialmente inviáveis antes de Pearl Harbor"[12]. De sua quase inexistência antes da guerra, a indústria de plásticos cresceu e se tornou o terceiro maior setor da manufatura nos Estados Unidos – *status* que mantém até hoje.

KEYNESIANISMO MILITAR

Em fevereiro de 1944, a revista *Politics* publicou um artigo do socialista Walter J. Oakes que previa que depois da guerra, ao contrário do que havia acontecido nas guerras anteriores, os Estados Unidos manteriam um alto nível de gastos militares. A classe dominante, dizia ele, teria dois objetivos principais no pós-guerra: iniciar os preparativos para a Terceira Guerra Mundial e impedir a agitação social que ocorreria se voltasse o desemprego em massa. Para atingir esses objetivos, os Estados Unidos entrariam "na era da economia de guerra permanente"[13].

Isso demorou mais tempo para acontecer do que Oakes havia previsto, mas sua previsão, no geral, estava correta. Em 1950, o *U. S. News and World Report* informou aos leitores, na maioria homens de negócios: "Os

---

11 Peter H. Spitz, *Petrochemicals: The Rise of an Industry* (Nova York, Wiley, 1988), p. 153-4 e 228.

12 Kevin Phillips, *Wealth and Democracy: A Political History of the American Rich* (Nova York, Random House, 2002), p. 77.

13 Walter J. Oakes, "Toward a Permanent War Economy?", *Politics*, v. 1, n. 1, 1944.

Guerra, luta de classes e petróleo barato **161**

planejadores do governo imaginam ter encontrado a fórmula mágica para bons tempos quase infinitos [...]. A Guerra Fria é um processo que se autoalimenta"[14]. O keynesianismo militar – gastos militares maciços para manter ou ampliar o crescimento econômico – tem sido uma característica fundamental da economia dos Estados Unidos, não importando qual partido político esteja no governo, há mais de meio século.

Na década de 1930, o orçamento militar dos Estados Unidos era de cerca de 500 milhões de dólares por ano. Apesar dos cortes no fim da guerra, de 1946 a 1949 o gasto com pessoal e armas foi 38 vezes maior que antes da guerra, em média mais de 19 bilhões de dólares por ano[15]. Esse gasto aumentou substancialmente quando os Estados Unidos intervieram na guerra civil coreana, uma "ação policial" que matou mais de 2 milhões de pessoas, a maioria civis.

> A estrutura militar de Truman nos primeiros meses do conflito coreano excedeu até mesmo a mobilização do início da Segunda Guerra Mundial. Ele aumentou o número de soldados de 1,5 milhão para 3,2 milhões, as divisões do Exército de dez para dezenove, a força aérea de 42 para 72 e o número de navios de 618 para mil, incluindo catorze grupos de porta-aviões – somente no primeiro ano da Guerra da Coreia. O Congresso destinou 50 bilhões de dólares para a execução do trabalho, e Truman buscou mais 62,2 bilhões de dólares para o ano seguinte – e ainda teve de enfrentar o Conselho do Estado-Maior, que queria mais 100 bilhões de dólares. Apenas cerca de 25% dessa enorme quantia foi para a Guerra da Coreia – a maior parte do dinheiro foi destinada à luta global contra o comunismo.[16]

As centenas de bilhões de dólares que foram injetadas na indústria de armas e outras relacionadas durante a Guerra da Coreia, e a cada ano desde então,

---

14 Citado em Richard B. DuBoff, *Accumulation and Power: An Economic History of the United States* (Armonk, Sharpe, 1989), p. 99.

15 Bruce S. Jansson, *Sixteen-Trillion-Dollar Mistake: How the U.S. Bungled Its National Priorities from the New Deal to the Present* (Nova York, Columbia University Press, 2001), p. 76.

16 Ibidem, p. 109.

162 Enfrentando o Antropoceno

significaram mais investimento de capital em fábricas altamente poluentes e com alto gasto de energia e, de forma indireta, mais gasto de consumidores com carros, casas, eletrodomésticos e outras coisas mais. Esses bilhões também tiveram, como veremos no capítulo 10, impactos ambientais terríveis.

RECONVERSÃO E LUTA DE CLASSES

Os historiadores liberais gostam de apresentar os anos pós-guerra como uma transição rápida e praticamente perfeita da austeridade dos tempos de guerra para o longo *boom*. Graças às sábias políticas do governo Truman e à poupança acumulada por trabalhadores e soldados, a "reconversão" trouxe prosperidade universal sem rupturas. Em sua história pioneira do Congresso das Organizações Industriais (em inglês, CIO), o historiador marxista Art Preis afirmou:

> Essa falsificação baseia-se numa confusão dos anos de *boom* da Guerra da Coreia com os anos de estagnação e declínio que os antecederam. Ela esconde as condições reais que prevaleceram durante os anos de paz do governo Truman. E tende a encobrir o fato mais fundamental da história econômica estadunidense moderna: em nenhum momento desde 1929 o capitalismo estadunidense manteve sequer a aparência de estabilidade econômica e crescimento sem enormes gastos militares e dívidas de guerra.[17]

O economista político Lynn Turgeon concorda:

> Embora a economia do pós-guerra nos Estados Unidos tenha se estabilizado pela demanda reprimida e pela poupança forçada durante a guerra, o Plano Marshall, o Ponto 4 e seu sucessor, a Ajuda Externa (mais tarde Agência para o Desenvolvimento Internacional), a transição para uma economia de tempos de paz foi notavelmente lenta. A renda real em 1950 era um pouco maior que em 1945, e a economia só ultrapassou a produção anual do fim da Segunda Guerra Mundial com o *boom* da Guerra da Coreia.[18]

---

17 Art Preis, *Labor's Giant Step*, cit., p. 378.

18 Lynn Turgeon, *Bastard Keynesianism: The Evolution of Economic Thinking and Policymaking since World War II* (Westport, Greenwood, 1996), p. 10.

Guerra, luta de classes e petróleo barato **163**

A demanda reprimida do consumidor pode ter ajudado a prevenir uma recessão em sentido estatístico, mas a prosperidade dos patrões não se estendeu à maioria dos trabalhadores até a década de 1950. Para muitos, os anos que se seguiram à guerra foram particularmente difíceis. Depois da rendição da Alemanha, em maio de 1945, as fábricas dos Estados Unidos começaram a reduzir as horas de trabalho e demitir trabalhadores, e a suspensão dos controles de guerra inflacionou o preço dos alimentos e de outros itens essenciais. Em outubro de 1945, quase 2 milhões de trabalhadores estavam desempregados, e a renda real havia caído 15%[19]. As mulheres foram particularmente atingidas, pois os empregadores insistiam em retornar à força de trabalho normal, ou seja, apenas masculina.

Tais desdobramentos e quatro anos de queixas acumuladas desencadearam a maior onda de greves da história dos Estados Unidos. Em 1945, 3,5 milhões de trabalhadores participaram de 4.750 greves e, em 1946, 4,6 milhões de trabalhadores participaram de 4.985 greves. De acordo com Art Preis, "pelo número de grevistas, por seu peso na indústria e pela duração da luta, a onda grevista de 1945-1946 nos Estados Unidos superou qualquer processo semelhante em qualquer país capitalista, inclusive a greve geral britânica de 1926"[20].

Como escreveu o famoso consultor de negócios Peter Drucker em 1946, os líderes nacionais dos grandes sindicatos não ficaram felizes com a onda de greves: "Nas cinco grandes greves ocorridas no primeiro inverno do pós--guerra (1945-1946) – a greve da General Motors, a greve dos frigoríficos, a greve do aço, a greve dos eletricistas e a greve dos ferroviários –, não foi a liderança que forçou os trabalhadores à greve, mas a pressão dos trabalhadores foi que forçou à greve uma liderança relutante"[21].

A luta de classes vinda de baixo se encontrou com a luta de classes vinda de cima. A resposta dos patrões e do governo envolveu uma mistura de cenouras e porretes.

---

19 George Lipsitz, *Rainbow at Midnight*, cit., p. 99.

20 Art Preis, *Labor's Giant Step*, cit., p. 276.

21 Peter Drucker, "What to Do about Strikes", *Collier's Weekly*, 18 jan. 1947, p. 12.

164 Enfrentando o Antropoceno

- Foi aprovada a Lei Taft-Hartley, que bania greves mais duras e outras ações "irresponsáveis" dos trabalhadores, proibia o fechamento de lojas e impunha grandes barreiras jurídicas à organização de novos grupos de trabalhadores.

- Líderes sindicais conservadores e liberais tiveram ajuda para consolidar sua autoridade graças a uma campanha de medo vermelho que dividiu o movimento sindical e reprimiu os militantes.

- O presidente Truman esmagou as greves usando a legislação de guerra para assumir o controle de minas, refinarias e outras indústrias.

- Líderes trabalhistas e sindicatos que não quiseram cooperar foram punidos: em especial, os Trabalhadores Mineiros Unidos da América foram multados em 3,5 milhões de dólares e o líder John L. Lewis foi pessoalmente multado em 10 mil dólares por se recusar a cancelar uma greve dos carvoeiros.

- Quando a onda de greves diminuiu, montadoras e outros grandes fabricantes negociaram aumentos salariais e estabilidade no emprego em troca de contratos plurianuais que garantiam a produção ininterrupta.

Até 1950, a classe dominante já havia enfraquecido completamente sua única oposição em potencial: em vez de trabalhadores militantes, o capitalismo estadunidense podia agora contar com "um movimento trabalhista ideologicamente leal e industrialmente moderado, que negociava concessões sem desafiar as disposições básicas de uma sociedade empresarial [e que] foi mais ou menos aceito como uma adição construtiva à equipe em um período de confrontos da Guerra Fria e de expansão econômica"[22]. Michael Yates resumiu essa precondição essencial do longo *boom*:

> Empresários e políticos arquitetaram um acordo de paz com os líderes trabalhistas "legítimos". Se os sindicatos cedessem aos empregadores o direito de administrar as fábricas, estabelecer preços e introduzir maquinário

---

22 Bert Cochran, *Labor and Communism: The Conflict that Shaped American Unions* (Princeton, Princeton University Press, 1977), p. 322.

unilateralmente e se os líderes sindicais garantissem acordos sem greve e disciplinassem os trabalhadores rebeldes, os empregadores garantiriam aumentos constantes nos salários, bem como a criação e o aumento de benefícios adicionais, e aceitariam os sindicatos como representantes legais dos empregados. Eles também não atrapalhariam a aprovação de leis de bem-estar social.[23]

A CONVERSÃO DA EUROPA AO PETRÓLEO

Após o fim da guerra, os Estados Unidos adotaram por dois anos uma política punitiva em relação à Alemanha e ao Japão que visava a minar toda possibilidade de que qualquer um dos dois pudesse se tornar novamente uma grande potência econômica. Muitas fábricas foram fisicamente desmanteladas nesses países e despachadas para outro local, enquanto outras enfrentaram severas restrições no volume e na natureza dos bens que poderiam produzir.

No entanto, logo ficou claro que tais políticas eram incompatíveis com a política externa dos Estados Unidos, que visava a construir uma aliança de Estados capitalistas para "conter o comunismo". Em 1948, o Congresso aprovou o Programa de Recuperação Europeia, conhecido como Plano Marshall. Nos três anos seguintes, doou 13 bilhões de dólares a governos europeus, entre eles o da Alemanha ocidental. Isso equivale atualmente a cerca de 130 bilhões de dólares e, na época, representava uma parcela muito maior do PIB dos Estados Unidos. O Plano Marshall não foi apenas o maior plano de ajuda externa dos Estados Unidos de todos os tempos; ele foi maior que a soma de todos os planos de ajuda externa anteriores[24].

Muitos autores descrevem o Plano Marshall como um exemplo de benevolência da grande potência, ocasião na qual os Estados Unidos assumiram

---

23 Michael Yates, *Naming the System: Inequality and Work in the Global Economy* (Nova York, Monthly Review, 2003), p. 220.

24 Tony Judt, *Postwar: A History of Europe since 1945* (Nova York, Penguin, 2005), p. 91 [ed. bras.: *Pós-guerra: uma história da Europa desde 1945*, trad. José Roberto O'Shea, Rio de Janeiro, Objetiva, 2008].

166 Enfrentando o Antropoceno

abnegadamente a responsabilidade de restaurar a prosperidade da Europa, mas não foi bem assim. O objetivo do Plano Marshall era fortalecer as empresas estadunidenses – em especial as petrolíferas – no país e internacionalmente. A maior parte do dinheiro foi usada para comprar de empresas estadunidenses – embora sua importância na reconstrução da Europa não deva ser negligenciada, isso serviu de muitas maneiras para impulsionar a economia dos Estados Unidos, já que as empresas vendiam indiretamente para o governo.

Alguns meses após o lançamento do plano, uma reportagem do *Chicago Tribune* mostrou o que ele significava na prática:

> O *Tribune* examinou registros oficiais dos negócios do Plano Marshall para o período de 45 dias encerrado em 15 de setembro – um oitavo do primeiro ano do plano. Consta, por exemplo, que a AngloAmerican Oil Company Ltd. obteve permissão do governo britânico para comprar produtos petrolíferos nos Estados Unidos. O registro mostra que ela conseguiu comprar 7.258.332 de dólares em produtos da Esso Export Corporation e da Standard Oil Export Corporation, ambas de Nova York. Assim, a empresa britânica obteve o petróleo que procurava e, sem dúvida, conseguiu obter um bom lucro vendendo-o a seus clientes. As duas empresas estadunidenses foram pagas em dólares em Nova York pelo petróleo fornecido às empresas britânicas, também a título remuneratório.
>
> O que chama atenção nas transações é que o comprador britânico, a AngloAmerican, é 100% propriedade da Standard Oil Company de Nova Jersey. Os vendedores estadunidenses, Esso Export e Standard Oil Export, também são 100% propriedade da Standard de Nova Jersey. Assim, o que o Plano Marshall fez foi, na verdade, permitir que a maior empresa petrolífera estadunidense transferisse mercadorias de um departamento para outro, lucrando duas vezes na operação, à custa do contribuinte estadunidense.[25]

O *Tribune* observou que os representantes da família Rockefeller, principais proprietários da Standard Oil Company de Nova Jersey (mais tarde rebatizada Exxon), foram uma das forças mais poderosas que pressionaram o Congresso a aprovar o Plano Marshall. Conforme ele se desenvolveu, ficou

---

25 "Rockefeller Profits from the Marshall Plan", *Chicago Tribune*, 13 dez. 1948.

Guerra, luta de classes e petróleo barato 167

claro que os Rockfeller e outros bilionários do petróleo eram os principais beneficiários do plano.

Entre 1948 e 1951, mais da metade do petróleo vendido à Europa ocidental pelas empresas petrolíferas dos Estados Unidos foi paga com fundos do Plano Marshall[26]. O petróleo representou 10% de todos os gastos do Plano Marshall – 20% em 1949 –, muito mais que o destinado a qualquer outra mercadoria. Mesmo um historiador muito favorável ao plano lamenta que "aqueles que elaboraram o Plano Marshall tenham tratado os interesses do país e da indústria do petróleo como coincidentes". Os compradores europeus pagavam preços acima do mercado e ainda tinham de comprar gasolina e diesel, em vez do petróleo bruto mais barato, porque o Plano Marshall se recusava a "financiar projetos que ameaçassem competir com as empresas nacionais", como a reconstrução das refinarias europeias que haviam sido danificadas na guerra[27].

O Congresso havia especificado que o petróleo dos Estados Unidos não deveria ser usado no Plano Marshall. Essa restrição foi justificada como uma proteção ao consumo doméstico, mas teve o efeito de subsidiar a expansão das novas instalações das petrolíferas estadunidenses na Arábia Saudita e remodelar os padrões de consumo energético da Europa. Antes da guerra, somente 20% das importações europeias de petróleo vinham do Oriente Médio, mas esse número subiu para 43% em 1947 e 85% em 1950, e isso acelerou a transição de longo prazo da dependência do carvão para a dependência do petróleo na Europa. "Em 1955, o carvão fornecia 75% do uso total de energia na Europa ocidental, e o petróleo, apenas 23%. Em 1972, a participação do carvão havia encolhido para 22%, enquanto a do petróleo havia subido para 60% – uma inversão quase total"[28].

Antes da Segunda Guerra Mundial, o governo federal e os governos estaduais haviam promovido a produção doméstica de petróleo nos Estados

---

26 Timothy Mitchell, *Carbon Democracy*, cit., p. 30.

27 Barry F. Machado, *In Search of a Usable Past: The Marshall Plan and Postwar Reconstruction* (Vicksburg, George C. Marshall Foundation, 2007), p. 122-3.

28 David S. Painter, "The Marshall Plan and Oil", *Cold War History*, v. 9, n. 2, 2009, p. 168.

168 Enfrentando o Antropoceno

Unidos diretamente por cotas de exaustão que reduziam os impostos e indiretamente por grandes projetos de construção de estradas em todo o país. Na década de 1940, a geografia das políticas de apoio ao petróleo se expandiu: os subsídios do Plano Marshall às operações petrolíferas dos Estados Unidos no Oriente Médio iniciaram uma política permanente na qual o petróleo do Oriente Médio era tratado como peça central da política externa dos Estados Unidos.

PETRÓLEO BARATO E ABUNDANTE

Embora ninguém soubesse ainda a dimensão, a produção estava prestes a começar naquele que viria a ser o maior depósito de petróleo convencional do mundo. Nas décadas seguintes, cerca de 60 bilhões de barris de petróleo bruto foram extraídos em Ghawar, na Arábia Saudita, e ele não era apenas abundante, mas também barato. "Um dos motivos pelos quais a era de ouro foi de ouro é que o preço do barril de petróleo saudita custava em média menos de dois dólares durante todo o período de 1950 a 1973, tornando, com isso, a energia ridiculamente barata, e barateando-a cada vez mais."[29]

A Grande Aceleração não teria sido possível sem petróleo barato – como uma mercadoria por si só, como matéria-prima para plásticos e outros produtos petroquímicos, como facilitador de processos de fabricação que demandavam muita energia e, acima de tudo, como combustível para centenas de milhões de carros, caminhões, navios e aviões.

> O consumo mundial total de energia mais que triplicou entre 1949 e 1972. No entanto, esse crescimento empalideceu diante da demanda por petróleo, que nos mesmos anos aumentou mais de cinco vezes e meia. Em todos os lugares, o crescimento da demanda por petróleo foi enorme. Entre 1948 e 1972, o consumo triplicou nos Estados Unidos de 5,8 milhões para 16,4 milhões de barris por dia – algo sem precedentes, exceto em comparação com o que acontecia na mesma época em outros lugares. Nos mesmos anos, a demanda por petróleo na

---

29 Eric J. Hobsbawm, *Age of Extremes*, cit., p. 262 [ed. bras.: *Era dos extremos*, cit., p. 258].

Europa ocidental aumentou quinze vezes, de 970 mil para 14,1 milhões de barris por dia. No Japão, a mudança foi nada menos que espetacular: o consumo aumentou 137 vezes, de 32 mil para 4,4 milhões de barris por dia.[30]

Entre a Segunda Guerra Mundial e 1973, a economia fóssil se solidificou e se propagou por todo o Norte global:

> Entre 1946 e 1973, o mundo consumiu comercialmente mais energia que em todo o período de 1800 a 1945. Enquanto o mundo consumiu cerca de 53 bilhões de toneladas de petróleo equivalente no período de 1800 a 1945, mais de 84 bilhões de toneladas de petróleo equivalente foram usadas nos 27 anos seguintes à guerra [...].

> Esses anos testemunharam o surgimento das indústrias de gás natural e energia nuclear em larga escala, bem como a recuperação da produção mundial de carvão. A indústria de energia mais dinâmica de todas, entretanto, era a do petróleo. De fato, a produção mundial de petróleo cresceu mais de 700% no período de 1946 a 1973.[31]

ANTECIPAÇÕES DA ESQUERDA

A ideia de que houve uma grande mudança na relação entre a sociedade humana e o meio ambiente global após a Segunda Guerra Mundial não é nova para a esquerda. Embora nenhum dos muitos artigos científicos e palestras sobre a Grande Aceleração mencione isso, algumas de suas conclusões foram antecipadas décadas antes por três fundadores do ambientalismo radical.

Rachel Carson, em *Primavera silenciosa* (1962):

> Pela primeira vez na história do mundo, todo ser humano está sujeito a ter contato com produtos químicos perigosos, desde o momento de sua concepção até sua morte. Em menos de duas décadas de uso, os pesticidas sintéticos se distribuíram tão amplamente pelo mundo animado e inanimado que estão quase em todos os lugares [...]

30 Daniel Yergin, *The Prize*, cit., p. 541-2.

31 Bruce Podobnik, *Global Energy Shifts: Fostering Sustainability in a Turbulent Age* (Filadélfia, Temple University Press, 2006), p. 92.

170 Enfrentando o Antropoceno

Isso aconteceu em consequência do súbito surgimento e do prodigioso crescimento de uma indústria de produtos químicos artificiais ou sintéticos com propriedades inseticidas. Essa indústria é filha da Segunda Guerra Mundial.[32]

Murray Bookchin, em *Our Synthetic Environment* [Nosso ambiente sintético] (1962):

Desde a Segunda Guerra Mundial [...], houve uma nova revolução industrial e os problemas da vida urbana adquiriram novas dimensões [...]. Ao mesmo tempo que o número de poluentes aumentou, as precondições ecológicas para um ar saudável e água abundante estão sendo minadas.[33]

Barry Commoner, em *The Closing Circle* (1971):

A principal razão para a crise ambiental que atingiu os Estados Unidos nos últimos anos é a transformação radical da tecnologia produtiva desde a Segunda Guerra Mundial [...]. Tecnologias produtivas com impactos intensos sobre o meio ambiente substituíram outras menos destrutivas. A crise ambiental é o resultado inevitável desse padrão antiecológico de crescimento.[34]

Em 1991, Commoner antecipou o argumento de Crutzen sobre o crescimento do impacto humano sobre o sistema terrestre: "A tecnosfera tornou-se suficientemente grande e intensa para alterar os processos naturais que governam a ecosfera"[35].

Em 1994, dez anos antes da síntese pioneira do IGBP, John Bellamy Foster atualizou o argumento de Commoner e iniciou uma análise marxista das mudanças sociais e econômicas que causaram o que mais tarde seria chamado de Grande Aceleração:

No período posterior a 1945, o mundo entrou em um novo estágio da crise planetária, no qual as atividades econômicas humanas começaram a afetar de

---

32 Rachel Carson, *Silent Spring* (ed. 40 anos, Nova York, Houghton Mifflin, 2002), p. 15-6.

33 Murray Bookchin, *Our Synthetic Environment* (Nova York, Knopf, 1962), p. 53.

34 Barry Commoner, *The Closing Circle: Nature, Man, and Technology* (Nova York, Knopf, 1971), p. 144.

35 Idem, *Making Peace with the Planet* (Nova York, Pantheon, 1990), p. 7.

maneira inteiramente nova as condições básicas da vida na Terra. Esse novo estágio ecológico estava ligado à ascensão, no início do século, do capitalismo monopolista, uma economia dominada por grandes empresas, e às transformações que o acompanharam na relação entre ciência e indústria. Produtos sintéticos não biodegradáveis – que não podiam ser decompostos por ciclos naturais – tornaram-se os elementos básicos da produção industrial. Além disso, à medida que a economia mundial crescia, a escala dos processos econômicos humanos começou a rivalizar com os ciclos ecológicos do planeta, abrindo como nunca antes a possibilidade de um desastre ecológico em todo o planeta. Hoje poucos podem duvidar de que o sistema ultrapassou limiares críticos de sustentabilidade ecológica, levantando questões sobre a vulnerabilidade de todo o planeta.

"O que aconteceu no período pós-Segunda Guerra Mundial", escreveu Foster, foi "uma transformação qualitativa no nível de destrutividade humana"[36].

---

36 John Bellamy Foster, *The Vulnerable Planet: A Short Economic History of the Environment* (2. ed., Nova York, Monthly Review, 1999), p. 109 e 114.

10

ACELERANDO PARA O ANTROPOCENO

Chegamos a uma encruzilhada na história da humanidade em que o sistema capitalista global está forçando o fim da época holocena dos últimos 12 mil anos, o período geológico no qual a civilização humana se desenvolveu, e temos de escolher "o capitalismo ou o planeta".

Del Weston[1]

No início de 1950, havia quatro fatores principais impulsionando o longo *boom*: uma poderosa base industrial nos Estados Unidos, concentrada em algumas centenas de empresas gigantes e dominada pelo setor petrolífero/automotivo; um orçamento militar grande e em crescimento; uma força de trabalho disciplinada e financeiramente segura, expurgada de militantismo e atuação política; uma reserva aparentemente infinita de energia barata. A concentração de dióxido de carbono na atmosfera aumentou cerca de 35 partes por milhão acima do nível pré-industrial, e 65% desse aumento deveu-se às emissões de apenas dois países: Estados Unidos e Reino Unido[2].

Da perspectiva do sistema terrestre, a história desde então pode ser contada como uma expansão do capitalismo fóssil em todos os aspectos da

---

1 Del Weston, *The Political Economy of Global Warming: The Terminal Crisis* (Nova York, Routledge, 2014), p. 195.

2 Jean-Baptiste Fressoz, "Losing the Earth Knowingly: Six Environmental Grammars around 1800", em Clive Hamilton, François Gemenne e Christophe Bonneuil (orgs.), *The Anthropocene and the Global Environmental Crisis: Rethinking Modernity in a New Epoch* (Nova York, Routledge, 2015), p. 72.

vida e em todas as partes do globo. Os gráficos da Grande Aceleração produzidos pelo IGBP mostram a explosão dos efeitos dessa expansão por volta de 1950 e sua aceleração em praticamente todos os aspectos da vida desde então.

Este capítulo parte de um panorama geral da chamada era de ouro e, em seguida, analisa as principais tendências que moldaram a mudança econômica e ambiental na segunda metade do século XX e conduziram à transição para o Antropoceno.

UMA ERA SEMIDOURADA

O período do pós-guerra até 1973 é com frequência chamado de era de ouro do capitalismo, ou apenas Anos Dourados. Houve desacelerações econômicas naqueles anos, mas foram breves – no geral, foi o *boom* econômico contínuo mais longo da história capitalista. É com frequência descrito em termos elogiosos, mesmo por autores com credenciais anticapitalistas inquestionáveis:

> A vida de muitas pessoas se transformou. O desemprego caiu a níveis antes conhecidos somente em breves períodos de *boom* – 3% nos Estados Unidos no início da década de 1950, 1,5% na Grã-Bretanha e 1% na Alemanha ocidental em 1960. Houve um aumento gradual mais ou menos ininterrupto nos salários reais nos Estados Unidos, na Grã-Bretanha e na Escandinávia na década de 1950 e na França e na Itália na década de 1960. Os trabalhadores viviam melhor que seus pais e esperavam que seus filhos vivessem melhor que eles próprios.
>
> Não era apenas uma questão de renda mais alta. Os salários podiam ser gastos em uma variedade de bens de consumo – aspiradores de pó, máquinas de lavar, geladeiras, televisores, sistemas de aquecimento de água. Houve um salto qualitativo no padrão de vida da classe trabalhadora. O trabalho doméstico continuou sendo uma tarefa árdua para as mulheres, mas já não significava horas e horas fervendo, ajoelhando e esfregando. Os alimentos podiam ser comprados semanalmente, em vez de diariamente (abrindo a porta para a substituição da loja de esquina pelo supermercado). Em casa, havia algum

174 Enfrentando o Antropoceno

tipo de entretenimento, mesmo para aqueles que não podiam pagar por cinema, teatro ou bailes.[3]

Esses relatos são globalmente corretos, mas devem ser considerados com ressalvas, pois apenas uma minoria privilegiada experimentou tal prosperidade, mesmo no país mais rico do mundo. Mike Davis estima que cerca de um quarto da classe trabalhadora dos Estados Unidos, principalmente "trabalhadores semiqualificados de etnia branca e suas famílias", conseguiu alcançar a vida de classe média suburbana retratada em *Papai sabe tudo* e outros programas de televisão populares. "De um quarto a um terço da população, no entanto, incluindo a maioria dos negros e todos os trabalhadores rurais, permaneceu fora do *boom*, constituindo a 'outra América', que se rebelou na década de 1960"[4].

Nos Estados Unidos, esse período viu a formação da profunda *divisão geográfica* que o jornalista de esquerda Michael Harrington descreveu em seu best-seller *A outra América*:

> Agora a cidade norte-americana está se transformando. Os pobres ainda vivem em habitações miseráveis na região central e estão cada vez mais isolados do contato ou da visão de outras pessoas. Mulheres de classe média que vêm do subúrbio em rara viagem à cidade podem ter um vislumbre da outra América a caminho do teatro, mas seus filhos estão segregados nas escolas do subúrbio. Homens de negócios ou profissionais podem passar de carro ou de ônibus pela periferia das favelas, mas essa experiência não é importante para eles. Os fracassados, os desqualificados, os deficientes, os idosos e as minorias estão lá, do outro lado dos trilhos, onde sempre estiveram. Mas quase ninguém mais está lá.

> Em suma, o próprio desenvolvimento da cidade eliminou a pobreza da experiência viva e emocional de milhões e milhões de norte-americanos de classe média. Vivendo nos subúrbios, é fácil supor que a nossa é, de fato, uma sociedade rica.[5]

---

3 Chris Harman, *A People's History of the World: From the Stone Age to the New Millennium* (Londres, Verso, 2008), p. 548-9.

4 Mike Davis, *Prisoners of the American Dream* (Londres, Verso, 2000), p. 191.

5 Michael Harrington, *The Other America*, p. 4 [ed. bras.: *A outra América: pobreza nos Estados Unidos*, trad. Álvaro Cabral, Rio de Janeiro, Civilização Brasileira, 1964].

Essa segregação racialmente e economicamente imposta criou a base para as rebeliões urbanas que varreram os Estados Unidos em meados e no fim da década de 1960, destruindo o mito da prosperidade universal.

O adjetivo "dourado" é ainda menos apropriado em escala global. O historiador Eric Hobsbawm lembra que "a era de ouro pertenceu essencialmente aos países capitalistas desenvolvidos", que concentravam 75% da produção global e realizavam mais de 80% das exportações de manufaturados. A "riqueza geral jamais alcançou a vista da maioria da população do mundo"[6]. Isso foi e continua sendo verdade em relação à Grande Aceleração: como mostrou a atualização de 2015, ela foi "quase inteiramente causada por uma pequena fração da população humana, aquela dos países desenvolvidos"[7].

No entanto, o surgimento nos Estados Unidos de um grande segmento relativamente privilegiado da classe trabalhadora desempenhou um papel importante na manutenção do longo *boom* e na transformação do petróleo em elemento fundamental do cotidiano nos países capitalistas avançados.

CARROS E SUBÚRBIOS

Os dois primeiros itens da lista de compras de muitos desses trabalhadores, após anos de escassez e privação, eram carros e casas. No relatório anual de 1950, a Continental Oil Company (Conoco) diz a seus acionistas que "o principal fator que contribuiu para o alto nível de atividade comercial no país foi a demanda alta e contínua de moradias e automóveis, duas indústrias que afetam fortemente o consumo de derivados de petróleo"[8].

---

6 Eric J. Hobsbawm, *Age of Extremes: The Short Twentieth Century, 1914-1991* (Londres, Abacus, 1995), p. 259 [ed. bras.: *Era dos extremos: o breve século XX 1914-1991*, trad. Marcos Santarrita, São Paulo, Companhia das Letras, 2003, p. 255].

7 Will Steffen et al., "The Trajectory of the Anthropocene: The Great Acceleration", *Anthropocene Review*, v. 2, n. 1, 2015, p. 91.

8 Citado em Matthew T. Huber, *Lifeblood: Oil, Freedom, and the Forces of Capital* (Minneapolis, University of Minnesota Press, 2013), p. 42.

176 Enfrentando o Antropoceno

A maioria das indústrias dos Estados Unidos somente retornou à produção civil em 1946 ou 1947, mas o racionamento de gasolina terminou em 15 de agosto de 1945 – um dia após a rendição do Japão –, e o primeiro carro particular construído desde 1942 saiu da linha de montagem da Ford dois meses depois. O complexo automobilístico-petrolífero contava com a demanda reprimida e o impacto do grande investimento em publicidade, e a aposta valeu a pena. Em 1945, havia 26 milhões de carros nas estradas estadunidenses; cinco anos depois, eram 40 milhões[9]. A segunda onda automobilística foi ainda maior e teve na economia um efeito mais extraordinário que a primeira:

> De 1947 a 1960, as indústrias do setor de veículos automotores, petróleo e borracha foram responsáveis por um terço de todos os gastos com fábricas e equipamentos de manufatura. Os gastos do consumidor com automóveis e peças, gasolina e petróleo subiram de 6,5% do total das despesas para 9% durante o mesmo período. Em 1963-1966, uma em cada seis empresas dependia diretamente da fabricação, distribuição, manutenção e uso de veículos motorizados; pelo menos 13,5 milhões de pessoas, ou 19% do total de pessoas empregadas, trabalhavam em "indústrias de transporte rodoviário". Os registros de automóveis subiram de 25,8 milhões em 1945 para 61,7 milhões em 1960 [...]. No fim da década de 1980, os efeitos ainda eram evidentes, já que em 1987 nove das catorze maiores corporações industriais da *Fortune 500*, classificadas por vendas, eram do setor automobilístico ou petrolífero.[10]

O *boom* automobilístico foi causa e efeito da expansão urbana, mais delicadamente chamada de suburbanização. Se você tivesse carro, morar no subúrbio era possível; se comprasse uma casa no subúrbio, ter carro era imprescindível.

Após a guerra, empreiteiros que aprenderam técnicas militares de construção em massa agiram rápido para obter sua parte nas economias dos trabalhadores e nos empréstimos aos veteranos garantidos pelo governo.

---

9 Daniel Yergin, *The Prize: The Epic Quest for Oil, Money, and Power* (Nova York, Simon & Schuster, 1991), p. 409.

10 Richard B. DuBoff, *Accumulation and Power: An Economic History of the United States* (Armonk, Sharpe, 1989), p. 102.

Acelerando para o Antropoceno 177

A construção de novas moradias aumentou de 142 mil em 1944 para mais de 1 milhão em 1946 e quase 2 milhões em 1950, estabilizando-se em 1,3 milhão um ano depois. Em 1960, uma em cada quatro casas havia sido construída na década de 1950[11]. Mais de 80% das novas casas eram residências unifamiliares construídas fora das cidades, onde os terrenos eram mais baratos, o código de obras e edificações era menos rígido e a produção em massa de casas pré-fabricadas era mais fácil de administrar.

O transporte público nos novos subúrbios era escasso ou inexistente, e, em vez de lojas de bairro, havia centros comerciais distantes, de modo que a casa própria e a propriedade do carro andavam juntas. E isso é apenas parte do que David Harvey chamou de "necessidades, vontades e desejos associados com a emergência do estilo de vida suburbano":

> Não estamos apenas falando da necessidade de automóveis, gasolina, estradas, casas amplas e centros comerciais, mas também de cortadores de grama, geladeiras, ares-condicionados, cortinas, móveis (para dentro e fora da casa), equipamentos de lazer (a TV) e uma série de sistemas de manutenção para dar continuidade à vida diária. A vida diária nos subúrbios requer o consumo de pelo menos tudo isso. O desenvolvimento dos subúrbios fez com que essas mercadorias passassem de vontades e desejos a necessidades absolutas.[12]

O *boom* automobilístico também foi causa e efeito de um *boom* de longo prazo na construção de estradas, inclusive do Sistema de Rodovias Interestaduais, que custou 114 bilhões de dólares (equivalentes a mais de 400 bilhões em 2016) – a construção do sistema foi considerada essencial para a movimentação de tropas e equipamentos militares, caso os Estados Unidos fossem invadidos. Em 2001, Lester Brown calculou que o país tinha 6,27 milhões de quilômetros de estradas, "o suficiente para circundar a Terra na linha do Equador 157 vezes [...]. A área dos Estados Unidos reservada

---

11 Lizabeth Cohen, *A Consumers' Republic: The Politics of Mass Consumption in Postwar America* (Nova York, Vintage, 2004), p. 199.

12 David Harvey, *Enigma of Capital and the Crises of Capitalism* (Londres, Profile, 2010), p. 106-7 [ed. bras.: *O enigma do capital: e as crises do capitalismo*, trad. João Alexandre Peschanski, São Paulo, Boitempo, 2011, p. 91].

178 Enfrentando o Antropoceno

a estradas e estacionamentos tem cerca de 98 mil quilômetros quadrados, uma extensão que se aproxima dos 51,9 milhões de acres que os agricultores dos Estados Unidos usaram para plantar trigo no ano passado"[13].

O *boom* de automóveis/subúrbios que começou na década de 1940 evitou uma nova depressão e deu emprego e casa para milhões de pessoas, mas esses benefícios tiveram um custo mortal. Do ponto de vista ambiental, o *boom* de automóveis/subúrbios pode muito bem ser, como acredita o crítico social James Kunstler, "a maior má alocação de recursos da história".

> Realmente não há como calcular todo o custo do que fizemos nos Estados Unidos, mesmo que se tente somar apenas o custo financeiro (deixando de lado o custo social e ambiental). Certamente chega à casa das dezenas de trilhões de dólares, se calcularmos todas as estradas e rodovias, todos os carros e os caminhões que construímos desde 1905, as extensas redes de energia, água e telefone, as dezenas de milhares de subdivisões residenciais, um número similar de shopping centers, milhares de shopping centers regionais, estações de energia, depósitos de contêineres, lanchonetes e pizzarias, lojas de donuts, escritórios, escolas e todos os outros acessórios construídos para esse estilo de vida [...].
>
> Mais da metade da população dos Estados Unidos vive nele. A economia das últimas décadas baseia-se em grande parte em sua construção e sua manutenção. E o sistema não funcionaria sem reservas liberadas e confiáveis de petróleo e gás natural baratos.[14]

AGRICULTURA INDUSTRIAL

"Agricultura é cultivar amendoim. Agronegócio é transformar petróleo em manteiga de amendoim." Com essas poucas palavras, o biólogo Richard Lewotin resumiu a transformação da produção de alimentos na Grande Aceleração. De maneira igualmente concisa, seu colega Richard Levins

---

13 Lester Brown, "Pavement Is Replacing the World's Croplands", *Grist*, 1º mar. 2001. Disponível on-line.

14 James H. Kunstler, *The Long Emergency: Surviving the Converging Catastrophes of the Twenty-First Century* (Nova York, Atlantic Monthly, 2005), p. 248.

explicou por que houve essa transformação: "Agronegócio não é sobre produzir alimentos, é sobre lucrar. O alimento é um efeito colateral"[15].

A integração da produção de alimentos na economia fóssil começou antes da Segunda Guerra Mundial na América do Norte, quando os tratores movidos a gasolina ou diesel começaram a substituir a força animal. Os agricultores que conseguiam pagar pelas novas máquinas podiam cultivar áreas maiores com menos trabalhadores agrícolas: eles podiam produzir mais e vender por menos. Aqueles que não o conseguiram foram excluídos do negócio quando os preços caíram abaixo de seus custos. Entre 1930 e 1945, o número de animais de trabalho (cavalos e mulas) nas fazendas nos Estados Unidos caiu de 18,7 milhões para 2,4 milhões; o número de tratores aumentou de 920 mil para 2,4 milhões; e a força de trabalho agrícola caiu de 21,5% para 16% do total de trabalhadores[16]. E isso foi apenas o começo.

Em 1960, havia 4,7 milhões de tratores e apenas 3 milhões de animais de trabalho nas fazendas; pouco depois, havia tão poucos animais de trabalho que o censo dos Estados Unidos parou de contá-los. Ainda existem cerca de 2 milhões de fazendas tocadas por famílias no país, mas a maioria somente sobrevive porque seus proprietários têm outros empregos. Hoje, apenas 11% das fazendas estadunidenses respondem por 85% da produção agrícola[17]. Os agroecologistas Ivette Perfecto, John Vandermeer e Angus Wright descrevem essa transformação:

> Desde a mecanização precoce da agricultura, que substituiu a força animal pela força mecânica, passando pelos fertilizantes sintéticos, que substituíram o composto e o esterco, até os pesticidas, que substituíram o controle de culturas

---

15 Richard Lewontin, "Agricultural Research and the Penetration of Capital", *Science for the People*, 1982, p. 12; Richard Levins, "Why Programs Fail", *Monthly Review*, v. 61, n. 10, 2010, p. 45.

16 Carolyn Dimitri, Anne Effland e Neilson Conklin, "The 20th-Century Transformation of U.S. Agriculture and Farm Policy", *Economic Information Bulletin Number 3*, Washington, U.S. Department of Agriculture, 2005, p. 6. Disponível on-line.

17 Robert A. Hoppe, "Structure and Finances of U.S. Farms: Family Farm Report", *Economic Information Bulletin Number 132*, Washington, U.S. Department of Agriculture, 2014, p. iii. Disponível on-line.

180 Enfrentando o Antropoceno

e biológico, a história do desenvolvimento tecnológico agrícola tem sido um processo de capitalização que resultou na redução do valor agregado em relação à fazenda enquanto tal. Nas fazendas de hoje, o trabalho vem da Caterpillar ou da John Deere; a energia, da Exxon/Mobil; o fertilizante, da DuPont; e o controle de pragas, da Dow ou da Monsanto. As sementes, literalmente o gérmen que torna possível a agricultura, foram patenteadas e precisam ser compradas.[18]

Essa transformação foi equivalente, na agricultura, à transformação que ocorreu na manufatura no século XIX: uma mudança da pequena produção de mercadorias para o que Marx chamou de "modo de produção especificamente capitalista", somado à concentração de propriedade e à dependência de combustíveis fósseis. Analisando o papel do petróleo na vida estadunidense, Matthew Huber escreve:

> Desde a Segunda Guerra Mundial, o sistema alimentar estadunidense foi completamente *fossilizado* ou cresceu de um modo que o faz depender de insumos de combustíveis fósseis em cada estágio da produção, distribuição, embalagem e consumo. Isso é especialmente verdade na produção agrícola, na qual principalmente as formas biológicas de energia (músculos) foram substituídas pela energia fóssil inanimada de máquinas e insumos químicos sintetizados com o uso intensivo de energia (fertilizantes e pesticidas) no lugar dos naturais (esterco).[19]

Hoje é necessária mais energia para produzir os alimentos que a energia que obtemos ao comê-los: cada caloria de energia alimentar requer dez calorias de energia fóssil. Em 2007, o sistema alimentar dos Estados Unidos, da fazenda à mesa, utilizou 16% de toda a energia do país[20]. O processo de Haber-Bosch, discutido no capítulo 4, em particular, exige muita energia: não apenas é necessário despender mais energia para extrair nitrogênio do ar que para fabricar máquinas agrícolas, como também são necessários 33,5 mil pés cúbicos de gás natural (metano) para produzir uma tonelada de

---

18 Ivette Perfecto, John H. Vandermeer e Angus Wright, *Nature's Matrix: Linking Agriculture, Conservation and Food Sovereignty* (Londres, Earthscan, 2009), p. 50-1.

19 Matthew T. Huber, *Lifeblood*, cit., p. 87.

20 Andrew Nikiforuk, *Energy of Slaves: Oil and the New Servitude* (Vancouver, Greystone, 2012), p. 85.

fertilizante à base de nitrogênio[21]. Estima-se que 1% do total da energia global seja dedicado à produção de fertilizantes nitrogenados sintéticos[22].

A agricultura industrial também requer altos níveis de pesticidas, em grande parte derivados do petróleo. Em 2007, cerca de 2,36 bilhões de quilos de pesticidas foram aplicados em todo o mundo. Estudos mostram que apenas 0,1% dos pesticidas utilizados na agricultura atinge seus objetivos: o restante acaba no solo, no ar e nos lençóis freáticos. As pragas são cada vez mais resistentes aos pesticidas, levando a um "círculo vicioso de pesticida" no qual é necessário aplicar cada vez mais produtos químicos, cada vez mais tóxicos, para obter os mesmos resultados[23].

A PEGADA DO FERTILIZANTE

Os cientistas já sabem que o aumento de 17% de N_2O na atmosfera desde a era pré-industrial é resultado direto do uso de fertilizantes químicos, principalmente da implantação, na década de 1960, dos programas da chamada Revolução Verde, que introduziram o uso de fertilizantes químicos na Ásia e na América Latina. Eles também sabem agora que a quantidade de emissões de N_2O resultantes da aplicação de fertilizantes nitrogenados está na faixa de 3% a 5%, um aumento dramático em relação à hipótese de 1% do IPCC.

No entanto, mesmo essa estimativa de 3% a 5% não é suficiente para avaliar as emissões atuais e futuras dos fertilizantes. Em primeiro lugar, o uso de fertilizantes está aumentando mais rapidamente nos trópicos, cujo solo emite taxas mais altas de N_2O por quilo de nitrogênio aplicado, ainda mais quando foram desmatados. Em segundo lugar, o uso de fertilizantes por hectare está crescendo e novos estudos mostram que a taxa de emissões de N_2O aumenta exponencialmente à medida que mais fertilizantes são aplicados.

21 Ibidem, p. 80:
22 Matthew T. Huber, *Lifeblood*, cit., p. 87.
23 Jennifer Clapp, *Food* (Cambridge, Polity, 2012), p. 52.

182 Enfrentando o Antropoceno

Fertilizantes químicos são viciantes. Como eles destroem o nitrogênio natural disponível para as plantas no solo, os agricultores precisam usar cada vez mais fertilizante por ano a fim de manter a produtividade. Nos últimos quarenta anos, a eficiência dos fertilizantes nitrogenados diminuiu dois terços, e seu consumo por hectare aumentou sete vezes.

O efeito sobre a matéria orgânica, o sumidouro de carbono mais importante do mundo, é o mesmo. Apesar da propaganda contrária da indústria, estudos recentes mostram que os fertilizantes químicos são responsáveis por grande parte da perda de matéria orgânica que ocorreu nos solos do mundo desde a era pré-industrial.

"Em inúmeras publicações cobrindo mais de cem anos e uma ampla variedade de práticas de colheita e cultivo, encontramos evidências consistentes de um declínio do carbono orgânico em solos fertilizados em todo o mundo", diz Charlie Boast, cientista de solos da Universidade de Illinois.

O solo em todo o mundo perdeu, em média, um a dois pontos percentuais de matéria orgânica em seus primeiros trinta centímetros desde que os fertilizantes químicos começaram a ser usados. Isso equivale a cerca de 150-205 bilhões de toneladas de matéria orgânica, o que resultou em 220-330 bilhões de toneladas de CO_2 emitidas no ar, ou 30% do atual excesso de CO_2 na atmosfera!

A contribuição dos fertilizantes químicos para a mudança climática foi drasticamente subestimada, e urge que se faça uma reavaliação. Se levarmos em consideração as pesquisas recentes, a crescente dependência de gás de xisto e os impactos na matéria orgânica do solo podem elevar as estimativas da parcela dos fertilizantes químicos nas emissões globais de gases de efeito estufa para até 10%. O mundo precisa agir depressa para acabar com nosso vício mortal nesses produtos tóxicos.

"The Exxons of Agriculture", Grain[24]

---

24 Grain, "The Exxons of Agriculture", *Grain*, 30 set. 2015, p. 7. Disponível on-line

POLUIÇÃO MILITAR

Oficialmente, o orçamento militar dos Estados Unidos cm 2015 foi de 598,5 bilhões de dólares, mas os números oficiais, como mostram John Bellamy Foster, Hannah Holleman e Robert W. McChesney, excluem itens claramente militares, por exemplo, benefícios a veteranos, subvenções militares a governos estrangeiros e pagamentos de juros de dívidas militares. Quando incluídos à soma, o total sobe para mais de 1 trilhão de dólares anuais[25]. Isso é terrível por si só, mas piora quando percebemos que é mais que a soma dos nove maiores orçamentos militares do mundo. Analistas do Trans National Institute calculam que os gastos militares globais em 2013 totalizaram 1,7 trilhão de dólares – "130 vezes o gasto planejado com ações humanitárias, superando qualquer investimento para o combate à mudança climática"[26].

Como vimos, os gastos militares nos Estados Unidos deram um grande impulso ao crescimento econômico nas décadas de 1940 e 1950 e, desde então, ajudaram a mantê-lo. Também criaram um mercado específico e crescente para os combustíveis fósseis, com destaque para o petróleo. Hoje, as Forças Armadas estadunidenses são o maior usuário mundial de petróleo e o maior poluidor, produzindo mais resíduos perigosos que as cinco maiores empresas químicas do país juntas, além de serem *o maior produtor de gases de efeito estufa do mundo*[27].

Vaclav Smil estima que na década de 1990 os militares estadunidenses utilizaram "mais que o consumo comercial total de energia de quase dois terços dos países do mundo" – e isso exclui o combustível usado na Guerra do Golfo

---

25 John Bellamy Foster, Hannah Holleman e Robert W. McChesney, "The U.S. Imperial Triangle and Military Spending", *Monthly Review*, v. 60, n. 5, 2008, p. 1.

26 Nick Buxton e Ben Hayes, "Introduction: Security for Whom in a Time of Climate Crisis?", em Nick Buxton e Ben Hayes (orgs.), *The Secure and the Dispossessed* (Londres, Pluto, 2016), p. 13.

27 Dimitrina Semova et al., "US Department of Defense Is the Worst Polluter on the Planet", *Project Censored*, 2 out. 2010. Disponível on-line.

184 Enfrentando o Antropoceno

(1991) e nos bombardeios na Sérvia e em Kosovo (1998)[28]. É impossível determinar o impacto do aparato militar dos Estados Unidos na mudança climática, porque as emissões produzidas pelas forças militares foram excluídas do Acordo de Quioto[29]. O pesquisador Barry Sanders, que fez mais que qualquer outro para trazer à luz esses fatos, diz que o número oficial de 395 mil barris por dia omite muita coisa: de acordo com suas estimativas, 1 milhão de barris por dia é "um número seguro e até conservador". Isso é suficiente para aumentar as emissões totais dos Estados Unidos em escandalosos 5%[30].

Como diz a jornalista investigativa Sonia Shah, os militares estadunidenses parecem não fazer o mínimo esforço para reduzir o uso de combustível:

> O Exército empregou 60 mil soldados exclusivamente com o propósito de fornecer petróleo, óleo e lubrificantes para suas máquinas de guerra, que passaram a consumir cada vez mais combustível. Um tanque Abrams de 68 toneladas, por exemplo, queima um galão de combustível a cada oitocentos metros. Com um ineficiente motor da década de 1960, o Abrams queima doze galões de combustível por hora *parado*.

> Gasta-se tanto tempo e dinheiro para abastecer as máquinas de combate estadunidenses que, de acordo com o chefe do Comando de Material do Exército, um galão de combustível entregue aos militares em ação pode custar até quatrocentos dólares. De fato, 70% do peso total de soldados, veículos e armas de todo o Exército dos Estados Unidos é combustível.

Em 2001, um painel do Conselho de Ciência da Defesa concluiu que continuar a apoiar a demanda de combustível das Forças Armadas exigiria sistemas de armas mais eficientes em termos de petróleo ou sistemas de suporte maiores. Shah observa que os generais parecem ter escolhido uma terceira opção: acesso a mais petróleo[31].

---

28 Vaclav Smil, *Energy at the Crossroads: Global Perspectives and Uncertainties* (Cambridge, MIT Press, 2003), p. 81.

29 Elas também foram excluídas do Acordo de Paris, em 2015.

30 Barry Sanders, *The Green Zone: The Environmental Costs of Militarism* (Oakland, AK, 2009), p. 51-5 e 68.

31 Sonia Shah, *Crude: The Story of Oil* (Nova York, Seven Stories, 2011), p. 144-5.

Acelerando para o Antropoceno **185**

É claro que as emissões de gases de efeito estufa são apenas parte, e possivelmente nem a maior parte, dos danos causados pela ação militar. Para a maioria das indústrias, a destruição ambiental é um efeito colateral da busca incessante pelo lucro, mas os militares e as indústrias ligadas a eles lucram diretamente com a destruição. A indústria de armas utiliza meios de produção capitalistas para criar forças de destruição cada vez mais poderosas.

Isso levou o economista político Peter Custers a propor que o conceito de *valor de uso negativo* fosse incorporado à teoria econômica marxista para explicar "as consequências adversas à saúde e ao meio ambiente da produção capitalista e, mais particularmente, as propriedades prejudiciais das mercadorias militares e nucleares"[32]. De maneira similar, em 1860, o filósofo e crítico de arte inglês John Ruskin cunhou a palavra *illth* [miséria] para designar a acumulação que causa danos, em oposição a *wealth* [riqueza], que, segundo ele, deveria ser usada apenas para o que promove o bem-estar social. Produtos e ações militares certamente merecem ser chamados de *illth*.

Patricia Hynes, professora aposentada de saúde ambiental e presidente do Traprock Center for Peace and Justice, documentou as consequências ambientais do militarismo dos Estados Unidos em "Pentagon Pollution" [A poluição do Pentágono], o primeiro de uma série de artigos que a *Climate & Capitalism* publicou em 2015. Ela escreve:

> A guerra e o militarismo modernos têm um impacto impressionante na natureza e em nosso meio ambiente vital – pelas armas empregadas (explosivos ocultos de longa duração, produtos químicos tóxicos e radiação); pela intensidade do "choque e pavor" da guerra industrial; e pela exploração maciça de recursos naturais e combustíveis fósseis para sustentar o militarismo. Em 1990, os pesquisadores estimaram que as forças armadas de todo o mundo eram responsáveis por 5%-10% da poluição do ar global, inclusive dióxido de carbono, destruição da camada de ozônio, poluição e produtos químicos formadores de

---

32 Peter Custers, *Questioning Globalized Militarism: Nuclear and Military Production and Critical Economic Theory* (Monmouth, Merlin, 2007), p. 12.

ácido. O Instituto de Pesquisa para Políticas de Paz de Starnberg, na Alemanha, calculou que 20% de toda a degradação ambiental global deve-se a atividades militares e correlatas.[33]

Qualquer esforço sério para interromper o aquecimento global terá de superar a resistência dos militares estadunidenses. Como escreve Barry Sanders: "O tipo de guerra que se faz hoje, em especial, depende de uma quantidade impressionante de petróleo; produz demasiado gás de efeito estufa para aderir voluntariamente a qualquer acordo que restrinja as emissões"[34].

PRODUÇÃO GLOBALIZADA

A longa duração do *boom* levou muitos economistas tradicionais a concluírem que a mecânica dos ciclos de negócios havia sido superada, mas a dinâmica fundamental do capitalismo sempre se reafirma, e toda era de ouro acaba entrando em crise. Em janeiro de 1973, os preços da Bolsa de Valores de Nova York começaram a cair: ao fim, caíram 45%. Em outubro de 1973, a Organização dos Países Exportadores de Petróleo (Opep) aumentou os impostos sobre as empresas petrolíferas, provocando quase de imediato um aumento de quatro vezes no preço do petróleo. Em parte como consequência disso e em parte como prolongamento de uma diminuição geral nos lucros que vinha ocorrendo desde 1970, a economia entrou em queda livre. A crise econômica de 1974-1975 não foi apenas mais uma desaceleração: foi a primeira recessão desde a década de 1930 a atingir todos os países imperialistas ao mesmo tempo, "uma crise estrutural de pleno direito, que encerrou o longo *boom* e marcou o início de décadas de profunda estagnação"[35]. No mesmo período, os Estados Unidos perderam

---

33 Patricia Hynes, "Pentagon Pollution 1: War and the True Tragedy of the Commons", *Climate & Capitalism*, 8 fev. 2005. Disponível on-line.

34 Barry Sanders, *The Green Zone*, cit., p. 110.

35 John Bellamy Foster e Robert W. McChesney, *The Endless Crisis: How Monopoly--Finance Capital Produces Stagnation and Upheaval from the U.S.A. to China* (Nova York, Monthly Review, 2012), p. 41.

Acelerando para o Antropoceno 187

a guerra no Vietnã, um grande levante revolucionário derrubou a ditadura que governou Portugal durante 36 anos e, em seis anos, movimentos insurrecionais tomaram o poder em catorze países do Terceiro Mundo, entre eles Nicarágua, Moçambique, Angola e Irã.

Setores mais perspicazes das classes dominantes na maioria dos países entenderam que era necessário mudar de direção: as políticas que haviam mantido o crescimento capitalista desde a Segunda Guerra Mundial não funcionavam mais. O caminho adotado pelas grandes empresas costuma ser chamado de "neoliberalismo", termo de significado um tanto vago. Para nossa discussão, três elementos são significativos, e todos envolvem um grande esforço das empresas para recuperar os lucros.

1. As empresas quebraram o contrato social tácito com os líderes sindicais e embarcaram em uma campanha bem-sucedida para reduzir salários e benefícios e, em muitos casos, esmagar os sindicatos. A "distribuição" de ganhos de produtividade foi encerrada. De acordo com o Instituto de Política Econômica, entre 1948 e 1979 a produtividade dos Estados Unidos cresceu 108% e os salários aumentaram 93%; em contraste, entre 1979 e 2013 a produtividade subiu 65% e os salários aumentaram apenas 8,2%[36]. Outros estudos mostram que a maioria dos trabalhadores não teve aumento real de salário desde a década de 1970. Os sindicatos foram efetivamente anulados como força limitadora do poder industrial.

2. As empresas fizeram campanhas, com considerável sucesso, para enfraquecer ou extinguir leis de proteção ambiental e impedir a adoção de medidas para reduzir a emissão de gases de efeito estufa. O papel da Exxon e dos bilionários irmãos Koch para minar a ciência climática está bem documentado. Também digna de nota é a imobilidade de outras gigantes, que facilmente poderiam ter financiado uma campanha eficaz a favor da ciência. Os combustíveis fósseis são tão importantes para a operação

---

36 Josh Bivens et al., "Raising America's Pay: Why It's Our Central Economic Policy Challenge", *Economic Policy Institute*, Briefing Paper #378, 4 jun. 2014, p. 10. Disponível on-line.

188 Enfrentando o Antropoceno

das empresas que ninguém está disposto a interferir em sua produção ou mesmo ofender as empresas que controlam seu fornecimento.

3. Lentamente no início e rapidamente no fim da década de 1990, houve uma "onda de três décadas de terceirização da manufatura para países onde se pagavam baixos salários", "impulsionada por empresas capitalistas de economias imperialistas que se moviam pelo desejo insaciável de cortar custos, substituindo a mão de obra doméstica relativamente cara por mão de obra barata do Sul"[37]. Hoje, as maiores empresas não financeiras do mundo realizam a maior parte de sua produção em filiais estrangeiras, e cerca de 40% do comércio mundial resulta de terceirização e subcontratação de empresas estrangeiras[38].

Embora essas três iniciativas tenham fortalecido o capitalismo fóssil e aumentado as emissões de gases de efeito estufa, a terceira merece uma discussão mais ampla.

A indústria se mudou para o Sul principalmente para aproveitar os salários bem mais baixos: se levarmos em consideração as diferenças de custo de vida, os salários no Paquistão, em Madagascar, na Indonésia e na China são um décimo do salário que alguém receberia fazendo trabalho semelhante nos Estados Unidos. A China, em particular, tem uma economia "estruturada em torno das necessidades de realocação da produção de multinacionais voltadas para a obtenção de baixos custos unitários de mão de obra, aproveitando a mão de obra barata e disciplinada do Sul global"[39].

No entanto, como aponta Douglas Dowd, uma folha de pagamento mais baixa não é a única razão para terceirizar a mão de obra para o Sul:

> Nas regiões mais pobres do mundo – a maior parte da Ásia e da América Latina, bem como partes da Europa –, além da "arbitragem trabalhista global" [...],

---

37 John Smith, "Outsourcing, Financialization and the Crisis", *International Journal of Management Concepts and Philosophy*, v. 6, n. 1/2, 2012, p. 20 e 33.

38 John Bellamy Foster e Robert W. McChesney, *The Endless Crisis*, cit., p. 103-23.

39 Ibidem, p. 170.

Acelerando para o Antropoceno 189

existem a "arbitragem tributária global" e o que se pode chamar de "arbitragem ambiental". Esta última significa que empresas cuja produção destrói florestas, reservas de água, ar etc. podem facilmente se livrar de qualquer restrição – e, tendo determinada receita, podem ter isenção de impostos, com o atrativo adicional de que a existência de tais possibilidades em lugares distantes significa que eles podem ser negociados com sucesso no país de sede.[40]

Grandes transferências de manufaturas para países onde se pagam baixos salários tiveram o efeito direto de aumentar a poluição nesses países, em particular as emissões de gases de efeito estufa. A revolução industrial nesses locais, como na Europa e na América do Norte no século XIX, depende de energia barata, e isso em geral significa empregar carvão, muitas vezes de baixa qualidade, para produzir eletricidade. Como é amplamente conhecido, a China produz mais gases de efeito estufa que qualquer outro país; o que é menos sabido é quanto desses gases são gerados para produzir bens destinados ao Norte global. Os países ricos terceirizam parte significativa de sua destruição ambiental para o Sul global.

Como apontou Andreas Malm, as estatísticas disponíveis não incluem as emissões resultantes da produção exportada:

> Os números das exportações são subestimados, pois levam em conta apenas as emissões causadas diretamente pela produção de mercadorias embarcadas para o exterior. Não incluem as geradas pela construção de fábricas, rodovias para ligar duas zonas industriais, prédios de apartamentos para acomodar trabalhadores ou qualquer outro projeto de infraestrutura ligado à expansão das exportações, tampouco as emissões do consumo doméstico e outras atividades econômicas indiretamente estimuladas pelo milagre da exportação chinesa. Se isso fosse considerado, os números seriam, é óbvio, dramaticamente maiores.[41]

Em *Fossil capital*, Malm resume a última grande mudança na produção capitalista:

---

40 Douglas Dowd, *Capitalism and Its Economics: A Critical History* (Londres, Pluto, 2004), p. 182.

41 Andreas Malm, "China as Chimney of the World: The Fossil Capital Hypothesis", *Organization & Environment*, v. 25, n. 2, 2012, p. 149.

190 Enfrentando o Antropoceno

Em termos relativos, a China tinha baixos salários e alta intensidade de carbono, alguns outros países tinham altos salários e baixa intensidade de carbono, e o capital fluía destes para aquele [...]. Se Manchester era a "chaminé do mundo" na década de 1840, a República Popular da China assumiu essa posição no início do século XXI, principalmente porque o capital globalmente móvel apoderou-se dela como sua oficina.[42]

EMISSÕES EM MOVIMENTO

Um dos resultados da exportação da manufatura para a China e outros lugares do Sul foi um enorme aumento no transporte marítimo internacional e um consequente aumento das emissões provenientes dos navios. O óleo combustível usado por grandes navios de carga é o combustível mais barato e mais sujo que temos disponível: é tão espesso quanto o asfalto e é feito a partir do que sobra depois que todos os outros combustíveis foram refinados a partir do petróleo bruto. As emissões de CO_2 de navios movidos a óleo cresceram 3,7% ao ano desde 1990. Um grande navio porta-contêineres queima 350 toneladas de combustível por dia e emite mais CO_2 por ano que muitas usinas de energia movidas a carvão[43].

É difícil obter números, porque a navegação internacional, assim como a militar, não está incluída nas contabilidades oficiais, mas estima-se que os navios porta-contêineres, que transportam 90% do comércio mundial, produzem mais gases de efeito estufa por ano que 205 milhões de carros. Se os navios de carga fossem um país, seriam o sexto maior emissor, logo atrás do Japão[44]. A navegação produz mais gases de efeito estufa que toda a África junta.

---

42 Idem, *Fossil Capital: The Rise of Steam Power and the Roots of Global Warming* (Londres, Verso, 2016), p. 346.

43 John Vidal, "Shipping Boom Fuels Rising Tide of Global CO2 Emissions", *The Guardian*, 13 fev. 2008.

44 Ellycia Harrould-Kolieb, "Shipping Impacts on Climate: A Source with Solutions", *Oceana*, 1º jun. 2008, p. 2. Disponível on-line.

Acelerando para o Antropoceno **191**

O óleo combustível tem alto teor de enxofre. As regras europeias permitem até 45 mil ppm de enxofre no combustível marítimo, em comparação com os 15 ppm permitidos no combustível automotivo. Alto teor de enxofre significa altos níveis de poluição particulada, que tem uma série de efeitos nocivos à saúde, como asma, infarto e câncer de pulmão. Os cientistas estimam que a queima de óleo cause cerca de 87 mil mortes humanas prematuras nas regiões costeiras a cada ano[45].

O Instituto de Pesquisa Atmosférica da Alemanha prevê que, mantido o atual estado de coisas, até 2050 as emissões de dióxido de carbono e dióxido de enxofre dos navios poderão dobrar e as emissões de óxido de nitrogênio excederão a do tráfego rodoviário global[46].

Navios também transportam resíduos produzidos nos países ricos para descarte no Terceiro Mundo, processo que só faz sentido financeiro porque transportadoras e companhias de navegação não arcam com os custos ambientais. Como escreve Robert Biel: "A globalização como um todo baseia-se inteiramente na ficção de que o custo energético de tais fluxos pode ser ignorado de modo indefinido"[47]. Podemos dizer que o Antropoceno é a Mãe Terra apresentando a conta.

A PRAGA DO PLÁSTICO

Se entre os gráficos da Grande Aceleração houvesse um dedicado aos plásticos, ele seria o mais dramático de todos. Um relatório apresentado em janeiro de 2016 aos bilionários que participam anualmente do Fórum

---

45 James Winebrake et al., "Mitigating the Health Impacts of Pollution from Oceangoing Shipping: An Assessment of Low-Sulfur Fuel Mandates", *Environmental Science & Technology*, v. 43, n. 13, 2009, p. 4.776.

46 Veronika Eyring et al., "Emissions from International Shipping: 2. Impact of Future Technologies on Scenarios until 2050", *Journal of Geophysical Research*, v. 110. n. D17, 2005, p. 16.

47 Robert Biel, *Entropy of Capitalism* (Leiden, Brill, 2012), p. 124.

192 Enfrentando o Antropoceno

Econômico Mundial em Davos, na Suíça, fornece dados reveladores sobre o tamanho e o impacto desse setor da economia fóssil[48].

A produção de plástico, que era de cerca de 100 mil toneladas em 1939, disparou após a guerra: 1,3 milhão de toneladas métricas em 1953, 15 milhões em 1964 e 311 milhões em 2014. Se as tendências atuais se mantiverem, a produção mundial dobrará até 2035 e dobrará de novo até 2050. Essa indústria emprega cerca de 6% da produção global de petróleo, mais que a aviação, e esse número aumentará para 20% em meados do século, se os negócios seguirem no mesmo patamar.

A maior parte do plástico produzido (26% de toda a produção) é destinada à embalagem – produto concebido para ser descartado, feito com um material que nunca morre. Apesar do entusiasmo da indústria, apenas 14% das embalagens plásticas são coletadas para reciclagem, e somente um terço disso, ou seja, 5% de toda a produção, é de fato reciclado: 14% são queimados, 40% vão para aterros sanitários e espantosos 32% chegam ao meio ambiente como poluição. O relatório de Davos estima que existam mais de 150 milhões de toneladas de plástico nos oceanos hoje e até 2050 o plástico existente nos oceanos superará a quantidade de peixes.

Além disso, o relatório diz: "Se o forte crescimento atual do uso de plásticos continuar conforme o esperado, a emissão de gases de efeito estufa pelo setor global de plásticos representará 15% do orçamento anual global de carbono até 2050, que hoje está acima de 1%".

REGRAS PARA OS GRANDES EMISSORES DE CARBONO

Globalmente, há mais capital investido em petróleo e gás que em qualquer outro setor. Usando dados do *Financial Times*, Tim Di Muzio estima que, entre 2001 e 2010, a capitalização de mercado dos principais produtores

---

48 World Economic Forum, "The New Plastics Economy: Rethinking the Future of Plastics", *World Economic Forum*, jan. 2016, p. 6-15. Disponível on-line.

Acelerando para o Antropoceno 193

de petróleo e gás cresceu surpreendentes 186%, atingindo impressionantes 3,153 quatrilhões de dólares – é preciso lembrar que isso aconteceu na grande recessão! Se forem incluídas as empresas estatais de petróleo, a capitalização de petróleo e gás totaliza cerca de 6,729 quatrilhões de dólares, mais que todos os bancos do mundo juntos. "As grandes petrolíferas obtiveram lucros recordes de 655,8 bilhões de dólares de 2001 a 2008, enquanto a receita dos exportadores de petróleo subiu para cerca de 3,270 quatrilhões de dólares de 2002 a 2008"[49].

Em 2011, um relatório das Nações Unidas descreveu a infraestrutura mundial de combustíveis fósseis:

> Existem no mundo milhares de minas e usinas de carvão, cerca de 50 mil campos de petróleo, uma rede de pelo menos 300 mil quilômetros de dutos de petróleo e 500 mil quilômetros de gasodutos, além de 300 mil quilômetros de linhas de transmissão. Globalmente, o custo de substituição do combustível fóssil e da infraestrutura nuclear é de 15 trilhões a 20 trilhões de dólares. A China sozinha produziu mais de 300 Gigawatts a mais de capacidade de energia obtida a partir do carvão de 2000 a 2008, investimento de mais de 300 bilhões de dólares que se pagará apenas em 2030-2040 e funcionará talvez até 2050-2060. Na verdade, a maior parte da infraestrutura energética das economias emergentes foi implantada recentemente e é inédita, com vida útil de pelo menos quarenta a sessenta anos. Claramente, é improvável que o mundo decida da noite para o dia amortizar entre 15 trilhões e 20 trilhões de dólares em infraestruturas e substituí-las por um sistema de energia renovável com um preço ainda mais alto.[50]

Apesar do tamanho do setor, ele recebe dos governos um apoio financeiro incomparável. A Agência Internacional de Energia estima que os subsídios globais à produção e distribuição de combustíveis fósseis totalizaram 548 bilhões de dólares em 2013; o Fundo Monetário Internacional diz que,

---

49 Tim Di Muzio, "Capitalizing a Future Unsustainable: Finance, Energy and the Fate of Market Civilization", *Review of International Political Economy*, v. 19, n. 3, 2011, p. 376-9.

50 United Nations, *World Economic and Social Survey 2011: The Great Green Technological Transformation* (Nova York, UN Department of Economic and Social Affairs, 2011), p. 90.

194 Enfrentando o Antropoceno

ao incluir os danos ambientais no cálculo, o subsídio de 2013 foi de 4,9 trilhões de dólares[51].

O CAPITALISMO PODE SE DESFOSSILIZAR?

O capital fóssil, diz Andreas Malm, é "a base energética das relações de propriedade burguesas". Enquanto outras matérias foram fisicamente incorporadas a mercadorias específicas – o couro em botas, o algodão bruto em têxteis, e assim por diante –, carvão, petróleo e gás são "utilizados em todo o espectro da produção de mercadorias como a matéria que as põe em movimento físico". Os combustíveis fósseis são "a alavanca geral da produção de mais-valor"[52]. Desde o início do século XIX, a correlação entre o crescimento do capitalismo e o aumento das emissões de gases de efeito estufa é tão forte que Malm sugere uma lei geral: "Para onde vai o capital, as emissões o seguirão imediatamente [...]. Quanto mais forte o capital global, mais desenfreado o crescimento das emissões de CO_2"[53].

O capitalismo já existia antes da introdução dos combustíveis fósseis no processo de produção, e talvez fosse bastante divertido um romance histórico alternativo sobre o desenvolvimento do capitalismo se o carvão, o petróleo e o gás não existissem ou nunca tivessem sido descobertos. No mundo real, porém, uma vez que o capitalismo adotou os combustíveis fósseis, não havia como retroceder: eles se tornaram inseparáveis e assim permanecem até hoje. As emissões continuam aumentando: mais de 25% do CO_2 adicionado à atmosfera desde 1870 foi emitido depois de 2000.

Se não fosse pelo capitalismo fóssil, os gráficos da Grande Aceleração não apresentariam trajetórias ascendentes e as condições do Holoceno não teriam sido superadas. Isso é obviamente verdade para as emissões de gases de efeito

---

51 David Coady et al., *How Large Are Global Energy Subsidies?* (Washington, International Monetary Fund, 2015), p. 29 e 31.

52 Andreas Malm, *Fossil Capital*, cit., p. 288.

53 Ibidem, p. 353.

Acelerando para o Antropoceno **195**

estufa e para a temperatura de superfície, mas os processos que afetam os outros gráficos também dependem, direta ou indiretamente, da queima de combustível fóssil. A acidificação dos oceanos é causada pelas emissões de CO_2; o nitrogênio artificial não pode ser produzido sem temperaturas e pressões muito altas; o uso excessivo de água doce e a mudança do sistema terrestre são impulsionados pela agricultura mecanizada; plásticos são feitos de subprodutos da produção de petróleo; e assim por diante. O crescimento exponencial do capitalismo fóssil é a base de todas as mudanças que levaram o sistema terrestre ao Antropoceno.

Mas os combustíveis fósseis também fornecem alimento, roupa, casa, calor, remédio, transporte, comunicação, entretenimento e muito mais. É possível ter essas coisas sem carvão, petróleo e gás? É possível dissociar a abundância material dos combustíveis fósseis? O capitalismo poderia, para usarmos um neologismo feio, *desfossilizar-se*?

Se esse fosse apenas um problema técnico – a energia proveniente de fontes não fósseis poderia substituir totalmente ou ao menos a maior parte da energia dos combustíveis fósseis? –, então a resposta seria "é provável". Estudos confiáveis realizados por uma ampla variedade de grupos ambientais afirmam que a transição completa para combustíveis renováveis e sem carbono é fisicamente possível. Talvez os mais abrangentes sejam os de Mark Delucchi e Mark Jacobson, que em 2009 lançaram um plano para alimentar 100% do planeta com energia renovável na *Scientific American* e seguiram publicando artigos técnicos altamente detalhados em periódicos com revisão por pares[54]. Delucchi e Jacobson propõem um projeto com

---

54 Mark Delucchi e Mark Jacobson, "A Plan to Power 100 Percent of the Planet with Renewables", *Scientific American*, 1º nov. 2009, disponível on-line; "Providing All Global Energy with Wind, Water, and Solar Power, Part I: Technologies, Energy Resources, Quantities and Areas of Infrastructure, and Materials", *Energy Policy*, v. 39, n. 3, 2011, p. 1.154-69; "Providing All Global Energy with Wind, Water, and Solar Power, Part II: Reliability, System and Transmission Costs, and Policies", *Energy Policy*, v. 39, n. 3, 2011, p. 1.170-90; Mark Jacobson et al., "100% Clean and Renewable Wind, Water, and Sunlight (WWS) All-sector Energy Roadmaps for the 50 United States", *Energy & Environmental Science*, v. 8, n. 7, 2015, p. 2.093-117.

196 Enfrentando o Antropoceno

duração de vinte anos para construir e instalar milhões de turbinas eólicas, fazendas solares e outros sistemas em todo o mundo. O custo total estimado de 100 trilhões de dólares seria recuperado com a venda de energia elétrica a preço de mercado.

Não precisamos apoiar esse plano em particular nem qualquer outra proposta nesse sentido para reconhecer que uma redução radical no uso de combustível fóssil é *fisicamente possível*. Tampouco podemos objetar racionalmente que o custo é alto demais, tendo em vista o custo muito mais alto que a mudança climática imporá à sociedade. Como prova de que é possível, os defensores desses programas citam o exemplo da Segunda Guerra Mundial, quando as nações em guerra fabricaram cerca de 6 mil navios, 850 mil aviões, 5 milhões de tanques, 8 milhões de armas de grande porte e a bomba atômica em apenas seis anos.

Entrevistado pelo jornal *The New York Times*, Delucchi comparou seu plano ao projeto espacial Apollo e ao Sistema de Rodovias Interestaduais. "Nós temos apenas de decidir coletivamente se essa é a direção que queremos seguir como sociedade", disse ele. "Os maiores obstáculos são sociais e políticos – é de vontade que precisamos."[55] Na *Scientific American*, ele e Jacobson citaram os fatores econômicos e políticos como obstáculos. Como muitos cientistas, eles veem os problemas ambientais como fundamentalmente relacionados à tecnologia: uma vez identificadas as soluções técnicas adequadas, a argumentação racional deve superar quaisquer "fatores econômicos e sociais". Se os argumentos racionais não funcionam, é porque falta vontade política: a postergação é reflexo das falhas morais dos políticos.

Na verdade, fatores econômicos e políticos fazem toda a diferença. Mesmo com a queda do preço no início de 2016 (31,60 dólares o barril em 1º de fevereiro), as reservas globais de petróleo valiam cerca de 50 trilhões de dólares. Nenhum capitalista trocaria de bom grado esses trilhões pela chance

---

55 Citado em Naomi Klein, *This Changes Everything: Capitalism vs. the Climate* (Toronto, Knopf, 2014), p. 102 [ed. port.: *Tudo pode mudar: capitalismo vs. clima*, trad. Ana Cristina Pais, Lisboa, Presença, 2016].

Acelerando para o Antropoceno **197**

de vender energia verde daqui a vinte anos, muito menos amortizar de 15 trilhões a 20 trilhões de dólares em infraestrutura, mas é isso que exige o plano Delucchi-Jacobson. A ideia de que a poderosa indústria petrolífera concordaria com o encerramento voluntário de suas operações é ridícula.

A Segunda Guerra Mundial, as rodovias interestaduais e o projeto Apollo servem como amostra de que o capitalismo é compatível com os projetos de grande escala financiados pelo governo – mas todos injetaram dinheiro público *nas* indústrias de petróleo, militar e automotiva, que seriam prejudicadas pelo plano Delucchi-Jacobson. Esse plano pode ser bom para o futuro da Terra, mas o *status quo* energético é fundamental para o sistema gerador de lucro, e este terá sempre a prioridade. Se um plano ambiental minar as relações de classe e poder que definem o capitalismo fóssil, mesmo que isso evite uma catástrofe climática, nem toda a argumentação racional do mundo será capaz de produzir a vontade política necessária para implementá-lo.

Os combustíveis fósseis não são uma capa que se pode remover do capitalismo, deixando o sistema intacto. Eles estão embrenhados em todos os aspectos do sistema.

> Altos níveis de energia baseada em carbono são essenciais para praticamente todos os processos produtivos e reprodutivos do sistema – não apenas para a indústria manufatureira, mas para a produção e a distribuição de alimentos, o aquecimento e o funcionamento dos prédios de escritórios, para levar a força de trabalho aos locais de trabalho, fornecendo o que ela precisa para se reabastecer e reproduzir. Romper com a economia do petróleo e do carvão significa uma transformação muito significativa dessas estruturas, uma profunda remodelação das forças produtivas e das relações imediatas de produção que delas decorrem.[56]

Realizar essa transformação é o desafio que os socialistas enfrentam no Antropoceno.

---

56 Chris Harman, *Zombie Capitalism: Global Crisis and the Relevance of Marx* (Londres, Bookmarks, 2009), p. 311.

11

NÃO ESTAMOS TODOS JUNTOS NESSA

Continuamos navegando em nosso Titanic *enquanto ele afunda lentamente no mar escuro. Os marinheiros entram em pânico. Os passageiros das classes mais baratas começam a ser levados pela água. Mas nos salões de banquete a música continua. Os únicos sinais de problema são os garçons ligeiramente cambaleantes, os espetinhos e os canapés deslizando para um canto das bandejas de prata, o vinho derramado de forma um tanto exagerada nas taças de cristal. Os ricos são reconfortados pela informação de que os botes salva-vidas estão reservados aos passageiros da primeira classe. A tragédia é que provavelmente eles estão certos.*

Arundhati Roy[1]

É difícil encontrar um ambientalista liberal que em determinado momento não insista que somos todos passageiros da Nave Terra, compartilhando um destino comum e uma responsabilidade una pela segurança da nave. Al Gore, por exemplo, diz: "Todos vivemos no mesmo planeta. Todos enfrentamos os mesmos perigos e as mesmas oportunidades, compartilhamos a responsabilidade de traçar nosso rumo para o futuro"[2].

Na realidade, um punhado de passageiros da Nave Terra viaja na primeira classe, em luxuosas cabines com ar-condicionado e todos os recursos de segurança, inclusive assentos reservados nos melhores botes salva-vidas.

---

1 Arundhati Roy, *An Ordinary Person's Guide to Empire*, p. 20-1.

2 Citado em Robinson Meyer, "Al Gore Dreamed Up a Satellite – And It Just Took Its First Picture of Earth", *The Atlantic*, 20 jul. 2015. Disponível on-line.

A maioria de nós está em bancos de madeira na terceira classe, expostos às intempéries e sem botes salva-vidas.

No século XXI, o capitalismo fóssil se caracteriza não apenas pela desigualdade – que sempre foi uma característica da sociedade de classes –, mas também pela desigualdade grosseira: a acumulação sem paralelo de riqueza nas mãos de poucos e a pobreza em massa que é imposta por todos os recursos econômicos, políticos e militares que os ultrarricos são capazes de reunir.

Muitos estudos, artigos e relatórios documentaram a desproporção da riqueza no topo da pirâmide. Duas estatísticas resumem todos eles: em 2015, o 1% mais rico da população mundial possuía tanto quanto os 99% restantes juntos, e apenas 62 indivíduos possuíam mais que os 3,5 bilhões mais pobres[3]. Essa desigualdade obscena não resulta apenas no consumo de uma proporção imensamente excessiva de recursos mundiais pelos ultrarricos, embora isso aconteça, mas leva a uma concentração de *poder* político e econômico que torna ridículas as pretensões democráticas do capitalismo.

A combinação de riqueza e poder desiguais com o clima extremo e as mudanças climáticas descritas no capítulo 6 já tem impactos desastrosos sobre a maioria da população mundial. A linha não é apenas entre ricos e pobres ou entre conforto e pobreza: é entre a sobrevivência e a morte.

AS VÍTIMAS DA MUDANÇA CLIMÁTICA

A mudança climática e os eventos climáticos extremos não estão devastando seres humanos em todo o mundo de modo aleatório. Não há bilionários entre os mortos nem executivos vivendo em abrigos, tampouco corretores de valores vendo seus filhos morrendo de desnutrição. Na esmagadora maioria, as vítimas são pessoas pobres e desfavorecidas. Do ponto de vista

---

3 Ricardo Fuentes-Nieva e Nick Galasso, "Working for the Few: Political Capture and Economic Inequality", Briefing Paper, *Oxfam International*, 20 jan. 2014, p. 2.

200 Enfrentando o Antropoceno

global, 99% das vítimas de desastres climáticos estão em países em desenvolvimento, e 75% delas são mulheres[4].

O padrão se repete em todas as escalas. Globalmente, o Sul sofre muito mais que o Norte. No Sul, os países mais pobres, principalmente os localizados na África subsaariana, são os mais atingidos. Dentro de cada país, as pessoas mais pobres – mulheres, crianças e idosos – têm maior probabilidade de perder a casa e os meios de subsistência em consequência das mudanças climáticas, bem como de morrer.

O mesmo padrão ocorre no Norte. Apesar da riqueza geral desses países, as pessoas mais pobres sofrem de maneira desproporcional com a aceleração das mudanças climáticas. A maioria das pessoas que morreram na onda de calor de Chicago em 1995 era pobre e idosa, vivia sozinha em pequenos apartamentos ou quartos em que ar-condicionado era um luxo inacessível, em bairros onde abrir as janelas era perigoso.

> A geografia da mortalidade por ondas de calor era consistente com a geografia de segregação e desigualdade da cidade: oito das dez áreas comunitárias que tiveram as maiores taxas de mortalidade eram praticamente todas afro-americanas, com bolsões de pobreza concentrada e crimes violentos, lugares onde os idosos corriam o risco de ficar encolhidos em casa e morrer sozinhos durante a onda de calor.[5]

A fome crônica, que já é um problema grave em grande parte do mundo, será agravada pelas mudanças climáticas. Segundo a Oxfam, as "regiões com maior insegurança alimentar do mundo serão as mais atingidas".

> A produção e os preços dos alimentos já estão sendo afetados globalmente por eventos climáticos extremos. Outros impactos e mudanças climáticas também demonstraram ser um fator-chave em desastres, como a seca de 2011 no Chifre da África. Segundo estimativas, a mudança climática e seus impactos para a

---

4 Global Humanitarian Forum, *Human Impact Report: Climate Change. The Anatomy of a Silent Crisis* (Genebra, Global Humanitarian Forum, 2009), p. 62.

5 Eric Klinenberg, *Heat Wave: A Social Autopsy of Disaster in Chicago* (2. ed. Chicago, University of Chicago Press, 2015), p. xxiii.

Não estamos todos juntos nessa **201**

fome e as doenças transmissíveis são hoje responsáveis por 400 mil mortes por ano nos países mais pobres do mundo. As pessoas mais pobres são as que mais sofrem, pois as mudanças climáticas agravam as condições preexistentes que as tornam mais expostas ao risco de insegurança alimentar.

Hoje, uma em cada oito pessoas vai para a cama com fome. Estima-se que o número de pessoas em risco de fome até 2050 pode aumentar de 10% a 20% a mais do que seria o esperado sem a mudança climática; e a desnutrição infantil pode aumentar 21%, anulando melhorias que possam ocorrer até lá.[6]

A mudança climática não mitigada colocará os países mais pobres do mundo e seus cidadãos mais pobres em uma espiral descendente, fazendo com que centenas de milhões enfrentem desnutrição, escassez de água, ameaças ecológicas e perda de meios de subsistência. As crianças estarão entre as principais vítimas, e os efeitos sobre elas durarão toda a vida: estudos na Etiópia, no Quênia e em Níger mostram que crianças que nascem em ano de seca têm de 41% a 72% mais chances de sofrer problemas de desenvolvimento irreversíveis[7].

EXCLUSÃO E EXTERMINISMO

A maioria dos relatórios e dos estudos que mostram a conexão entre mudança climática e pobreza tratam a questão como um caso trágico, mas inevitável, de causa e efeito: más condições ambientais causam sofrimento humano. Isso é apenas parte da história. Boa parte do que parece ser resultado das mudanças climáticas é causada, na verdade, pelas políticas racistas e excludentes que estão embutidas na lógica ilógica do capitalismo fóssil.

Nos dias seguintes ao furacão Katrina, várias centenas de pessoas, inclusive mães com bebês de colo e adultos em cadeiras de rodas, tentaram deixar New Orleans por uma das poucas rotas de fuga possíveis: a ponte para

---

6 Tracy Carty e John Magrath, *Growing Disruption: Climate Change, Food, and the Fight Against Hunger* (Londres, Oxfam, 2013), p. 3.

7 United Nations Development Program (UNDP), *Human Development Report 2007--2008: Fighting Climate Change, Human Solidarity in a Divided World* (Nova York, Palgrave Macmillan, 2007), p. 89.

202 Enfrentando o Antropoceno

Gretna, pequena cidade do outro lado do rio Mississippi. Ao pé da ponte, agentes da força policial de Gretna, armados com espingardas, bloquearam a passagem e dispararam para o alto a fim de forçá-las a recuar. Dois funcionários do Serviço Médico de Emergência de São Francisco, que ficaram presos na cidade após uma convenção de paramédicos, descreveram a cena:

> Os xerifes nos informaram que não havia ônibus esperando do outro lado. Perguntamos por que não podíamos atravessar a ponte mesmo assim, ainda mais considerando que havia pouco tráfego na rodovia. Eles responderam que a margem oeste não se tornaria New Orleans e que não haveria *superdomes* na cidade deles. Essas palavras eram um código para: se você é pobre e negro, não atravessará o rio Mississippi e não sairá de New Orleans.[8]

Esse episódio foi apenas uma pequena amostra da "separação selvagem" (expressão de Sakia Sassen) que ocorreu em New Orleans em 2005. Chester Hartman e Gregory Squires, cujo relato se intitula "There Is No Such Thing as a Natural Disaster" [Não existe desastre natural], escreveram:

> Aqueles que dispunham de meios partiram quando souberam que a tempestade se aproximava: eles tinham acesso a transporte individual, passagens de avião ou trem, dinheiro para estadia temporária e, em alguns casos, segundas residências. Os hóspedes de um hotel de luxo em New Orleans que ficaram presos foram salvos quando a rede contratou uma frota de ônibus para tirá-los da cidade. Os pacientes de um hospital foram salvos quando um médico que conhecia Al Gore contatou o ex-vice-presidente, que conseguiu burlar a burocracia do governo e fretar dois aviões para levá-los a um local seguro. É isso que significa o termo "capital social" – um recurso distribuído da maneira mais desigual possível por classe e raça [...].

> Não causa surpresa que, quando o Katrina atingiu New Orleans, 45,8% das áreas atingidas fossem negras, em comparação com os 26,4% de áreas não atingidas, e que 20,9% das famílias das áreas atingidas fossem pobres, em comparação com os 15,3% das áreas não atingidas.[9]

---

8 Eric Ruder, "How Katrina Unleashed a Storm of Racism", *Socialist Worker*, 14 out. 2005, p. 8-9. Disponível on-line.

9 Chester W. Hartman e Gregory D. Squires, *There Is No Such Thing as a Natural Disaster: Race, Class, and Hurricane Katrina* (Nova York, Taylor & Francis, 2006), p. 4 e 6.

Todas as análises do Katrina confirmam esse retrato, e houve uma separação selvagem parecida quando o furacão Sandy atingiu Nova York, em 2012. Se essas divisões extremas ocorrem no país mais rico do mundo, é muito pior em lugares onde a norma é a pobreza absoluta.

Em 1980, o historiador inglês e militante pacifista E. P. Thompson propôs a palavra "exterminismo" para designar "características de uma sociedade – expressas em diferentes graus em termos de economia, política e ideo-logia – que a conduziram por uma direção cujo resultado é o extermínio de multidões"[10]. O foco de Thompson eram os resultados potenciais da corrida nuclear, mas outros autores ampliaram o conceito para abranger o impacto da destruição ambiental sistêmica sobre os seres humanos e a sociedade. A melhor definição do termo foi dada por Stan Goff em um resumo das lições do Katrina:

> [Exterminismo é] a aceitação tácita ou manifesta da necessidade de extermínios ou mortes em massa (*começando muitas vezes por deslocamentos em massa*) como preço da acumulação contínua e do domínio político de uma classe dominante [...].

> O exterminismo não é total nem frequentemente caracterizado por ações ofen-sivas contra populações inteiras, mas realizado em geral por intermédio de ne-gligência calculada – cujos instrumentos são a pobreza, a doença, a desnutrição e os desastres "naturais" [...] facilitada muitas vezes pelo isolamento econômico e pelo deslocamento em massa de populações.[11]

Pudemos ver o exterminismo em ação em 2014 e 2015, quando milhares de migrantes do Oriente Médio e da África se afogaram no Mediterrâneo enquanto tentavam chegar à Europa. Eles eram parte de um êxodo em massa desencadeado pelo capitalismo fóssil – pelas piores secas e pelas temperaturas mais altas já registradas na região e pelas guerras brutais provocadas pelos esforços dos Estados Unidos, do Canadá e da Europa ocidental para garantir

10 Edward P. Thompson, "Notes On Exterminism, the Last Stage of Civilization", *New Left Review*, n. 121, 1980, p. 22.

11 Stan Goff, "Exterminism and the World in the Wake of Katrina", *From the Wilderness*. Disponível on-line.

204 Enfrentando o Antropoceno

acesso ao petróleo. Explicando por que o governo do Reino Unido se recusou a apoiar um programa de resgate marítimo que evitaria que refugiados morressem no mar, a ministra de Relações Exteriores, *lady* Anelay, disse à Câmara dos Lordes que o programa "encorajaria mais migrantes a tentar a perigosa travessia marítima, o que provocaria mais mortes trágicas e desnecessárias":

> Entendemos que, ao negar assistência de resgate, deixaremos crianças, mulheres e homens inocentes, que de outra forma teríamos salvado, se afogar. Mas, eventualmente, a notícia de que estamos de fato deixando crianças, mulheres e homens inocentes se afogar se espalhará pelas comunidades devastadas pela guerra na Síria e na Líbia, e outras nações instáveis da região. E quando isso acontecer, eles pensarão duas vezes antes de fazer a viagem. E assim, com o tempo, mais vidas serão salvas.[12]

Isso pode ser chamado de "negligência calculada", mas seria razoável chamar de assassinato. Está nítido que os políticos capitalistas, inclusive muitos dos que ostentam um suposto cristianismo, não têm a intenção de imitar o bom samaritano.

MILITARISMO AMBIENTAL

Os governos que seguem essas políticas dizem que querem ajudar as pessoas a se adaptar para que possam permanecer em seus países de origem, mas as ações desmentem as palavras. Um exemplo é o Green Climate Fund (GCF) [Fundo Verde para o Clima], criado em 2010 para distribuir 100 bilhões de dólares por ano às nações do Terceiro Mundo a fim de ajudá-las a se adaptar às mudanças climáticas. Cinco anos depois, as promessas de doação totalizaram 10,2 bilhões de dólares, e menos de 1 bilhão foi realmente depositado no fundo. Como disse o representante da Índia no Conselho do GCF: "Nesse ritmo, não há muito que possamos fazer"[13].

---

12 Dan Hodges, "Drown an Immigrant to Save an Immigrant: Why Is the Government Borrowing Policy from the BNP?", *The Telegraph*, 24 out. 2014.

13 Sanjay Kumar, "Green Climate Fund Faces Slew of Criticism", *Nature*, v. 527, 2015, p. 419-20.

Isso não quer dizer que os países ricos não estejam gastando dinheiro para lidar com a mudança climática no Terceiro Mundo – eles apenas estão gastando de outras maneiras. Como diz Christian Parenti, a "antecipação do aumento de conflitos em um mundo remoldado pela mudança climática levou os militares do Norte global a abraçarem a adaptação militarizada"[14].

O que poderíamos chamar de "militarismo ambiental" surgiu após a queda da União Soviética, quando os militares dos Estados Unidos procuravam motivos para manter o próprio orçamento o mais alto possível. Um desses motivos apareceu no influente livro de Robert Kaplan *À beira da anarquia*. Em capítulo intitulado "O meio ambiente como poder hostil", Kaplan identificou o novo inimigo:

> É hora de entendermos "o meio ambiente" pelo que ele é: a questão de segurança nacional do início do século XXI. O impacto político e estratégico do aumento populacional, a propagação de doenças, o desmatamento e a erosão do solo, o esgotamento da água, a poluição do ar e, possivelmente, o aumento do nível do mar em regiões críticas e superpovoadas, como o delta do Nilo e Bangladesh – desdobramentos que levarão a migrações em massa que, por sua vez, causarão conflitos entre grupos – serão o principal desafio de política externa do qual decorrerá a maioria dos outros, despertando a população e unindo os diversos interesses remanescentes da Guerra Fria.

O meio ambiente, diz Kaplan, "definirá uma nova ameaça à nossa segurança [...] e fará com que uma política externa pós-Guerra Fria surja inexoravelmente por necessidade e não por projeto"[15].

A Estratégia de Segurança Nacional de Bill Clinton adotou a mesma visão e listou "degradação ambiental, esgotamento de recursos naturais, rápido crescimento populacional e fluxos de refugiados" como riscos de segurança,

---

14 Christian Parenti, "The Catastrophic Convergence: Militarism, Neoliberalism and Climate Change", em Nick Buxton e Ben Hayes (orgs.), *The Secure and the Dispossessed* (Londres, Pluto, 2016), p. 33.

15 Robert D. Kaplan, *The Coming Anarchy*, p. 19-20 [ed. bras.: *À beira da anarquia: destruindo os sonhos da era pós-Guerra Fria*, trad. Carlos Henrique Trieschmann, São Paulo, Futura, 2000].

206 Enfrentando o Antropoceno

juntamente com terrorismo e tráfico de drogas. "Uma classe emergente de questões ambientais transnacionais está afetando cada vez mais a estabilidade internacional e, como consequência, apresentará novos desafios à estratégia dos Estados Unidos"[16].

Levando essa política adiante na era Bush Jr., o Pentágono encomendou em 2003 um estudo intitulado *An Abrupt Climate Change Scenario and Its Implications for United States National Security* [Um cenário de mudança climática abrupta e suas implicações para a segurança nacional dos Estados Unidos]. Os autores, consultores da poderosa Global Business Network, afirmavam que a rápida mudança climática "tem potencial para desestabilizar o ambiente geopolítico, levando a escaramuças, batalhas e até guerras": "Nações que tenham recursos para isso poderão construir fortalezas virtuais em seu entorno, preservando recursos naturais para si. Nações menos afortunadas, em especial aquelas que têm antigas inimizades com vizinhos, podem iniciar lutas para obter acesso a alimento, água potável ou energia".

Eles não deixaram dúvidas sobre quem seria quem nesse cenário:

> É provável que os Estados Unidos e a Austrália construam fortalezas defensivas em seu entorno porque possuem recursos e reservas para alcançar a autossuficiência. Com diversos climas de cultivo, riqueza, tecnologia e recursos abundantes, os Estados Unidos poderiam sobreviver a ciclos de crescimento mais curtos e condições climáticas adversas, sem perdas catastróficas. As fronteiras serão fortalecidas em todo o país para conter imigrantes famintos e não desejáveis das ilhas do Caribe (um problema especialmente grave), do México e da América do Sul. O fornecimento de energia se apoiará em alternativas caras (econômica, política e moralmente), como a nuclear, a renovável, o hidrogênio e contratos com o Oriente Médio.[17]

---

16 White House, *A National Security Strategy of Engagement and Enlargement* (Washington, The White House, 1995), p. 1. Disponível on-line.

17 Peter Schwartz e Doug Randall, "An Abrupt Climate Change Scenario and Its Implications for United States National Security", Relatório, out. 2003, p. 2 e 18. Disponível on-line.

Sejamos claros: trata-se de um apelo ao uso da força armada contra os famintos. Essa foi precisamente a política defendida décadas atrás pelo eugenista e ideólogo da superpopulação Garrett Hardin em um artigo notório de 1974: "Lifeboat Ethics: The Case against Helping the Poor" [A ética do bote salva-vidas: argumentação contra a ajuda aos pobres]. Ele escreveu: "Em um mundo muito distante da perfeição, a atribuição de direitos com base no território deve ser defendida [...]. É improvável que a civilização e a dignidade sobrevivam em todos os lugares; mas é melhor que ela sobreviva em alguns lugares que em nenhum"[18].

O ambientalista Barry Commoner respondeu que tais políticas não têm *nada* a ver com civilização e dignidade:

> Aqui reside, apenas levemente disfarçada, a barbárie. Nega-se o igual direito de todos os habitantes humanos da Terra a uma vida humana. Condena-se a maioria dos povos do mundo ao nível material da barbárie e o restante, as "minorias afortunadas", ao nível moral dos bárbaros. Nem nos minúsculos enclaves de "civilização" de Hardin nem no mundo a seu redor, aquilo que desejamos preservar – a dignidade e a humanidade do homem, a graça da civilização – sobreviveria.[19]

O vazamento do relatório de 2003 causou alvoroço, o que levou o Pentágono a insistir que o cenário era especulativo, mas não a renegar a "fortaleza virtual" como resposta à crise climática. Muitos exemplos – incluindo os muros e as patrulhas armadas na fronteira entre os Estados Unidos e o México, o internamento de refugiados em brutais campos de prisioneiros na Austrália, a denegação de entrada no Reino Unido aos refugiados acampados em Calais e a construção do muro na Hungria para barrar os refugiados sírios – mostram que o principal erro do relatório foi a suposição de que as políticas de exclusão de refugiados apenas seriam aplicadas em caso de mudança climática global repentina. O que Christian Parenti chama

---

18 Citado em Ian Angus e Simon Butler, *Too Many People? Population, Immigration, and the Environmental Crisis* (Chicago, Haymarket, 2011), p. 111.

19 Barry Commoner, *The Closing Circle: Nature, Man, and Technology* (Nova York, Knopf, 1971), p. 297.

208 Enfrentando o Antropoceno

de *política do bote salva-vidas armado* – "responder à mudança climática armando, excluindo, esquecendo, reprimindo, policiando e matando"[20] – é hoje um elemento importante das políticas de mudança climática dos países ricos. E é certamente a parte que mais recebe financiamentos.

As autoridades estadunidenses costumam se referir à mudança climática não como questão de justiça, mas como "multiplicador de ameaças" que deve ser enfrentado com a força. A cientista política Robyn Eckersley afirma que, enquanto os negociadores do clima no país se recusam a se comprometer com ações práticas que possam reduzir as emissões de gases de efeito estufa, os militares tratam ativamente a mudança climática como um problema de segurança causado por terceiros: "Ameaças climáticas são algo que os estrangeiros fazem contra os cidadãos ou contra o território estadunidense"[21].

APARTHEID AMBIENTAL

Em 1844, Friedrich Engels descreveu o cuidadoso planejamento das ruas de Manchester para os "ricos representantes da aristocracia do dinheiro pode[re]m atravessar os bairros operários, utilizando o caminho mais curto para chegar a seus escritórios no centro da cidade, sem se aperceber que estão cercados, por todos os lados, pela mais sórdida miséria"[22]. Hoje, essa separação física é global. O que o arcebispo Desmond Tutu chama de "*apartheid* adaptativo" é coisa comum no Antropoceno[23].

---

20 Christian Parenti, "The Catastrophic Convergence", cit., p. 35.

21 Robyn Eckersley, "Environmental Security, Climate Change, and Globalizing Terrorism", em Damian Grenfell e Paul James (orgs.), *Rethinking Insecurity, War and Violence: Beyond Savage Globalization* (Londres, Routledge, 2009), p. 87.

22 Friedrich Engels, "The Condition of the Working Class in England", em *Collected Works* (MECW), v. 4 (Nova York, International Publishers, 1975-2004), p. 348 [ed. bras.: *A situação da classe trabalhadora na Inglaterra: segundo as observações do autor e fontes autênticas*, trad. B. A. Schumann, São Paulo, Boitempo, 2010, p. 89].

23 UNDP, *Human Development Report 2007-2008*, cit., p. 166.

Enquanto os militares veem as vítimas da mudança climática como inimigas do modo de vida capitalista, as elites globais se prepararam para tempos sombrios, criando espaços protegidos para si, para suas famílias e para seus empregados, com a esperança de garantir mais que sua parte da riqueza do mundo, pouco se importando com o que acontece com os outros.

Mike Davis, ao observar que a mudança climática terá "impactos dramaticamente desiguais entre regiões e classes sociais e infligirá os maiores danos aos países pobres e com menos recursos para uma adaptação significativa", adverte que quem espera soluções no interior da atual ordem social deve acreditar na "transmutação do interesse próprio dos países e das classes ricas em uma 'solidariedade' esclarecida com poucos precedentes na história":

> Em vez de galvanizar a inovação heroica e a cooperação internacional, a crescente turbulência ambiental e socioeconômica pode simplesmente levar a elite pública a tentativas mais frenéticas de se isolar do restante da humanidade. A mitigação global, nesse cenário inexplorado, mas não improvável, seria tacitamente abandonada – como, em certa medida, já foi – em favor de investimentos acelerados em adaptação seletiva para os passageiros de primeira classe da Terra. O objetivo seria a criação de oásis verdes e fechados de riqueza permanente em um planeta em chamas.[24]

Em *Evil Paradises: Dreamworlds of Imperialism* [Paraísos malignos: mundos dos sonhos do imperialismo], Mike Davis e Daniel Bertrand Monk tratam da "secessão espacial e moral sem precedentes dos ricos em relação ao restante da humanidade", em comunidades personalizadas de luxo indescritível:

> Hoje a riqueza moderna e o consumo de luxo estão mais confinados e socialmente restritos a enclaves que em qualquer outro período desde a década de 1890 [...]. Em um planeta no qual mais de 2 bilhões de pessoas sobrevivem com dois dólares ou menos por dia, esses mundos dos sonhos inflamam desejos – de consumo infinito, exclusão social total, segurança física e monumentalidade arquitetônica – que são claramente incompatíveis com a sobrevivência ecológica e moral da humanidade [...].

24 Mike Davis, "Who Will Build the Ark?", *New Left Review*, v. 61, 2010, p. 37-8.

210 Enfrentando o Antropoceno

Isso expande nossa compreensão do que Rosa Luxemburgo e Trótski tinham em mente quando alertaram para o dilema "socialismo ou barbárie" [...]. Trata-se de um distanciamento deliberado e narcisista das tragédias que atingem o planeta. Os ricos simplesmente se refugiarão em seus castelos e aparelhos de televisão, tentando desesperadamente consumir todas as coisas boas da terra durante a vida.[25]

Jatos particulares e superiates permitem que os ultrarricos fujam para os remotos mundos dos sonhos que Davis e Monk descrevem, mas os não tão ricos também podem se proteger dos ataques da Terra, mesmo permanecendo nas cidades em ruínas do Norte. Diz Naomi Klein:

> Estimulados por eventos como a supertempestade Sandy, novos e luxuosos empreendimentos imobiliários estão comercializando infraestrutura privada contra catástrofes banhada a ouro – tudo, desde iluminação de emergência até bombas e geradores alimentados a gás natural, passando por comportas de quase quatro metros e salas hermeticamente fechadas em "estilo submarino", no caso de um novo condomínio em Manhattan. Como disse ao jornal *The New York Times* Stephen G. Kliegerman, diretor de marketing de desenvolvimento da Halstead Property: "Acho que os compradores pagariam com prazer para ficarem relativamente seguros de que não seriam terrivelmente incomodados em caso de desastre natural".[26]

Enquanto isso, a supertempestade deixou milhares de moradores pobres de Nova York presos em conjuntos habitacionais sem eletricidade, aquecimento ou água por até três semanas. "Terrivelmente incomodados" não chega nem perto de descrever a situação.

"A acumulação capitalista", escreveu Marx, "produz constantemente [...] uma população [...] excessiva para as necessidades médias de valorização do capital e, portanto, supérflua". Conforme o capital se expande, "o

---

25 Mike Davis e Daniel Bertrand Monk (orgs.), "Introduction", em *Evil Paradises: Dreamworlds of Neoliberalism* (Nova York, New Press, 2007).

26 Naomi Klein, *This Changes Everything: Capitalism vs. the Climate* (Toronto, Knopf, 2014), p. 51 [ed. port.: *Tudo pode mudar: capitalismo vs. clima*, trad. Ana Cristina Pais, Lisboa, Presença, 2016].

entrelaçamento de todos os povos na rede do mercado mundial" cria uma divisão global sempre crescente entre ricos e pobres. "Com a diminuição constante do número de magnatas do capital, que usurpam e monopolizam todas as vantagens desse processo de transformação, aumenta a massa da miséria, da opressão, da servidão, da degeneração, da exploração."[27]

O que vemos hoje vai além dos horrores descritos por Marx. À medida que saqueia o mundo, o capitalismo torna uma proporção cada vez maior da população não apenas "relativamente redundante", mas *absolutamente excedente* para os fins de lucro do capital. Essas pessoas não são necessárias como produtoras ou consumidoras, e poucas ainda o serão. Assim, como diz David Harvey, elas podem ser abandonadas:

> Não necessariamente a morte por inanição de pessoas expostas e vulneráveis e a destruição generalizada de hábitats prejudicarão o capital (a não ser que isso provoque rebelião e revolução), justamente porque grande parte da população mundial já se tornou redundante e descartável. Além disso, o capital nunca hesitou em destruir as pessoas, quando se trata de lucrar.[28]

Centenas de milhões de pessoas já foram empurradas para as margens da economia global ou além, não tendo acesso aos requisitos mínimos da vida, abandonadas a si mesmas para tentar sobreviver à deterioração do meio ambiente global. Excluídas da economia fóssil, elas se tornarão suas principais vítimas. Eis a lógica insana do exterminismo e das regras do *apartheid*.

Se isso continuar, se o capitalismo fóssil permanecer dominante, o Antropoceno será uma nova idade das trevas, uma era de governo bárbaro de poucos e sofrimento bárbaro da maioria. É por isso que o cabeçalho do jornal *Climate & Capitalism* é uma adaptação do famoso chamado de Rosa

---

27 Karl Marx, *Capital*, v. 1 (Harmondsworth, Penguin, 1976), p. 782 e 929 [ed. bras.: *O capital. Crítica da economia política*, Livro I: *O processo de produção do capital*, trad. Rubens Enderle, São Paulo, Boitempo, 2013, p. 705 e 832].

28 David Harvey, *Seventeen Contradictions and the End of Capitalism* (Oxford, Oxford University Press, 2014), p. 249 [ed. bras.: *17 contradições e o fim do capitalismo*, trad. Rogério Bettoni, São Paulo, Boitempo, 2016, p. 232].

212 Enfrentando o Antropoceno

Luxemburgo à resistência contra o desastre iminente da Primeira Guerra Mundial: "Ecossocialismo ou barbárie: não há terceira via".

Na verdade, como argumenta István Mészáros, a escolha pode ser ainda mais dura: "Se eu tivesse de modificar as palavras dramáticas de Rosa Luxemburgo com relação aos novos perigos que nos esperam, acrescentaria a 'socialismo ou barbárie' a frase 'barbárie se tivermos sorte' – no sentido de que o extermínio da humanidade é um elemento inerente ao curso do desenvolvimento destrutivo do capital"[29].

---

29 István Mészáros, *Socialism or Barbarism: From the "American Century" to the Crossroads* (Nova York, Monthly Review, 2001), p. 80 [ed. bras.: *O século XXI: socialismo ou barbárie?*, trad. Paulo Cezar Castanheira, São Paulo, Boitempo, 2012, p. 108-9].

PARTE III
A ALTERNATIVA

Quando Gus Speth incluiu os gráficos da Grande Aceleração em seu livro *The Bridge at the Edge of the World* [A ponte na beira do mundo], ele deu um nome diferente ao processo exibido por eles: "Se pudéssemos acelerar o tempo, seria como se a economia global estivesse se chocando contra a Terra – a Grande Colisão"[1].

Para compreender plenamente tal afirmação, é importante saber que Speth passou a maior parte da vida adulta tentando salvar o meio ambiente a partir de dentro do sistema. Ele foi consultor ambiental sênior do presidente Jimmy Carter e, mais tarde, de Bill Clinton. Na década de 1990, foi administrador do Programa das Nações Unidas para o Desenvolvimento e presidente do Grupo de Desenvolvimento das Nações Unidas. A revista *Time* o chamou de "o supremo *insider*"[2]. Portanto, é significativo que, após quarenta anos, ele tenha concluído que a estratégia de trabalhar no sistema fracassou porque o próprio sistema capitalista é a causa da destruição ambiental.

Essas características do capitalismo, em sua configuração atual, atuam em conjunto para produzir uma realidade econômica e política que é altamente destrutiva para o meio ambiente. Um compromisso inquestionável da

---

1 James G. Speth, *The Bridge at the Edge of the World: Capitalism, the Environment, and Crossing from Crisis to Sustainability* (New Haven, Yale University Press, 2008), p. 1.

2 Eugene Linden, "Storm Warnings Ahead", *Time*, v. 163, n. 14, 2004, p. 58.

214 Enfrentando o Antropoceno

sociedade com o crescimento econômico a quase qualquer custo; enormes investimentos em tecnologias projetadas com pouca preocupação com o meio ambiente; poderosos interesses corporativos cujo objetivo primordial é crescer gerando lucro, inclusive o lucro de evitar os custos ambientais que eles criam; mercados que sistematicamente não reconhecem os custos ambientais, a menos que sejam compensados pelo governo; governos subservientes aos interesses corporativos e ao imperativo de crescimento; consumismo desenfreado estimulado pelo culto a novidades e pela publicidade altamente especializada; atividade econômica em escala tão ampla que seus impactos alteram as operações biofísicas fundamentais do planeta; tudo isso se combina para gerar uma economia mundial em constante crescimento que mina a capacidade do planeta de sustentar a vida.[3]

O fato de essa crítica vir de alguém que trabalhou tanto tempo dentro do sistema a torna confiável e poderosa. Os gráficos em bastão de hóquei da Grande Aceleração, agora quase totalmente a pique, mostram os impactos críticos do agressivo capitalismo fóssil que se espalha pelo mundo para satisfazer seu apetite por acumulação de capital, queimando quantidades cada vez maiores de combustíveis fósseis para isso. Os impulsos inexoráveis do capitalismo se aceleram a cada dia, as linhas tendenciais continuam a subir, e a crise se torna cada vez mais grave.

Trata-se, de acordo com qualquer parâmetro razoável, de uma emergência planetária. Como afirma o cientista climático James Hansen, "o planeta Terra, a criação, o mundo no qual a civilização se desenvolveu, o mundo com os padrões climáticos que conhecemos e com linhas costeiras estáveis, está em perigo iminente"[4]. Até o fim deste século, alerta o Programa das Nações Unidas para o Desenvolvimento, "o espectro de impactos ecológicos catastróficos pode ultrapassar o limite do possível e tornar-se provável"[5].

---

3 James G. Speth, *The Bridge at the Edge of the World*, cit., p. 7.

4 James Hansen, *Storms of my Grandchildren: The Truth about the Coming Climate Catastrophe and Our Last Chance to Save Humanity* (Londres, Bloomsbury, 2009), p. ix.

5 UNDP, *Human Development Report, 2007-2008: Fighting Climate Change, Human Solidarity in a Divided World* (Nova York, Palgrave Macmillan, 2007), p. 7.

A alternativa 215

O Antropoceno, escrevem três importantes observadores, "anuncia um novo regime geológico de existência para a Terra e uma nova condição humana":

> Viver no Antropoceno significa viver em uma atmosfera alterada pelas 575 bilhões de toneladas de carbono emitidas na forma de dióxido de carbono pela atividade humana desde 1870. Significa habitar uma biosfera empobrecida e artificializada em um mundo mais quente, cada vez mais caracterizado por eventos catastróficos e novos riscos, o que inclui a possibilidade de um planeta sem gelo. Isso significa mares cada vez mais ácidos e com níveis mais altos, um clima desordenado e seu cortejo de sofrimentos novos e desiguais. É um mundo em que a distribuição geográfica da população no planeta sofrerá grande estresse.[6]

O capitalismo levou o sistema terrestre a um ponto de crise na relação entre a humanidade e o resto da natureza. Se o atual estado das coisas se mantiver, o primeiro século do Antropoceno será marcado pela rápida deterioração de nosso ambiente físico, social e econômico. A decadência da biosfera será mais visível no aquecimento global e no clima extremo, mas também podemos esperar aumento no nível dos oceanos, o que provocará inundações generalizadas, colapso de grandes áreas de pesca, rios envenenados etc. Todas as fronteiras planetárias estão ameaçadas, e é possível que ocorra uma catastrófica convergência de falhas no sistema terrestre. Se isso acontecer, o Antropoceno poderá ser a mais curta de todas as épocas, um período de transição do Holoceno para algo muito pior.

A única maneira de evitar essa situação é por meios que são anátemas para o capitalismo. O lucro deve ser banido dos cálculos; todas as mudanças devem fazer parte de um plano global vinculante, elaborado democrática e juridicamente para regular tanto a conversão para energias renováveis quanto a rápida eliminação de setores e atividades, como a produção de armas, a publicidade e a agricultura industrial, que só produzem o que John Ruskin chamou de *illth*, em oposição a *wealth*.

---

6 Clive Hamilton, François Gemenne e Christophe Bonneuil, "Thinking the Anthropocene", em Clive Hamilton, François Gemenne e Christophe Bonneuil (orgs.), *The Anthropocene and the Global Environmental Crisis* (Nova York, Routledge, 2015), p. 5.

216 Enfrentando o Antropoceno

As mudanças físicas são sérias, mas não determinarão por si só como será a vida no Antropoceno – somente a ação (ou inação) humana pode fazer isso. O mundo que nossos filhos e nossos netos herdarão será definido pela maneira como nossa geração responderá à emergência planetária.

12

ECOSSOCIALISMO E SOLIDARIEDADE HUMANA

Nem mesmo uma sociedade inteira, uma nação, ou, mais ainda, todas as sociedades contemporâneas reunidas são proprietárias da Terra. São apenas possuidoras, usufrutuárias dela, e, como boni patres familias *[bons pais de famílias], devem legá-la melhorada às gerações seguintes.*

Karl Marx[1]

Se qualquer tentativa de mudar a sociedade, e não apenas de remendá-la, é rotulada com raiva e desprezo como utópica, então, transformando o insulto em uma medalha de honra, devemos proclamar com orgulho que somos todos utópicos.

Daniel Singer[2]

Em Nova York, em 2012, em meio à devastação e ao sofrimento causados pelo furacão Sandy, aconteceu algo memorável. Enquanto as autoridades federais, estaduais e municipais titubeavam, milhares de pessoas juntaram-se ao *Occupy Sandy*, campanha de ajuda voluntária que forneceu alimentos, roupas e apoio às regiões mais pobres e atingidas da cidade. No auge da movimentação, cerca de 60 mil voluntários estavam trabalhando em dez

---

1 Karl Marx, *Capital*, v. 3 (Harmondsworth, Penguin, 1981), p. 911 [ed. bras.: *O capital. Crítica da economia política*, Livro III: *O processo global da produção capitalista*, trad. Rubens Enderle, São Paulo, Boitempo, 2017, p. 836].

2 Daniel Singer, *Whose Millennium? Theirs or Ours?* (Nova York, Monthly Review, 1999), p. 259.

218 Enfrentando o Antropoceno

centros, em um projeto que priorizava a ajuda mútua, não a caridade – o que realmente atendia às necessidades das pessoas.

Para aqueles que imaginam que os seres humanos são movidos apenas pela ganância e pelo interesse próprio, essa manifestação de solidariedade é incompreensível. Mas, como Rebecca Solnit mostrou em *A Paradise Built in Hell* [Um paraíso construído no inferno], o que aconteceu depois do furacão Sandy acontecera muitas outras vezes antes. Em New Orleans, em 2005, por exemplo,

> milhares de pessoas sobreviveram ao furacão Katrina porque netos, tias, vizinhos ou completos desconhecidos estenderam a mão para os necessitados em toda a costa do golfo e porque uma armada de barcos de comunidades vizinhas e de lugares tão distantes quanto o Texas se dirigiram a New Orleans para resgatar as pessoas ilhadas e levá-las para lugares seguros.[3]

Ao contrário da "minoria que está no poder e age muitas vezes de forma selvagem quando acontece um desastre", Solnit mostra que,

> após um terremoto, um bombardeio ou uma grande tempestade, a maioria das pessoas é altruísta e se engaja rapidamente no cuidado de si mesmas e das pessoas ao redor, desconhecidos e vizinhos, amigos e pessoas queridas. A imagem do ser humano egoísta, em pânico ou regressivamente selvagem em momentos de desastre não é verdadeira. Décadas de pesquisas sociológicas rigorosas sobre o comportamento diante de desastres, desde os bombardeios da Segunda Guerra Mundial até enchentes, tornados, terremotos e tempestades em todo o continente e em todo o mundo, mostraram isso [...].
>
> As emoções positivas que surgem nessas circunstâncias pouco promissoras demonstram que os laços sociais e a realização de um trabalho relevante são profundamente desejados, prontamente improvisados e intensamente gratificantes.

Em tempos normais, "a própria estrutura de nossa economia e de nossa sociedade impede que esses objetivos sejam alcançados". Mas essas "utopias onipresentes e fugazes, que não são impostas nem contraculturais,

---

3 Rebecca Solnit, *A Paradise Built in Hell: The Extraordinary Communities that Arise in Disaster* (Nova York, Penguin, 2010), p. 1.

mas universais", mostram que outro mundo é possível[4]. Elas prefiguram a "sociedade solidária" que Michael Lebowitz descreve em *The Socialist Alternative* [A alternativa socialista].

> Construir uma sociedade solidária significa ir além de nossos interesses particulares – *ou, mais precisamente, entender que nosso interesse particular é viver em uma sociedade na qual todos tenham direito ao pleno desenvolvimento humano.* Isso significa que temos como premissa o conceito de comunidade humana.[5]

A possibilidade de construirmos esse tipo de sociedade é um motivo de esperança no Antropoceno.

O PROBLEMA DO TEMPO

Quanto tempo temos? Em quanto tempo as emissões devem ser drasticamente reduzidas para evitarmos mudanças climáticas perigosas?

A resposta, em certo sentido, é que já é tarde demais. Mudanças climáticas perigosas já estão acontecendo. Mesmo que todas as emissões parem hoje, a situação ainda vai piorar, porque o aquecimento depende da quantidade total de gases de efeito estufa presentes na atmosfera, e as emissões atuais vão demorar anos para produzir todo o efeito. Além disso, os processos naturais que removem o excesso de CO_2 da atmosfera levam séculos, ou até milênios, para fazer seu trabalho. É inevitável que mais geleiras e calotas de gelo derretam, o nível dos oceanos aumente e convivamos com mais condições climáticas extremas.

Kevin Anderson, do Tyndall Centre da Grã-Bretanha, faz uma pergunta melhor: quando cruzaremos a linha entre mudanças climáticas *perigosas* e mudanças climáticas *extremamente perigosas*? É claro que isso depende do que queremos dizer com "extremamente", mas, se concordarmos que

---

4 Ibidem, p. 8, 2, 7 e 21.

5 Michael A. Lebowitz, *The Socialist Alternative: Real Human Development* (Nova York, Monthly Review, 2010), p. 144. Grifo do original.

220 Enfrentando o Antropoceno

o aumento da temperatura global deve ser mantido abaixo de um e meio ou dois graus Celsius, então a resposta é: *não muito tempo*. Para evitar um aumento de dois graus Celsius neste século, a maioria das projeções exigia reduções drásticas de emissões até 2020 e, mesmo assim, após 2050, a maioria exige "emissões negativas" – remoção de CO_2 da atmosfera mediante uso de tecnologias hoje desconhecidas. (De fato, como observou Anderson, muitos dos modelos do IPCC exigem que as concentrações de CO_2 comecem a diminuir a partir de 2010: a menos que se invente a viagem no tempo, essas projeções já fracassaram.)

Portanto, não temos muito tempo. E, dada a recusa dos governantes a agir – ver o fracasso de todas as reuniões da ONU sobre o clima nas últimas duas décadas, que não conseguem adotar medidas concretas contra os combustíveis fósseis –, é improvável que haja tempo para fazer as mudanças necessárias para impedir um aumento de dois graus Celsius.

Se esse limite for ultrapassado, é claro que ambientalistas e socialistas devem continuar lutando para ajudar e abrigar as vítimas das mudanças climáticas e impedir que a destruição continue. Mas, à medida que a destruição aumenta, as barreiras que impedem o desenvolvimento humano sustentável serão cada vez maiores. Como escreve o ecossocialista e cientista atmosférico brasileiro Alexandre Costa, a "luta para evitar um desfecho catastrófico nessa crise gerada pelo capitalismo é a luta para salvaguardar as condições materiais de sobrevivência digna da humanidade [...]. O socialismo não é possível em uma Terra arrasada"[6].

Não sabemos quanto tempo temos, mas sabemos que a luta simplesmente não pode ser postergada. E sabemos que apenas lutar não é suficiente: para ter sucesso, precisamos trabalhar simultaneamente por mudanças imediatas e defender a visão do mundo que queremos construir. Se de fato quisermos mudar o mundo, precisamos reconhecer e resolver o que o saudoso Daniel Singer descreveu como "o dilema enfrentado por todos os partidos

---

6 Alexandre Costa, "Socialism Is Not Possible on a Ruined Planet", *Climate & Capitalism*, 17 abr. 2014. Disponível on-line.

socialistas e, na verdade, por todos os movimentos que não se conformam em governar o mundo tal como ele é":

> O problema é que eles precisam lutar dentro da difícil realidade da sociedade existente e oferecer soluções que, mais cedo ou mais tarde, levarão para além dos limites dessa sociedade. Se eles se limitarem a questões relativas ao futuro [...] acabarão quilômetros à frente do movimento, em um esplêndido isolamento sectário. Contudo, se ficarem atolados nas batalhas diárias e ignorarem o futuro, esquecerão que seu objetivo original era remodelar a sociedade para mudar o destino dos trabalhadores [...]. A verdadeira questão [...] é como conciliar os dois, como defender os interesses dos trabalhadores na sociedade existente e transformar essa luta em uma ofensiva geral que desafie os próprios fundamentos do sistema.[7]

István Mészáros faz a mesma observação, de forma mais firme e concisa: "Sem identificar o *destino geral* da jornada, junto com a *direção estratégica* e a *bússola* necessária adotadas para alcançá-lo, não pode haver esperança de sucesso"[8].

DESTINO: CIVILIZAÇÃO ECOLÓGICA

Nosso objetivo é construir uma *civilização ecológica*, uma sociedade que, como escreve Fred Magdoff, "terá de ser o oposto do capitalismo em basicamente todos os aspectos".

> O capitalismo é incompatível com uma civilização verdadeiramente ecológica porque é um sistema que precisa se expandir continuamente, promovendo o consumo além das necessidades humanas, ignorando os limites dos recursos não renováveis (a torneira) e a capacidade de assimilação de resíduos da Terra (o ralo). Enquanto sistema baseado no individualismo possessivo, ele necessariamente promove a ganância, a competitividade, o egoísmo e a filosofia do

---

7 Daniel Singer, *Whose Millennium?*, cit., p. 259.

8 István Mészáros, *Challenge and Burden of Historical Time: Socialism in the Twenty-first Century* (Nova York, Monthly Review, 2008), p. 250 [ed. bras.: *O desafio e o fardo do tempo histórico: o socialismo no século XXI*, trad. Ana Cotrim e Vera Cotrim, São Paulo, Boitempo, 2007, p. 226].

222 Enfrentando o Antropoceno

après moi le déluge [depois de mim, o dilúvio]. Engels sugeriu que a "verdadeira liberdade humana" só pode ser alcançada em uma sociedade que exista "em harmonia com as leis da natureza".

Embora seja impossível saber como serão as civilizações futuras, podemos ao menos esboçar as características de uma sociedade justa e ecológica. Quando um sistema se transforma, é a história do país e o processo de luta que produzem uma nova realidade. No entanto, para ser ecologicamente saudável, uma civilização deve desenvolver uma nova cultura e uma nova ideologia baseadas em princípios fundamentais, como a igualdade substantiva. Ela deve 1) proporcionar uma existência humana decente para todos: alimentação, água potável, saneamento, assistência médica, moradia, vestuário, educação e possibilidades culturais e recreativas; 2) eliminar a dominação ou o controle dos seres humanos por outros; 3) desenvolver o controle dos trabalhadores e das comunidades sobre fábricas, fazendas e outros locais de trabalho; 4) promover a fácil destituição de membros eleitos; e 5) recriar a unidade entre os seres humanos e os sistemas naturais em todos os aspectos da vida, inclusive agricultura, indústria, transporte e condições de vida [...].

Ela deveria 1) parar de crescer quando as necessidades humanas básicas forem satisfeitas; 2) não induzir as pessoas a consumir mais e mais; 3) proteger os sistemas naturais de suporte à vida e respeitar o fato de que não temos recursos naturais ilimitados, levando em conta as necessidades das gerações futuras; 4) tomar decisões com base nas necessidades sociais/ecológicas de longo prazo, sem negligenciar as necessidades de curto prazo das pessoas; 5) utilizar, na medida do possível, a energia presente (e também a do passado recente), em vez de combustíveis fósseis; 6) estimular as características humanas e a cultura de cooperação, compartilhamento, reciprocidade e responsabilidade para com os vizinhos e a comunidade; 7) possibilitar o pleno desenvolvimento do potencial humano; e 8) promover a tomada de decisões políticas e econômicas verdadeiramente democráticas para as necessidades locais, regionais e multirregionais.[9]

Nossa geração pode não conseguir concretizar plenamente essa visão, mas podemos lançar as bases do que imaginou um dos pioneiros do socialismo revolucionário e do ambientalismo, o poeta e artista britânico William Morris:

---

9 Fred Magdoff, "Ecological Civilization", *Monthly Review*, v. 62, n. 8, 2011, p. 20.

Está claro que a primeira vitória real da Revolução Social será o estabeleci-mento não de um sistema completo de comunismo em um dia, o que seria absurdo, mas de uma administração revolucionária cujo *objetivo definido e consciente* será preparar e estimular, de todas as formas possíveis, a vida huma-na nesse sistema.[10]

Em *Too Many People?*, Simon Butler e eu desenvolvemos essa ideia da seguinte forma: "Em todos os países, precisamos de governos que rom-pam com a ordem existente, que respondam apenas aos trabalhadores, aos agricultores, aos pobres, às comunidades indígenas e aos imigrantes – em uma palavra, às *vítimas* do capitalismo ecocida, e não aos seus beneficiá-rios e representantes".

MARXISMO X PRODUTIVISMO

Como socialistas e marxistas, não compartilhamos a crença "produ-tivista" irresponsável das décadas de 1950 e 1960. Muitas das críticas sociais a essa crença são amplamente justificadas.

Não é preciso aceitar as previsões de inevitável escassez absoluta de energia e matérias-primas como as formuladas pelo Clube de Roma para compreender que a geração atual da humanidade tem a respon-sabilidade coletiva de proporcionar às gerações futuras um meio am-biente e um conjunto de riquezas naturais como precondição para a sobrevivência e o desenvolvimento da civilização humana.

Tampouco é preciso aceitar as consequências empobrecedoras do ascetis-mo e da austeridade permanentes, tão alheios ao espírito básico do mar-xismo, que é o de aproveitar a vida e multiplicar infinitamente as poten-cialidades humanas, para entender que a produção cada vez maior de uma variedade infinita de mercadorias cada vez mais inúteis (cada vez mais, mercadorias totalmente nocivas, prejudiciais tanto ao meio ambiente quanto ao desenvolvimento saudável do indivíduo) não corresponde a

---

10 William Morris e Ernest Belfort Bax, *Socialism: Its Growth & Outcome* (Londres/Nova York, Swan Sonnenschein & Co./Charles Scribner's Sons, 1893), p. 285.

224 Enfrentando o Antropoceno

um ideal socialista. Essa produção apenas expressa as necessidades e a ganância do capital de realizar quantidades cada vez maiores de mais--valor, materializado em uma montanha de mercadorias que não para de crescer.

Mas a rejeição do padrão capitalista de consumo, aliada a uma rejeição não menos categórica da tecnologia capitalista, deve se basear, do ponto de vista socialista, em uma luta vigorosa por tecnologias alternativas que ampliem, e não restrinjam, o potencial emancipatório da maquinaria (ou seja, a possibilidade de libertar todos os seres humanos do fardo do trabalho mecânico, mutilador e não criativo, de facilitar o rico desenvolvimento da personalidade humana para todos os indivíduos com base na satisfação de todas as suas necessidades materiais básicas).

Estamos convencidos de que, uma vez que essa satisfação seja garantida em uma sociedade na qual os incentivos para o enriquecimento pessoal, a ganância e o comportamento competitivo estejam desaparecendo, o ímpeto por mais "crescimento" se concentrará nas necessidades de produção "não material" (ou seja, no desenvolvimento de relações sociais mais ricas). As necessidades morais e psicológicas suplantarão a tendência de adquirir e acumular mais bens materiais.

Por mais "impopulares" que tais convicções possam parecer à luz das modas atuais, acreditamos nas capacidades crescentes da inteligência humana, da ciência humana, do progresso humano, da autorrealização humana (incluindo o autocontrole) e da liberdade humana, sem jamais submeter a defesa de tais liberdades (em primeiro lugar, a liberdade de não passar necessidades, mas também a liberdade de pensamento, de criação, de ação política e social) a qualquer instância paternalista supostamente capaz de assegurá-las à humanidade.

Ernest Mandel[11]

---

11 Ernest Mandel, *Long Waves of Capitalist Development: A Marxist Interpretation* (ed. rev., Londres, Verso, 1995), p. 80-3. As quebras de parágrafo foram acrescentadas para melhorar a legibilidade.

Ecossocialismo e solidariedade humana **225**

Sugerimos no livro algumas medidas que esses governos poderiam tomar:

- Eliminar rapidamente os combustíveis fósseis e os biocombustíveis, substituindo-os por fontes de energia limpa, como energia eólica, geotérmica, ondomotriz e, principalmente, solar.

- Apoiar ativamente a adaptação dos agricultores à agricultura ecológica; defender a produção e a distribuição local de alimentos; trabalhar ativamente para a recuperação do solo e, ao mesmo tempo, eliminar as fazendas industriais e o agronegócio poluidor.

- Introduzir redes de transporte público gratuitas e eficientes e implementar políticas de planejamento urbano que reduzam radicalmente a necessidade de caminhões e carros particulares.

- Reestruturar os sistemas de extração, produção e distribuição para eliminar o desperdício, a obsolescência programada, a poluição e a publicidade enganosa, submetendo as indústrias ao controle público quando necessário e oferecendo recapacitação a todos os trabalhadores e comunidades afetados.

- Adaptar casas e edifícios para obter eficiência energética e estabelecer diretrizes rigorosas para a arquitetura verde em todas as novas estruturas.

- Cessar todas as operações militares nos Estados Unidos e outros lugares; transformar as forças armadas em equipes de recuperação de ecossistemas e ajuda às vítimas de inundações, elevação do nível dos oceanos e outros desastres ambientais.

- Garantir a disponibilidade universal de serviços de saúde de alta qualidade, inclusive controle de natalidade e aborto.

- Lançar programas abrangentes de reflorestamento, agricultura de carbono e biodiversidade.[12]

Muitas outras medidas poderiam ser propostas. As ações exatas desses governos dependerão das circunstâncias pelas quais chegarão ao poder. Isso

---

12 Ian Angus e Simon Butler, *Too Many People? Population, Immigration, and the Environmental Crisis* (Chicago, Haymarket, 2011), p. 198-9.

226 Enfrentando o Antropoceno

incluirá, é claro, questões específicas dos países onde atuam, como situação econômica, força dos setores reacionários, e assim por diante. A capacidade de agir e as medidas que priorizarão também dependerão da quantidade e da extensão dos danos ambientais locais e globais. Quanto mais tempo a humanidade levar para se livrar desse sistema destrutivo, mais tempo ela levará para lidar com suas consequências.

A transformação exigirá novos conhecimentos e novas ciências. Novos projetos com o escopo e a dimensão do International Geosphere-Biosphere Programe (IGBP) serão necessários para propiciar uma base científica sólida para a tomada de decisões e, sobretudo, para garantir que os esforços para recuperar a saúde do sistema terrestre não causem inadvertidamente novos danos.

DESTINO: SOLIDARIEDADE HUMANA GLOBAL

Para decidir quais ações devem ou não ser tomadas, essa administração revolucionária poderia consultar a Carta para o Desenvolvimento Humano proposta por Michael Lebowitz:

1) Todos têm o direito de partilhar do patrimônio social dos seres humanos – um direito igual ao uso e aos benefícios dos produtos da mente e do trabalho sociais – para que sejam capazes de desenvolver todo o seu potencial.

2) Todos têm o direito de desenvolver seu pleno potencial e suas capacidades por meio da democracia, da participação e do protagonismo nos locais de trabalho e na sociedade – processo no qual esses sujeitos ativos têm como precondição a saúde e a educação que lhes permitam fazer pleno uso dessa oportunidade.

3) Todos têm o direito de viver em uma sociedade na qual os seres humanos e a natureza possam ser cultivados – uma sociedade na qual possamos desenvolver todo o nosso potencial em comunidades pautadas pela cooperação e pela solidariedade.[13]

---

13 Michael Lebowitz, *The Socialist Alternative*, cit., p. 131. Lebowitz descreve isso como uma carta *parcial*, porque é uma alternativa às relações capitalistas, e "não aborda outras inversões do desenvolvimento humano, como o patriarcado, a sociedade de castas, o racismo, a não ser implicitamente".

Ecossocialismo e solidariedade humana **227**

No Norte global, em particular, essa carta deve ser vista não apenas como guia para a política interna, mas como referência obrigatória para as relações com os países e povos do Sul. Embora no curto prazo a vitória das forças da esquerda verde no Sul sejam importantes e até mais prováveis que no Norte, sua capacidade de desacelerar a destruição ambiental global é limitada. Para deter o ecocídio capitalista, será necessário que os governos do Norte apresentem os recursos e a vontade de trabalhar em prol da recuperação ambiental global. Esses governos poderão e deverão aceitar responsabilidades em escala mundial e dedicar grande parte dos recursos de seus países à recuperação ambiental. Cuba, que disponibiliza mais profissionais de saúde e assistência médica a outros países do que todos os países do G8 juntos, dá um exemplo de solidariedade humana que os países mais ricos devem imitar em escala muito maior.

Em especial, as nações ricas devem promover concretamente, segundo as palavras de Kolya Abramsky, "fontes baratas (ou gratuitas) e confiáveis de energia eficiente, segura e limpa como um direito humano fundamental, e não como um privilégio ou um serviço"[14]. Somente com o acesso universal à energia baseada em fontes renováveis, as injustiças e as desigualdades grosseiras que o capitalismo fóssil nos legou poderão *começar* a ser superadas. Até e a menos que o Norte global ajude nessa transição global, não temos nenhuma justificativa, nenhum direito de nos opor à decisão do Sul de usar qualquer tipo de combustível e tecnologia disponível para melhorar o padrão de vida de sua população.

Não devemos nos iludir: a recuperação ambiental global não será fácil nem rápida. Para citar apenas um exemplo, as Nações Unidas estimam que serão necessários trinta anos para recuperar a terra natal do povo Ogoni, uma área de apenas 621 quilômetros quadrados no delta do rio Níger devastada pela Shell Oil. O delta do Níger é um exemplo

---

14 Kolya Abramsky, "Racing to 'Save' the Economy and the Planet: Capitalist or Post-Capitalist Transition to a Post-Petrol World", em *Sparking a Worldwide Energy Revolution* (Oakland, AK, 2010), p. 26.

particularmente terrível do papel ecocida do capitalismo, mas há muitos outros em todo o mundo capazes de acabar com qualquer esperança de que a reversão seja fácil.

DESTINO: ECOSSOCIALISMO

Como afirma Fred Magdoff, o capitalismo é incompatível com uma civilização verdadeiramente ecológica. Essa civilização só pode ser uma sociedade socialista, na qual a economia é organizada para atender às necessidades sociais, não para gerar lucro privado, e na qual o poder real cabe à grande maioria, não a um punhado de indivíduos super-ricos e corporações gigantescas.

A palavra "ecossocialismo" migrou do alemão para o inglês por volta de 1980 e hoje é usada por ativistas que concordam que não pode haver uma verdadeira revolução ecológica que não seja socialista nem uma verdadeira revolução socialista que não seja ecológica. O movimento ecossocialista está longe de ser monolítico, mas a maioria dos militantes concordaria que uma sociedade ecossocialista teria de se basear em duas características fundamentais e indivisíveis:

- Ser socialista, comprometida com a democracia, com o igualitarismo radical e com a justiça social; ser baseada na propriedade coletiva dos meios de produção e se empenhar ativamente para eliminar a exploração, o lucro e a acumulação como forças motrizes da nossa economia.

- Ser baseada nos melhores princípios ecológicos, dando prioridade máxima ao fim das práticas antiambientais, à recuperação dos ecossistemas degradados e ao restabelecimento da agricultura e da indústria a partir de princípios ecológicos.

Para dar uma ideia do que isso significa, Joel Kovel, Michael Löwy, Danielle Follett e eu escrevemos a "Declaração ecossocialista de Belém", em 2008. Ela foi endossada por ecossocialistas de cerca de quarenta países e, portanto, é o que mais se aproxima de uma manifestação de consenso global sobre os pontos de vista ecossocialistas. A seguir reproduzo sua conclusão[15].

A ALTERNATIVA ECOSSOCIALISTA

O movimento ecossocialista visa a parar e reverter o processo desastroso de aquecimento global, em particular, e o ecocídio capitalista, em geral, e construir uma alternativa prática e radical ao sistema capitalista. O ecossocialismo se baseia em uma economia transformada a partir dos valores não monetários da justiça social e do equilíbrio ecológico. Critica tanto a "ecologia de mercado" capitalista quanto o socialismo produtivista, que ignorou o equilíbrio e os limites da Terra. Ele redefine o caminho e o objetivo do socialismo a partir de uma estrutura ecológica e democrática.

O ecossocialismo implica uma transformação social revolucionária, com limitação do crescimento e transformação das necessidades a partir do deslocamento dos critérios econômicos qualitativos para critérios qualitativos, ênfase no valor de uso em vez do valor de troca.

Esses objetivos exigem tanto mecanismos democráticos de tomada de decisões na esfera econômica, que permitam que a sociedade defina coletivamente seus objetivos de investimento e produção, quanto a coletivização dos meios de produção. Somente processos decisórios coletivos e a propriedade da produção podem oferecer a perspectiva de longo prazo necessária ao equilíbrio e à sustentabilidade de nossos sistemas sociais e naturais.

A rejeição do produtivismo e a mudança de foco de critérios econômicos quantitativos para critérios qualitativos exigem que a natureza e os objetivos da produção e da atividade econômica em geral sejam repensados. Atividades humanas essenciais, criativas, não produtivas e reprodutivas, como o cuidado da casa, a criação e o cuidado dos filhos, a formação de crianças e adultos e as artes serão valores fundamentais em uma economia ecossocialista.

15 O texto completo foi publicado em Ian Angus, *The Global Fight for Climate Justice: Anticapitalist Responses to Global Warming and Environmental Destruction* (Black Point, Fernwood, 2010), p. 233-8.

MUDANÇA DO SISTEMA, NÃO MUDANÇA CLIMÁTICA

Uma infinidade de projetos para um mundo ecologicamente sustentável fracassa não porque suas propostas de rápida transição para energias renováveis e reorganização racional da produção e do consumo sejam mirabolantes, mas porque não aceitam que o capitalismo é incapaz de concretizá-las.

Uma sociedade socialista administrada por e para seus produtores associados, como Marx qualificou os trabalhadores, tomaria as alavancas de controle da esteira industrial e a paralisaria para que pudéssemos parar e começar a planejar racionalmente o melhor caminho a seguirmos.

Os gastos militares diretos são de mais de 1 trilhão de dólares por ano, dos quais os Estados Unidos são responsáveis por quase 50%. Quando consideramos também os gastos relacionados, os gastos militares nos Estados Unidos ultrapassam 900 bilhões de dólares. Apenas uma fração desse valor eliminaria a fome e a desnutrição, financiaria a educação de todas as crianças, daria acesso a água e saneamento básico e reverteria a disseminação da aids e da malária em todo o mundo. Também possibilitaria a transferência maciça de tecnologias novas e limpas para o Terceiro Mundo, permitindo que os países pobres não passassem pelo estágio industrial sujo do desenvolvimento.

O fim do domínio capitalista também acabaria com a espoliação e poderia haver um desenvolvimento genuíno no Terceiro Mundo. Com o cancelamento das dívidas, os países pobres teriam condições de iniciar um desenvolvimento limpo.

A riqueza da extinta classe capitalista também traria imensos recursos. De acordo com uma pesquisa da Oxfam, o 1% mais rico da população mundial possui mais riqueza que todos os outros 99% juntos: uma sociedade cujo objetivo é a igualdade substantiva usaria essa fortuna para construir um mundo melhor para todos.

Um planejamento socialista genuinamente democrático poderia redirecionar coletivamente a riqueza da sociedade para a pesquisa e o desenvolvimento das tecnologias existentes e de novas tecnologias para atender às necessidades da sociedade, ao mesmo tempo que funcionaria conforme a capacidade do meio ambiente de absorver os resíduos. Poderia expandir rapidamente o uso de energias renováveis e eliminar as usinas de carvão e nucleares.

Com estímulo ao investimento socialmente direcionado para a pesquisa e o desenvolvimento, as energias solar e eólica poderiam ser muito mais baratas que as fontes de energia tradicionais. Poderíamos começar a aproveitar a energia do Sol, que todos os dias fornece 17 mil vezes mais energia que a utilizada por toda a população da Terra.

A dependência capitalista de carros e caminhões particulares começaria a ser revertida com a rápida proliferação de sistemas de transporte público gratuitos e de massa. Com o tempo, as cidades não seriam mais projetadas em função do carro particular, mas em torno de centros residenciais, comunitários e de trabalho, interligados por transporte público eficiente.

Em uma sociedade que trabalha em conjunto para produzir o suficiente para garantir confortavelmente o bem-estar físico e mental e a segurança social das pessoas, e na qual os avanços tecnológicos beneficiam a todos, sem prejudicar o meio ambiente, seria criada uma nova definição social de riqueza.

Nas palavras de Marx e Engels, a riqueza seria definida pelo grau em que proporciona meios para que "todos os membros da sociedade desenvolvam, mantenham e exerçam suas capacidades em todas as direções possíveis", de modo que a "antiga sociedade burguesa, com suas classes e antagonismos de classes", seja substituída por "uma associação na qual o livre desenvolvimento de cada um é a condição para o livre desenvolvimento de todos"*.

Terry Townsend[16]

---

* Karl Marx e Friedrich Engels, *Manifesto Comunista* (trad. Álvaro Pina e Ivana Jinkings, São Paulo, Boitempo, 1998), p. 59. (N. E.)

16 Terry Townsend, "Change the System Not the Climate!", *Green Left Weekly*, n. 696, 26 jan. 2007. Disponível on-line. Editado e atualizado com a permissão do autor.

232 Enfrentando o Antropoceno

Ar e água limpos, solo fértil, acesso universal a alimentos livres de produtos químicos e a fontes de energia renováveis e não poluentes são os direitos humanos e naturais básicos defendidos pelo ecossocialismo. A formulação coletiva de políticas em nível local, regional, nacional e internacional, longe de ser "despótica", equivale ao exercício da liberdade e da responsabilidade comunal pela sociedade. Essa liberdade de decisão constitui uma libertação em relação às "leis" econômicas alienantes do sistema capitalista orientado ao crescimento.

Para evitar o aquecimento global e outros perigos que ameaçam a sobrevivência humana e ambiental, devemos eliminar, reduzir ou reestruturar setores inteiros da indústria e da agricultura e desenvolver outros, proporcionando pleno emprego a todos. Uma transformação tão radical é impossível sem o controle coletivo dos meios de produção e o planejamento democrático da produção e da distribuição. Decisões democráticas sobre o investimento e o desenvolvimento tecnológico devem substituir o controle das empresas capitalistas, dos investidores e dos bancos, para que sirvam ao horizonte de longo prazo do bem comum da sociedade e da natureza.

Os elementos mais oprimidos da sociedade humana, os pobres e os povos indígenas, devem participar plenamente da revolução ecossocialista, revitalizando as tradições ecologicamente sustentáveis e dando voz àqueles que o sistema capitalista não é capaz de ouvir. Uma vez que os povos do Sul global e os pobres em geral são as primeiras vítimas da destruição capitalista, suas lutas e demandas nos ajudarão a definir os contornos da sociedade ecológica e economicamente sustentável que pretendemos criar. Da mesma maneira, a igualdade de gênero é parte integrante do ecossocialismo, e os movimentos de mulheres estão entre os oponentes mais ativos da opressão capitalista. Outros agentes potenciais de mudança revolucionária ecossocialista existem em todas as sociedades.

Tal processo não pode ser iniciado sem uma transformação revolucionária das estruturas sociais e políticas, com o apoio ativo da maioria da população ao programa ecossocialista. A luta dos trabalhadores (operários, agricultores, sem-terra e desempregados) por justiça social é inseparável da luta pela

Ecossocialismo e solidariedade humana **233**

justiça ambiental. O capitalismo, social e ecologicamente explorador e poluente, é inimigo da natureza e dos trabalhadores. O ecossocialismo propõe transformações radicais nas seguintes esferas:

- Sistema energético: substituição de combustíveis e biocombustíveis a base de carbono por energias limpas sob controle comunitário: eólica, geotérmica, ondomotriz e, sobretudo, solar.

- Sistema de transportes: drástica redução do uso de caminhões e carros particulares e sua substituição por transporte público gratuito e eficiente.

- Modelos atuais de produção, consumo e edificação baseados em desperdício, obsolescência programada, competição e poluição: produção apenas de bens sustentáveis e recicláveis e desenvolvimento da arquitetura verde.

- Produção e distribuição de alimentos: defesa da soberania alimentar local, eliminação do agronegócio industrial poluidor, criação de agro-ecossistemas sustentáveis e trabalho ativo de recuperação da fertilidade do solo.

Teorizar e trabalhar para realizar os objetivos do socialismo verde não significa que não devamos lutar por reformas concretas e urgentes agora. Não temos ilusões em relação ao "capitalismo limpo". Devemos trabalhar para impor aos poderes constituídos (governos, empresas, instituições internacionais) mudanças imediatas elementares, mas essenciais:

- redução drástica e obrigatória das emissões de gases de efeito estufa;

- desenvolvimento de fontes de energia limpa;

- disponibilização de um extenso sistema de transporte público gratuito;

- substituição progressiva dos caminhões por trens;

- criação de programas de despoluição;

- eliminação da energia nuclear e dos gastos de guerra.

Essas e outras demandas similares estão no centro da agenda do movimento Justiça Global e dos Fóruns Sociais Mundiais, que promovem, desde 1999

234 Enfrentando o Antropoceno

em Seattle[17], a convergência dos movimentos sociais e ambientais em uma luta comum contra o sistema capitalista.

A devastação ambiental não será detida em salas de reunião, com negociações e tratados: somente uma ação de massas poderá fazer a diferença. Trabalhadores urbanos e rurais, povos do Sul global e povos indígenas em todos os lugares do mundo estão na vanguarda dessa luta contra a injustiça social e ambiental, combatendo as multinacionais que exploram e poluem, o agronegócio que envenena e não tem regulamentação, as sementes geneticamente modificadas que invadem os campos e os biocombustíveis que só agravam a situação de crise alimentar. Devemos promover esses movimentos socioambientais e construir uma solidariedade entre as mobilizações ambientais anticapitalistas do Norte e do Sul.

Essa declaração ecossocialista é um chamado à ação. As classes dominantes encasteladas são poderosas, mas o sistema capitalista está cada dia mais falido financeira e ideologicamente, incapaz de superar as crises econômicas, ambientais, sociais, alimentares e tantas outras que ele mesmo engendra. E as forças de oposição radical estão vivas e em movimento. Em todos os níveis, local, regional e internacional, lutamos para criar um sistema alternativo, baseado na justiça social e ambiental.

E A UNIÃO SOVIÉTICA?

Este livro concentra-se na conexão entre o capitalismo e a crise ambiental global, mas seria desonesto não abordarmos o fato de que alguns dos piores pesadelos ambientais do século XX ocorreram em países que se diziam socialistas.

Karl Marx, exasperado com alguns de seus seguidores franceses, comentou certa vez: "Tudo o que sei é que não sou marxista". Se ele tivesse vivido no

---

17 Referência aos protestos de massas contra a reunião da Organização Mundial do Comércio (OMC) em Seattle, em 1999.

Ecossocialismo e solidariedade humana **235**

século XX, provavelmente teria dito a mesma coisa sobre as políticas ambientais dos regimes que se reivindicavam seus herdeiros políticos.

Para mencionar apenas um exemplo, na década de 1960 as autoridades soviéticas lançaram um grande projeto de desvio de rios no Cazaquistão, no Uzbequistão e no Turcomenistão para irrigar novas plantações de algodão. As plantações vicejaram, e a União Soviética tornou-se o segundo maior exportador de algodão do mundo; no entanto, a região como um todo sofreu um desastre ambiental sem precedentes. Os rios desviados desaguavam no mar de Aral, na época o quarto maior lago do mundo, comparável ao lago Huron. Em 1989, ele tinha menos de 10% do tamanho original. A água que sobrou estava altamente poluída, os lençóis freáticos estavam contaminados, as fazendas foram destruídas pela salinização e o setor pesqueiro, outrora vibrante, desapareceu.

Poderíamos mencionar também o terrível desastre nuclear de Chernobyl ou o fato de que, na década de 1980, a União Soviética era o segundo maior emissor de gases de efeito estufa do mundo. No papel, a legislação ambiental da União Soviética era excelente, mas a poluição do ar e da água eram problemas crônicos.

Os cidadãos soviéticos e de outros países do bloco acreditavam que estavam construindo o socialismo. Para a maioria das pessoas ao redor do mundo, o socialismo era aquilo. Essas sociedades, independentemente de serem chamadas de socialistas ou de outra coisa qualquer, não eram sociedades solidárias e não estavam no caminho de uma civilização ecológica. O que nos faz pensar que futuras tentativas de construir uma sociedade socialista serão melhores?

Na década de 1920 e no início da década de 1930, a União Soviética era líder mundial em ecologia e proteção ambiental. Foi o primeiro país a estabelecer grandes áreas de preservação e um dos primeiros a proibir a caça de espécies ameaçadas de extinção. Houve um grande apoio a cientistas como Vladímir I. Vernádski, que desenvolveu a teoria da biosfera, e Nikolai I. Vavílov, que rastreou pela primeira vez as origens genéticas das principais espécies de plantas alimentícias do mundo.

236 Enfrentando o Antropoceno

Tragicamente, a casta política liderada por Stálin abandonou a visão marxista do socialismo como desenvolvimento humano sustentável, argumentando que a União Soviética poderia superar o capitalismo por meio de uma marcha forçada rumo à industrialização plena, sem desconsiderar os custos humanos e ambientais. Sob Stálin, o movimento ambientalista foi esmagado, as áreas de preservação foram eliminadas e recursos vultosos foram investidos no desenvolvimento irrestrito da indústria pesada. Os ambientalistas que se opuseram foram presos ou executados.

A ecologia soviética renasceu no fim da década de 1950 e, sob muitos aspectos, superou as pesquisas ocidentais. Para darmos apenas um exemplo, Mikhail Ivánovitch Budyko expressou preocupação com o aquecimento global antropogênico na década de 1960 e, em 1980, em seu livro *Global Ecology* [Ecologia global], desenvolveu muitos dos conceitos do que conhecemos hoje como ciência do sistema terrestre. Após o colapso da União Soviética, o trabalho de Budyko se tornou mais conhecido no mundo e, em 1998, ele recebeu o prestigioso prêmio Blue Planet[18].

Na década de 1970, o Estado soviético fez reformas ambientais em resposta à devastação ambiental generalizada de seu território e ao poderoso movimento ambiental liderado por cientistas. Contudo, o apelo de figuras importantes como Evguiéni K. Fiódorov a mudanças mais rápidas e mais radicais não foi atendido, e o resultado foi trágico.

As políticas destrutivas de Stálin e de seus sucessores foram uma catástrofe histórica mundial, mas essa experiência mostrou também que há um caminho alternativo. A adoção de políticas ultraprodutivistas e antiambientais foi uma derrota para a causa socialista na União Soviética, não seu resultado. Como disse em entrevista em 2009 Osvaldo Martínez, presidente da Comissão de Assuntos Econômicos da Assembleia Nacional de Cuba, as experiências da União Soviética são uma lição para os socialistas do século XXI.

---

18 Para uma análise da ciência ecológica soviética após 1950, ver John Bellamy Foster, "Late Soviet Ecology and the Planetary Crisis", *Monthly Review*, v. 67, n. 2, 2015, p. 1-20.

Ecossocialismo e solidariedade humana **237**

O socialismo praticado pelos países do campo socialista reproduziu o modelo de desenvolvimento do capitalismo, no sentido em que o socialismo foi concebido como um resultado quantitativo do crescimento das forças produtivas. Dessa forma, estabeleceu-se uma competição puramente quantitativa com o capitalismo, cuja matriz de desenvolvimento consistia em alcançar esse objetivo sem levar em conta que o modelo capitalista de desenvolvimento se baseia na estruturação de uma sociedade de consumo irrealizável para a humanidade como um todo.

O planeta não sobreviveria. É impossível replicar o modelo de um carro para cada família, o modelo da idílica sociedade estadunidense, Hollywood etc. – é absolutamente impossível, e essa também não pode ser a realidade dos 250 milhões de habitantes dos Estados Unidos, enquanto o resto do mundo tem enorme retaguarda de pobreza.

Portanto, é necessário criar outro modelo de desenvolvimento que seja compatível com o meio ambiente e que funcione de forma muito mais coletiva.[19]

Os fracassos ambientais do bloco soviético no século XX demonstram por que a ecologia deve ocupar um lugar central na teoria socialista, no programa socialista e em todas as suas atividades. Não há garantias, mas nossa única esperança reside na construção de um movimento profundamente comprometido com a substituição do capitalismo por uma civilização ecológica.

---

19 Osvaldo Martínez, "We Are Facing Something More than a Mere Financial Crisis", *Socialist Voice*, 23 mar. 2009. Disponível on-line.

13

O MOVIMENTO DE QUE PRECISAMOS

Somente movimentos sociais de massa podem nos salvar. Porque sabemos para onde está caminhando o sistema atual, caso não seja controlado. Sabemos também, eu acrescentaria, como esse sistema lidará com a realidade de consecutivos desastres relacionados ao clima: com exploração de lucros e aumento da barbárie, a fim de segregar perdedores e vencedores. Para chegar a essa distopia, só precisamos continuar na estrada em que estamos. A única variável restante é a possibilidade de surgir um poder antagônico capaz de bloquear a estrada e, ao mesmo tempo, liberar caminhos alternativos para destinos mais seguros. Se isso acontecer, tudo mudará.

— Naomi Klein[1]

Se você não sabe aonde quer ir, nenhuma estrada o levará até lá. No entanto, saber aonde você quer ir é apenas a primeira parte; não é de forma alguma saber como chegar lá.

— Michael A. Lebowitz[2]

O Holoceno acabou. O Antropoceno começou. Isso não pôde ser revertido. As mudanças climáticas já em curso perdurarão milhares de anos. Nenhuma tecnologia disponível atualmente será capaz de recuperar as espécies extintas em sua antiga abundância. O ácido que tomou os oceanos não

1 Naomi Klein, *This Changes Everything: Capitalism vs. the Climate* (Toronto, Knopf, 2014), p. 450.

2 Michael A. Lebowitz, *The Socialist Alternative: Real Human Development* (Nova York, Monthly Review, 2010), p. 127.

O movimento de que precisamos **239**

pode ser removido. Muitas geleiras já derreteram, e grande parte do gelo polar desapareceu para sempre. O nível dos oceanos continuará subindo.

Independentemente da decisão dos geólogos de alterar formalmente a escala de tempo oficial, não há dúvida de que o sistema terrestre entrou em uma nova época, uma época na qual "as atividades humanas se tornaram tão disseminadas e intensas que passaram a rivalizar com as grandes forças da natureza e estão levando a Terra rumo a uma *terra incognita* planetária"[3]. Nas palavras de Barry Commoner, "o sistema de produção atual é autodestrutivo; o curso atual da civilização humana é suicida"[4].

A questão não é se o sistema terrestre está mudando, mas quanto ele mudará e como viveremos em um planeta em mutação.

A questão não é se a atividade humana é capaz de mudar a Terra, mas se essa capacidade continuará a ser exercida para o lucro e a destruição de curto prazo de alguns ou se será uma força para o bem comum de longo prazo.

A civilização ecológica não vai "surgir do nada". Ela somente será possível graças a um movimento de mudança deliberado e direcionado, um movimento que trabalhe para realizar todas as mudanças possíveis, enquanto o capital ainda estiver no poder, e que, conscientemente, prepare o terreno para a eliminação do capital no futuro.

CONTRAPODER ECOLÓGICO

Em 1864, no manifesto que fundou a Primeira Internacional, Karl Marx relatou como o movimento operário britânico, que ainda não seria capaz de acabar com o capitalismo, havia forçado o Parlamento a promulgar leis que limitavam o poder de exploração dos patrões, limitando a duração da jornada de trabalho. Marx tratou dessa campanha como parte da "grande disputa

3 Will Steffen, Paul J. Crutzen e John R. McNeill, "The Anthropocene: Are Humans Now Overwhelming the Great Forces of Nature?", *Ambio*, v. 38, n. 8, 2011, p. 614.

4 Barry Commoner, *The Closing Circle: Nature, Man, and Technology* (Nova York, Knopf, 1971), p. 295.

240 Enfrentando o Antropoceno

entre o domínio cego das leis da oferta e da procura que formam a economia política da classe média e a produção social controlada por provisão social, que forma a economia política da classe operária". A vitória que se seguiu, segundo ele, "não foi apenas um grande sucesso prático; foi a vitória de um princípio; foi a primeira vez que, em plena luz do dia, a economia política da classe média sucumbiu à economia política da classe operária"[5].

Hoje, enquanto não formos fortes o suficiente para extinguir o capitalismo e conquistar soluções permanentes, devemos trabalhar para construir uma força de oposição capaz de impor, sempre que possível, a implementação da *economia política ecológica*. Talvez as soluções não sejam duradouras, mas podemos fazer que os custos políticos e econômicos da omissão se tornem inaceitáveis para os governantes capitalistas – e, ao fazer isso, podemos ganhar tempo para a Terra e para a humanidade.

Cada vez mais, a emergência planetária afeta diretamente a vida cotidiana dos trabalhadores, dos agricultores, das comunidades indígenas e de todos os oprimidos. Enquanto o capitalismo segue seu impulso inexorável de expansão, independentemente dos danos que cause, veremos – e já estamos vendo – uma resistência cada vez maior. Muitas dessas lutas se concentrarão em questões pontuais, e muitos líderes e combatentes serão iludidos quanto ao que pode ser feito dentro do sistema. É inevitável.

O pior erro que os socialistas podem cometer em tais circunstâncias – e, infelizmente, trata-se de um erro que muitos socialistas cometem – é permanecer à margem, reclamando que determinada campanha não é suficientemente radical ou não condiz com certos pressupostos do que deve ser o movimento.

Como é sabido, Lênin nos advertiu contra a compreensão limitada da luta de classes. Disse que os socialistas devem ser *tribunos do povo*, respondendo a "toda manifestação de arbitrariedade e de opressão, onde quer que se produza e qualquer que seja a camada ou a classe social

---

5 Karl Marx, "Inaugural Address of the International Working Men's Association", MECW, v. 20 (Nova York, International Publishers, 1975-2004), p. 11 [ed. port.: *Obras escolhidas em três tomos*, t. II, trad. José Barata-Moura, Lisboa, Avante!, 1982, p. 5-13].

atingida"[6]. Hoje os socialistas não podem ser tribunos do povo se não forem também *tribunos do meio ambiente*. Devemos responder, dando nosso melhor, a toda manifestação de destruição ambiental capitalista.

Devemos sempre nos lembrar do *insight* extraordinário de Marx de que as pessoas não mudam primeiro a si mesmas para depois mudarem o mundo, *elas mudam a si mesmas mudando o mundo*, e do argumento de Rosa Luxemburgo de que a educação política, a consciência de classe e a organização não podem ser ensinadas "em brochuras ou em folhas volantes; tal educação será adquirida na escola política viva, na luta e pela luta"[7]. Sobre isso, a marxista chilena Marta Harnecker diz o seguinte:

> Ser radical não é uma questão de promover as palavras de ordem mais radicais ou realizar as ações mais radicais, às quais apenas algumas pessoas se juntam porque é algo que assusta a maioria. Ser radical é, antes, criar espaços nos quais amplos setores possam se reunir e lutar. Pois, como seres humanos, crescemos e nos transformamos na luta. Entender que somos muitos e que estamos lutando pelos mesmos objetivos é o que nos torna fortes e nos radicaliza.[8]

UM MOVIMENTO DA MAIORIA

Mudanças sociais e ecológicas tão profundas quanto as que são necessárias hoje não acontecerão simplesmente porque são o certo. Boas ideias não são suficientes. Autoridade moral não é suficiente.

Uma revolução ecossocialista não pode ser feita por uma minoria. Não pode ser imposta por políticos e burocratas, por mais bem-intencionados

---

6   Vladímir I. Lênin, "What Is to Be Done", em *Collected Works*, v. 20 (Moscou, Progress, 1964), p. 423 [ed. bras.: *O que fazer? Questões candentes de nosso movimento*, trad. Paula Vaz de Almeida e Avante!, São Paulo, Boitempo, 2020, p. 97].

7   Rosa Luxemburgo, "The Mass Strike, the Political Party, and the Trade Unions", em Peter Hudis e Kevin Anderson (orgs.), *Rosa Luxemburg Reader* (Nova York, Monthly Review, 2004) p. 182 [ed. port.: *Greve de massas, partido e sindicatos*, trad. Rui Santos, Coimbra, Centelha, 1974, p. 36].

8   Marta Harnecker, *Rebuilding the Left* (Londres, Zed, 2007), p. 4.

242 Enfrentando o Antropoceno

que sejam. Será necessária a participação ativa da grande maioria das pessoas. Nas famosas palavras de Marx: "A emancipação das classes trabalhadoras deve ser conquistada pelas próprias classes trabalhadoras"[9].

E não é apenas porque a democracia é moralmente superior, mas porque as mudanças necessárias não poderão ser realizadas nem serão duradouras se não forem ativamente apoiadas, criadas e implementadas pelo maior número possível de pessoas. Somente o apoio e o comprometimento da maioria podem superar os que são contra a mudança.

A única maneira de superar as forças que hoje imperam, as forças da destruição global, é organizar uma força contrária que possa detê-las e tirá-las do poder. Não existe revolução em que todos ganham e ninguém perde. Em revoluções reais, pessoas que tinham poder e privilégio na sociedade antiga não os têm na nova.

Basta olhar para o atual Congresso dos Estados Unidos e ver pessoas poderosas que resistirão à mudança mesmo que isso custe a destruição do mundo. Essas pessoas têm o apoio das empresas mais ricas do globo e estão dispostas a destruir o planeta para proteger o poder que têm.

E basta olhar para nossos próprios movimentos para ver que os ecossocialistas – na verdade, os socialistas em geral – atualmente são minoria. Não apenas na sociedade como um todo, mas também no movimento ambientalista. Como escreveu o acadêmico marxista Fredric Jameson, vivemos em uma época em que a maioria das pessoas acha mais fácil imaginar o fim do mundo que o fim do capitalismo. A maioria dos ativistas verdes não vê o capitalismo como nosso principal problema – ou, se o veem, não acreditam que a revolução ecossocialista seja possível ou desejável.

Portanto, o desafio dos socialistas não é proclamar a revolução em cada esquina, mas reunir o maior número possível de pessoas, socialistas ou não, que concordam que o vandalismo contra o clima precisa parar. Precisamos trabalhar com todas as pessoas dispostas a participar da luta contra a

---

9 Karl Marx, "Provisional Rules of the Association", MECW, v. 20, cit., p. 14.

mudança climática de maneira geral e contra a indústria de combustíveis fósseis de maneira específica.

Ao contrário dos verdes pálidos, que acham que devemos depositar nossa fé nos políticos liberais, e ao contrário dos defensores dos ataques de guerrilha à infraestrutura, não existe atalho para "criar espaços nos quais amplos setores possam se reunir e lutar".

UM CONTO DE DUAS CIDADES

Que forças determinarão o desfecho da crise planetária no século XXI? Há alguns anos, tivemos uma amostra da composição desse grupo.

Em dezembro de 2009, os países mais ricos do mundo enviaram representantes a Copenhague com instruções não para salvar o clima, mas para impedir qualquer ação que enfraquecesse sua economia capitalista ou prejudicasse suas posições competitivas no mercado mundial. Eles foram bem-sucedidos. O acordo imposto nos bastidores por Barack Obama foi, como escreveu Fidel Castro, "nada mais que uma piada".

Cinco meses após a reunião de Copenhague, em abril de 2010, houve uma reunião muito diferente em Cochabamba, na Bolívia. A convite do presidente boliviano Evo Morales, cerca de 35 mil ativistas de mais de 130 países, muitos deles indígenas, fizeram o que Obama e seus aliados se recusaram a fazer em Copenhague e outros vêm se recusando desde então: elaborar um programa concreto para salvar o sistema terrestre.

Foi elaborado um Acordo do Povo que atribui a responsabilidade pela crise climática ao sistema capitalista e aos países ricos, que "têm uma pegada de carbono cinco vezes maior daquela que o planeta pode suportar". Foram adotadas dezoito declarações principais sobre tópicos como refugiados climáticos, direitos indígenas, transferência de tecnologia e muitos outros. É inimaginável que um programa como esse saia de qualquer reunião de potências ricas ou conferência das Nações Unidas.

244 Enfrentando o Antropoceno

Essas duas reuniões, a de Copenhague e a de Cochabamba, simbolizam a grande divisão que existe na luta pelo futuro da Terra e da humanidade: de um lado, os ricos e poderosos decididos a proteger suas riquezas e seus privilégios, mesmo que o mundo pegue fogo; de outro, povos indígenas, pequenos agricultores e camponeses, ativistas progressistas e trabalhadores de todos os tipos decididos a salvar o mundo dos ricos e poderosos.

A conferência de Cochabamba mostrou, preliminarmente, a aliança de forças que devemos criar para acabar com o sistema capitalista, que está destruindo o meio ambiente. O movimento precisa de estudantes, acadêmicos, feministas e cientistas, mas, para mudar o mundo, a participação ativa de todas as pessoas oprimidas é imprescindível.

O MOVIMENTO DE QUE PRECISAMOS

Como vimos no capítulo 9, Barry Commoner e outros ambientalistas radicais apontaram que um novo regime ecológico havia começado após a Segunda Guerra Mundial, muito antes de ele ter sido identificado e nomeado pelos estudiosos do sistema terrestre. John Bellamy Foster descreveu a transformação do pós-guerra como "uma mudança qualitativa no nível da capacidade humana de destruição"[10].

Pesquisas científicas recentes confirmam plenamente essa conclusão, embora essa posição seja ainda minoritária na esquerda. Alguns socialistas notórios achincalharam essa visão, dizendo que é "catastrofismo", e outros tratam o meio ambiente como apenas uma de muitas preocupações e, possivelmente, um desvio em relação à "verdadeira" luta de classes. Mesmo entre os ambientalistas socialistas, as mudanças qualitativas no sistema terrestre que caracterizam o Antropoceno são pouco reconhecidas.

A construção de um movimento que considere que a luta contra o capitalismo e a luta contra a destruição ambiental global estão inextricavelmente

---

10 John Bellamy Foster, *Vulnerable Planet: A Short Economic History of the Environment* (2. ed., Nova York, Monthly Review, 1999), p. 114.

O movimento de que precisamos **245**

conectadas apresenta desafios únicos, e não vou mentir dizendo que tenho um plano. De fato, uma das lições que podemos aprender com os fracassos do socialismo no século XX é que os planos para criar um movimento que sejam ditados por um poder central e segundo uma fórmula universal sempre falharão. Mas, em minha opinião, para ter alguma chance de sucesso no Antropoceno os movimentos ecossocialistas devem apresentar quatro características.

1. Nós da esquerda verde devemos ser pluralistas e abertos a diferentes pontos de vista

Outra lição do século XX é que blocos socialistas monolíticos não se transformam em movimentos de massas. Eles estagnam e perdem força, brigam e se dividem, mas não mudam o mundo. Portanto, ninguém deve interpretar meus argumentos como um incentivo à fundação de mais uma corrente de esquerda ou à redução do ecossocialismo ao que Marx chamou zombeteiramente de *shibboleth* – um esquema restrito que se interpõe à construção de uma tendência ampla e unida de esquerda verde[11]. Como argumenta Marta Harnecker, a unidade real é incompatível com a ignorância ou a supressão das diferenças.

> Quando falamos de unificação, estamos pensando em "agrupar", "unir" os vários atores em torno desses objetivos, que são de interesse comum. Unificar não significa de forma alguma "uniformizar", "homogeneizar", nem suprimir as diferenças, mas agir em conjunto, aproveitando as diferentes características de cada grupo.[12]

Nossos programas ecossocialistas definem quem somos: eles são o cimento que nos mantém unidos. Mas, dentro dessa estrutura ampla, devemos entender que nenhum de nós tem o monopólio da verdade e nenhum de nós tem a chave mágica do reino ecossocialista. Sem dúvida, discordaremos em muitas questões, e nossos debates serão intensos. Mas se concordamos que não pode haver uma verdadeira revolução ecológica se ela não for socialista

---

11 Karl Marx: "A seita busca sua *raison d'être* [razão de ser] e seu *point d'honneur* [ponto de honra], não no que tem em comum com o movimento de classe, mas no *shibboleth* [xibolete] particular que a distingue desse movimento" (MECW, v. 43, cit., p. 133).

12 Marta Harnecker, *Rebuilding the Left*, cit., p. 78.

246   Enfrentando o Antropoceno

e não pode haver uma verdadeira revolução socialista se ela não for ecológica, então o que nos une é mais importante que nossas diferenças.

2. Devemos aprimorar constantemente nossa análise e nosso programa à luz das mudanças das circunstâncias políticas e do conhecimento científico

Não existe nem nunca existirá um programa ecossocialista perfeito e imutável, um documento que possamos consultar e dizer: "É isso, não haverá mais mudanças, sabemos para sempre o que devemos fazer". Temos os pontos de partida, agora é apoiar-se neles usando o método marxista, as melhores pesquisas científicas e as experiências concretas das lutas por mudanças em uma ampla variedade de lugares e situações.

No século passado, muitos marxistas trataram o marxismo – geralmente a partir de uma formulação específica, interpretada por um ou outro líder socialista – como um conjunto de textos sagrados que continham todas as respostas. Essa abordagem é estranha ao marxismo, que fornece um *método*, mas não respostas imutáveis. Não há substitutos para o exame concreto de processos e tendências que impulsionam as mudanças sociais, políticas, econômicas e ambientais: sem essa observação e essa análise, o ecossocialismo será irrelevante no mundo real que precisamos transformar.

Igualmente estranha ao marxismo é a rejeição "pós-moderna" da ciência natural, que às vezes passa por um pensamento profundamente radical. Embora o pós-modernismo esteja atualmente menos em voga, sua influência ainda é visível na hostilidade impulsiva de certos acadêmicos de esquerda à ciência antropocênica e até mesmo aos próprios cientistas que estudam essas questões. Determinados a construir barreiras contra possíveis contaminações por novas ideias, não percebem a importância das descobertas feitas por pessoas que, como salienta Dipesh Chakrabarty, "não são necessariamente acadêmicos anticapitalistas e, no entanto, claramente [...] também não são a favor do capitalismo de sempre"[13].

---

13 Dipesh Chakrabarty, "The Climate of History: Four Theses", p. 24.

Podemos aprender com o exemplo de Marx e Engels, que estudaram cuidadosamente as descobertas científicas e tecnológicas de sua época e se esforçaram para entender como os novos conhecimentos científicos poderiam ampliar, aprofundar ou mudar sua compreensão da complexa relação da humanidade com o restante da natureza.

É difícil lidar adequadamente com circunstâncias mutáveis e novos conhecimentos científicos, porque exige pensar e responder de forma criativa, não apenas repetir velhas palavras de ordem. No entanto, isso é essencial.

3. Devemos ser internacionalistas e anti-imperialistas

Todo ambientalista sério deve ser internacionalista, pois os ecossistemas não respeitam fronteiras nacionais. Particularmente, não existe solução nacional para a mudança climática. É preciso lutar pelas respostas necessárias em cada país, mas somente a mudança global pode reverter o quadro. A comunicação, a colaboração e a solidariedade internacionais são absolutamente essenciais.

Hoje as lutas mais importantes e mais impactantes em favor da justiça ambiental estão acontecendo no Terceiro Mundo. Os ecossocialistas dos países imperialistas precisam, no mínimo, divulgar e angariar apoio a esses movimentos. Devemos manifestar nossa solidariedade da forma mais concreta possível – mas nosso internacionalismo deve ser mais que apenas torcer pelas lutas distantes. Devemos levantar nossa voz em prol da justiça ambiental concreta.

Já se disse muitas vezes que os povos do Sul e os povos indígenas de todo o mundo são as principais vítimas das mudanças climáticas e outras formas de destruição ambiental. O que não se diz com tanta frequência, mas é tão ou mais importante, é que os principais criminosos ambientais são os "nossos" capitalistas do Norte. Isso torna obrigatório que os ecossocialistas dos países ricos assumam uma responsabilidade especial: a de combater as políticas de nossos governos e das empresas sediadas em nossos países.

Devemos destacar e apoiar especialmente as demandas formuladas no Acordo dos Povos de Cochabamba, que inclui:

248 Enfrentando o Antropoceno

- Apoio financeiro para adaptação às mudanças climáticas e desenvolvimento de uma agricultura ecologicamente correta.

- Transferência direta de energia renovável e outras tecnologias aos países mais pobres para que possam se desenvolver economicamente sem contribuir para o aquecimento global.

- Oposição às chamadas soluções de mercado e à mercantilização da natureza, o que implica rejeitar o comércio de carbono sob todas as suas formas.

- Acolhimento dos refugiados do clima em nossos países, oferecendo-lhes uma vida digna e direitos humanos plenos.

4. Devemos participar ativamente das lutas ambientais e construir lutas tanto grandes quanto pequenas

Sinceramente, se não conseguimos suspender a construção de um oleoduto, impedir o *fracking* ou convencer uma universidade a parar de investir na indústria petrolífera, como podemos imaginar que vamos derrubar o capitalismo? Um movimento socialista que não tenha como objetivo central a defesa da sobrevivência humana não é digno desse nome.

Precisamos desacelerar ao máximo a pulsão ecocida do capitalismo e revertê-la onde pudermos, conquistando todas as vitórias possíveis contra as forças de destruição. Como já afirmei, nossos governantes não mudarão espontaneamente, mas a oposição das massas pode forçá-los a agir, mesmo contra sua vontade. Nossas palavras de ordem devem ser: deixem o petróleo no solo, deixem o carvão na mina, deixem o betume no chão.

Nossa meta deve ser reunir todos – socialistas, liberais, verdes radicais, sindicalistas, feministas, ativistas indígenas e outros –, *todos* os que estejam dispostos a exigir ações decisivas para reduzir as emissões de gases de efeito estufa. Para citar novamente Edward P. Thompson, na luta contra o exterminismo "as diferenças secundárias devem ser subordinadas ao imperativo ecológico humano": "O imobilismo que às vezes toma a esquerda marxista baseia-se num grande erro: achar que o rigor teórico ou a adoção de uma postura 'revolucionária' é o objetivo da política. O objetivo da política é agir, e agir *de modo efetivo*"[14].

É claro que também devemos reunir os ecossocialistas conscientes, mas isso não está em conflito com a tarefa descrita acima. Lutar por ganhos imediatos contra a destruição capitalista e lutar por um futuro ecossocialista não são atividades separadas, mas aspectos de um processo integrado.

É por meio de lutas unificadas que visam a conquistas imediatas e reformas ambientais que os trabalhadores, os agricultores e os povos indígenas podem construir as organizações e o conhecimento coletivo de que precisam para se defender e promover seus interesses. As vitórias conquistadas em lutas parciais ajudam a criar a confiança necessária para atingir objetivos maiores.

Não há garantias. O marxismo não é determinista. Uma revolução ecossocialista não é inevitável. Ela só acontecerá se as pessoas decidirem conscientemente que ela é necessária e adotarem as medidas necessárias para realizá-la. Marx e Engels apresentaram a alternativa: a luta de classes levará a "uma transformação revolucionária da sociedade inteira" ou à "destruição das duas classes em conflito"[15].

No Antropoceno, a ruína de todos, a destruição da civilização, é uma possibilidade muito real. É por isso que precisamos de um movimento com visão clara, um programa ecossocialista que possa fazer a ponte entre a raiva espontânea de milhões de pessoas e o início de uma transformação ecossocialista.

Marx diz que a humanidade faz sua própria história, mas sob condições que ela não escolhe. O Antropoceno é uma ilustração poderosa dessa verdade,

---

14 Edward P. Thompson, "Notes on Exterminism, the Last Stage of Civilization", *New Left Review*, v. 121, 1980, p. 31.

15 Karl Marx e Friedrich Engels, "Manifesto of the Communist Party", MECW, v. 6, p. 82 [ed. bras.: *Manifesto Comunista*, trad. Álvaro Pina e Ivana Jinkings, São Paulo, Boitempo, 2010, p. 40].

250 Enfrentando o Antropoceno

uma ilustração que Marx não poderia prever. Estamos enfrentando o desafio de transformar o mundo em um contexto de desastre ambiental iminente e global. Essa é a realidade de nosso tempo. A forma como construiremos o socialismo, o tipo de socialismo que seremos *capazes* de construir, será fundamentalmente moldada pelo estado do planeta no qual vamos ter de construí-lo. Quanto mais tempo levarmos para iniciar as mudanças necessárias, mais difícil será a transformação.

O aforismo de Antonio Gramsci ("pessimismo da razão, otimismo da vontade") define nossa atitude no Antropoceno. Sabemos que o desastre é possível, mas recusamo-nos a nos render à desesperança. Se lutarmos, *poderemos* perder; se não lutarmos, *perderemos*. A sorte ou o azar podem entrar no jogo, mas a luta consciente e coletiva para deter o trem infernal do capitalismo é nossa única esperança de um mundo melhor.

Como também disse Gramsci: "É necessário, com espírito corajoso e boa consciência, salvar a civilização. Devemos deter a dissolução que corrói e corrompe as raízes da sociedade humana. A árvore nua e estéril pode tornar-se verde novamente. Não estamos prontos?"[16].

---

16 *L'Ordine Nuovo*, 15 maio 1919. Citado em Gwyn A. Williams, *Proletarian Order: Antonio Gramsci, Factory Councils and the Origins of Italian Communism, 1911-1921* (Londres, Pluto, 1975), p. 11.

Apêndice
CONFUSÕES E EQUÍVOCOS

Nos círculos ambientalistas, há um histórico de culpar os seres humanos pelos problemas ambientais. Nossa espécie foi tachada de praga, vírus e câncer e comparada a uma nuvem de gafanhotos; ouvimos que as pessoas são o inimigo permanente da natureza e que, sem uma redução radical da população, todas as outras medidas de proteção ambiental certamente fracassarão.

Como escreveu Murray Bookchin, os ambientalistas neomalthusianos responsabilizam pelas crises ambientais "uma espécie vaga chamada humanidade – como se as pessoas não brancas fossem equiparáveis às brancas, as mulheres, aos homens, o Terceiro Mundo, ao Primeiro Mundo, os pobres, aos ricos e os explorados, a seus exploradores"[1].

Se levarmos em conta a prevalência das opiniões que "culpam as pessoas" nos círculos verdes conservadores, não é de estranhar que alguns radicais tenham reagido com desconfiança a uma época batizada com a palavra grega *anthropos* [seres humanos]. Os ensaios a seguir respondem a duas preocupações com certa penetração na esquerda: a visão de que a ciência do Antropoceno culpa toda a humanidade pela crise planetária e a afirmação correlata de que os cientistas escolheram um nome inadequado para a nova época.

---

1 Murray Bookchin, "Social Ecology versus Deep Ecology : A Challenge for the Ecology Movement", *Green Perspectives: Newsletter of the Green Program Project*, n. 4-5, 1987. Disponível on-line.

1. A CIÊNCIA DO ANTROPOCENO CULPA TODA A HUMANIDADE?

É evidente que as pessoas mais pobres são as que mais sofrem com as mudanças climáticas e sua situação piorará muito, caso as tendências atuais se mantenham. A injustiça desse fato é especialmente terrível porque, como demonstraram vários estudos, os mais atingidos são os menos responsáveis. Por exemplo, Stephen Pacala, do Instituto de Meio Ambiente da Universidade de Princeton, calcula que "os 3 bilhões de pessoas mais pobres [...] não emitem basicamente nada [...]. O desenvolvimento dos extremamente pobres não conflita com a solução do problema climático, que é um problema dos muito ricos"[2].

Esse fato é tão amplamente conhecido e aceito que torna-se chocante que alguns autores de esquerda acusem os cientistas do Antropoceno de culpar as pessoas de forma geral pelas mudanças globais – ou "a narrativa do Antropoceno" de ver a humanidade como um todo indiferenciado e ignorar as diferenças entre os países, as classes e as instituições. Por exemplo:

* Kierán Suckling, do Center for Biological Diversity, critica o fato de o nome identificar a causa da mudança na "humanidade como um todo, não nas estruturas de poder identificáveis que são as mais responsáveis pelos traços geológicos do Antropoceno"[3].

* O teórico da ecologia mundial (*World-ecology*) Jason Moore diz que, do ponto de vista do trabalho dos cientistas do Antropoceno, "o mosaico da atividade humana na teia da vida é reduzido a uma humanidade abstrata: uma unidade de ação homogênea". Ele os acusa de tratar "a humanidade como um todo indiferenciado" e oferecer "uma metateoria da humanidade como agente coletivo"[4].

2 Citado em Fred Magdoff e John Bellamy Foster, *What Every Environmentalist Needs to Know about Capitalism: A Citizen's Guide to Capitalism and the Environment* (Nova York, Monthly Review, 2011), p. 32.

3 Kierán Suckling, "Against the Anthropocene", *Immanence*, 7 jul. 2014. Disponível on-line.

4 Jason W. Moore, *Capitalism in the Web of Life: Ecology and the Accumulation of Capital* (Londres, Verso, 2015), p. 169-73.

Apêndice. Confusões e equívocos 253

- O ambientalista australiano Jeremy Baskin diz que "o rótulo Antropoceno tende a universalizar e normalizar uma pequena parcela da humanidade como 'o ser humano do Antropoceno' [...]. Os impactos que foram causados por uma minoria (e, em grande parte, para seu próprio benefício) são atribuídos a toda a humanidade"[5].

- Houve até uma petição na Internet que acusava os geólogos que apoiam a declaração de uma nova época, o Antropoceno, de "incentivar o fatalismo e os mitos sobre a miséria da natureza humana" e atribuir a culpa dos problemas ambientais a "uma característica 'humana' essencial"[6].

Essas acusações seriam graves, se fossem verdadeiras. Significariam que alguns dos cientistas mais respeitados do mundo estão ignorando fatos óbvios. Pior: que esses cientistas são aliados de populistas reacionários que propõem salvar o mundo à custa da morte de bilhões de pessoas.

Felizmente essas acusações não são verdadeiras. São apenas reflexo de preconceitos sobre o que *pode* significar o conceito de Antropoceno e não têm absolutamente nada a ver com o trabalho dos cientistas que o definiram.

Isso não quer dizer que não haja pessoas que defendam a ideia de que o problema é quem escreve sobre o Antropoceno. Os cientistas não são imunes a visões sociais equivocadas, e o termo Antropoceno foi adotado por gente de muitos campos diferentes – poetas, filósofos, músicos, críticos literários, jornalistas e outros – que o utilizam como cabide para pendurar seus próprios preconceitos.

O que realmente surpreende é que as passagens neomalthusianas sejam tão raras na literatura científica sobre o Antropoceno. O crescimento populacional é mencionado com frequência como um dos vários fatores associados à Grande Aceleração, mas raramente é identificado como o principal problema, e a redução populacional também não é defendida como condição *sine qua non* para qualquer resposta eficaz às mudanças globais.

---

5 Jeremy Baskin, "The Ideology of the Anthropocene", *Melbourne Sustainable Society Institute*, 1º maio 2014. Disponível on-line.

6 Ver: <http://petitions.moveon.org/sign/against-the-official-2>.

254 Enfrentando o Antropoceno

De fato, os ideólogos superpopulacionistas estão entre os *oponentes* mais hostis do projeto Antropoceno. A socióloga Eileen Crist, defensora proeminente da redução da população global, é um exemplo: ela escreveu páginas e mais páginas em uma prosa afetada para denunciar o "discurso antropocênico" como "uma política planetária supremacista da espécie humana"; um exemplo do "complexo de supremacia humana"; uma "narrativa consagrada pela tradição de ascensão da humanidade à espécie distinta" que "transmite uma crença antropocêntrica familiar" e "cristaliza o domínio humano [...] considerando nossa identidade de mestres um destino quase natural e, de certa forma, incrível". Isso é motivo, escreve ela, "para banirmos a palavra Antropoceno" antes que ela se popularize[7].

Como escreveu Jedediah Purdy, o "Antropoceno não parece fazer as pessoas mudarem suas convicções mais caras. Na verdade, ele as torna mais fortes"[8].

Se os críticos estivessem desafiando os mal-entendidos mais comuns ou as interpretações erradas do Antropoceno, estariam em terreno mais firme, mas não é o caso. Eles acusam todo o campo dos estudos antropocênicos de inerentemente problemático e atribuem a culpa a cientistas específicos, inclusive alguns dos mais importantes nesse campo, como Paul Crutzen, Will Steffen e Jan Zalaciewicz.

Esses críticos estão tão convencidos de que os cientistas da natureza não entendem as questões sociais que não têm em vista um conjunto substancial de evidências contrárias. Se leram realmente os artigos científicos que citam em suas notas de rodapé, devem ter usado uma viseira ideológica.

Por exemplo, praticamente todos os artigos sobre o Antropoceno mencionam o artigo "Geologia da humanidade", de Paul Crutzen, que foi o primeiro artigo sobre o tema publicado em uma revista importante. No artigo, Crutzen diz claramente que "esses efeitos têm sido causados em grande

---

7 Eileen Crist, "On the Poverty of Our Nomenclature", *Environmental Humanities*, v. 3, n. 1, 2013, p. 129, 130, 133, 140 e 141.

8 Jedediah Purdy, "Anthropocene Fever", *Aeon*, 31 mar. 2015. Disponível on-line.

Apêndice. Confusões e equívocos **255**

parte por apenas 25% da população mundial"[9]. Pode-se questionar suas estatísticas ou suas visões sociais em geral, mas é evidentemente falsa a afirmação de que ele trata a humanidade como um todo indiferenciado.

A afirmação de Crutzen não é isolada. Os cientistas que estão na vanguarda do projeto Antropoceno rejeitaram repetida e explicitamente qualquer narrativa do tipo "a culpa é de todos os seres humanos". O livro mais conceituado sobre a ciência do Antropoceno, *Global Change and the Earth System*, inclui passagens como:

• "As tendências atuais sugerem que a diferença entre ricos e pobres está aumentando quase universalmente, tanto nos países quanto entre os países [...]. [As diferenças de riqueza] estão frequentemente ligadas a economias políticas diferentes e seus efeitos sobre a capacidade dos países e regiões de proteger recursos ou impor regras para seu uso. Já foi demonstrado que as diferenças de riqueza entre os países têm impactos significativos no uso dos recursos naturais".[10]

• "A ênfase na variável populacional pode acabar culpando as vítimas (como no caso das altas taxas de fertilidade entre famílias economicamente marginais nos trópicos) por consequências do desmatamento das florestas tropicais e a desnutrição causada pela fome. Na verdade, a fome e a desnutrição modernas estão mais intimamente relacionadas a questões de direitos e distribuição de alimentos que ao crescimento populacional".[11]

• "A pressão demográfica e a pobreza têm sido frequentemente citadas como as principais causas do desmatamento das florestas tropicais. No entanto, uma análise cuidadosa de um grande número de estudos de caso nos trópicos sugere que um conjunto mais complexo de fatores, dos quais falhas de mercado e de políticas públicas, condições de negociação e dívidas, são influências mais prováveis sobre os padrões e as trajetórias das mudanças no uso da terra nos trópicos. Conforme observado em uma extensa revisão de literatura, as florestas são derrubadas porque é lucrativo para uma pessoa ou um grupo".[12]

---

9 Paul J. Crutzen, "The Geology of Mankind", *Nature*, v. 415, n. 3, 2002, p. 23 [ed. port.: "Geologia da humanidade", *Anthropocenica*, v. 1, 2020, p. 117-9].

10 Will Steffen et al. (orgs.), *Global Change and the Earth System: A Planet under Pressure* (Berlim, Springer, 2004), p. 89-90.

11 Ibidem, p. 96.

12 Ibidem, p. 102.

256 Enfrentando o Antropoceno

- "Um quarto da população mundial continua em situação de pobreza extrema. A desigualdade tem aumentado em muitos países e entre os países, e as interações entre a pobreza e o meio ambiente têm importância local, regional e global".[13]

- "Em um mundo em que a disparidade entre ricos e pobres, tanto nos países quanto entre eles, está crescendo, as questões de equidade são importantes em qualquer análise sobre a gestão ambiental global".[14]

Um artigo assinado por alguns dos nomes mais notáveis da ciência do Antropoceno, revisado por pares e publicado em 2011, é ainda mais claro:

> O aumento após 2000 nas taxas de crescimento de economias que não fazem parte da OCDE (por exemplo, China e Índia) é evidente, mas os países da OCDE ainda são responsáveis por cerca de 75% da atividade econômica mundial. Por sua vez, os países excluídos da OCDE continuam a dominar a tendência de crescimento populacional. A comparação dessas duas tendências mostra que o consumo nos países da OCDE, e não o crescimento populacional no resto do mundo, foi o fator mais importante para as mudanças climáticas durante a Grande Aceleração.

> Os países ricos do mundo são responsáveis por 80% das emissões cumulativas de CO_2 desde 1751; as emissões cumulativas são importantes para o clima em razão da longa vida útil do CO_2 na atmosfera. Os países mais pobres do mundo, com uma população somada de cerca de 800 milhões de pessoas, contribuíram com menos de 1% das emissões cumulativas.[15]

Se esses exemplos não forem suficientes para refutar a acusação de que a ciência do Antropoceno culpa toda a humanidade pelas ações de uma pequena minoria, podemos mencionar ainda dois documentos de 2015 que foram marcantes: a atualização do Quadro das Fronteiras Planetárias e a atualização das estatísticas e gráficos da Grande Aceleração, discutidos no capítulo 4. Os autores do primeiro escreveram:

> Os níveis atuais dos processos das fronteiras e as transgressões das fronteiras que já ocorreram são causados de forma desigual por diferentes sociedades humanas

---

13 Ibidem, p. 140.

14 Ibidem, p. 305.

15 Will Steffen et al., "The Anthropocene: From Global Change to Planetary Stewardship", *Ambio*, v. 40, 2011, p. 746. Disponível on-line.

e diferentes grupos sociais. Os ganhos de riqueza que essas transgressões trouxeram também são distribuídos de forma desigual social e geograficamente. É fácil prever que a distribuição desigual da causa e dos benefícios continuará, e essas diferenças certamente devem ser enfrentadas para que um estado do sistema terrestre semelhante ao do Holoceno seja legitimado e mantido com sucesso.[16]

Na atualização sobre a Grande Aceleração, os cientistas ligados ao IGBP escreveram:

> Em 2010, os países da OCDE representavam 74% do PIB mundial, mas apenas 18% da população do globo. Se a pegada no sistema terrestre aumenta de acordo com o consumo, a maior parte da pegada humana no sistema terrestre é proveniente dos países da OCDE. Isso aponta para a profunda desigualdade global, que distorce a distribuição dos benefícios da Grande Aceleração e atrapalha os esforços para lidar com seus impactos no sistema terrestre [...].
>
> A Grande Aceleração foi, até muito recentemente, quase inteiramente impulsionada por uma pequena fração da população humana, aquela dos países desenvolvidos.[17]

Não estou sugerindo que a análise social apresentada pelos cientistas do sistema terrestre até o momento seja completa nem que seja adequada: pelo contrário, o problema da desigualdade é muito mais sério do que sugerem essas passagens. No entanto, a acusação de que a ciência do Antropoceno culpa toda a humanidade pelas ações de uma pequena minoria e ignora as desigualdades de riqueza e poder simplesmente não se sustenta.

2. O QUE CONTÉM UM NOME?

Em um dos volumes do *Guia do mochileiro das galáxias**, de Douglas Adams, um comitê de gerentes de marketing, preso em um planeta pré-histórico,

---

16 Will Steffen et al., "Planetary Boundaries: Guiding Human Development", *Science*, v. 347, n. 6223, 2015, p. 9.

17 Idem, "Trajectory of the Anthropocene: The Great Acceleration", *Anthropocene Review*, v. 2, n. 1, 2015, p. 91.

* Os cinco volumes da série estão reunidos em *O guia definitivo do mochileiro das galáxias* (trad. Carlos Irineu da Costa, Marcia Heloísa Amarante Gonçalves e Paulo Henriques Britto, São Paulo, Arqueiro, 2016). (N. E.)

258 Enfrentando o Antropoceno

é incapaz de inventar a roda. Respondendo a um crítico, o presidente do comitê diz: "Ok, se você é tão inteligente, diga de que cor ela deve ser!".

Lembro-me dessa cena toda vez que leio um artigo sobre um dos desenvolvimentos científicos mais importantes de nosso tempo, o Antropoceno, reclamando de que os cientistas se equivocaram na escolha do nome.

Não importa que todo o material sobre o sistema terrestre esteja mudando de forma perigosa e sem precedentes – *o nome tem de ser diferente*!

Os críticos não gostam da palavra grega *anthropos*, que significa "ser humano" – eles temem que isso signifique que todo ser humano na Terra é responsável pela destruição ambiental. As sugestões alternativas incluem piadas óbvias – como Misantropoceno e Antrobsceno – e propostas sérias – como Tecnoceno, Socioceno, Homogenoceno, Econoceno e Capitaloceno.

Até onde sei, nenhuma delas foi submetida ao grupo de trabalho do Antropoceno, que poderia avaliá-las formalmente. Entretanto, como as sugestões revelam mal-entendidos sobre a própria palavra e as convenções usadas para nomear épocas geológicas, cabe uma breve discussão.

Para começar, o Antropoceno é proposto como uma nova época geológica, portanto sua denominação deveria pelo menos tentar seguir as convenções de nomenclatura da geologia. As propostas alternativas simplesmente acrescentam outra palavra ao sufixo *-ceno*, aparentemente acreditando que ele significa época ou idade, o que não é o caso.

O sufixo *-ceno* vem do grego *kainós*, que significa "recente". Foi introduzido no século XIX pelo geólogo Charles Lyell, que diferenciou as várias camadas de rocha pela proporção de fósseis extintos e não extintos que cada uma continha. Portanto, Mioceno vem do grego *meíon* – *menos* fósseis são recentes; Plioceno vem de *pleíon* – *mais* fósseis são recentes; e Pleistoceno vem de *pleîstos* – *a maioria* dos fósseis é recente.

Após o Pleistoceno, Lyell acrescentou um intervalo que chamou de Recente, mas em 1885 o Congresso Geológico Internacional alterou a designação

Apêndice. Confusões e equívocos 259

desse intervalo para Holoceno, do grego *hólos*, referindo-se aos estratos que apresentam fósseis *total ou inteiramente* recentes.

Portanto, ao contrário do que se diz com frequência em matérias de revistas, Antropoceno não significa "idade humana" ou "era humana". É uma combinação de *kainós* com *anthropos*, que significa "ser humano"; logo, seguindo a lógica de Lyell, refere-se a uma época em que os estratos geológicos são dominados por restos de origem humana recente. De fato, parte fundamental do debate entre os geólogos sobre o Antropoceno diz respeito a quais desses vestígios devem ser usados para identificar a nova época. Do ponto de vista da geologia histórica e física, o nome é apropriado.

Nos círculos de esquerda, o nome alternativo mais comumente sugerido para a nova época é Capitaloceno. Os defensores dessa denominação argumentam que a mudança global está sendo impulsionada por uma forma específica de sociedade, não pelos seres humanos em geral, de forma que a nova época deveria ser nomeada em referência ao capitalismo.

A maioria das pessoas que fazem essa sugestão simplesmente quer chamar atenção para a responsabilidade do capitalismo pela crise no sistema terrestre. Embora eu não ache oportuno insistir em uma mudança de nome, simpatizo com a motivação e acho que este livro deixa isso bem claro.

Mas alguns acadêmicos exageram ao propor que aceitemos *capitalismo* e *capitaloceno* como nomes diferentes para uma mesma coisa: uma nova época social/econômica/ambiental que começou no século XVI.

Os filósofos podem chamar isso de erro de categorização – o capitalismo é um sistema social e econômico que tem seiscentos anos, enquanto o Antropoceno é uma época do sistema terrestre que começou sessenta anos atrás. Qualquer compromisso sério com as ciências sociais e naturais concluirá que o capitalismo existia centenas de anos antes do início da nova época geológica e que essa nova época continuará a existir muito tempo depois que o capitalismo se transformar em uma lembrança distante. Tratá-los como idênticos só vai enfraquecer os esforços para nos livrarmos do capitalismo

260 Enfrentando o Antropoceno

e mitigar os danos que ele causou ao sistema terrestre para que a sociedade humana possa sobreviver – e, espera-se, prosperar – no Antropoceno.

(A propósito: se a época atual é o Capitaloceno, então certamente a época anterior deveria ser rebatizada Feudaloceno, precedida pelo Escravoceno, precedida por... o quê? Caçador-coletorceno? O fato de ninguém sugerir tais absurdos é elucidativo.)

A raiz *anthropos* também aparece em outro termo comum da geociência, *antropogênico*. A expressão "mudança climática antropogênica" não significa que todos os seres humanos causam o aquecimento global, mas que ela distingue as mudanças causadas pela ação humana daquelas que teriam ocorrido independentemente dela. Da mesma forma, Antropoceno não se refere a todos os seres humanos, mas a uma época de mudança global que não teria ocorrido na ausência de atividade humana.

Portanto, respirem fundo, companheiros. O *fato* do Antropoceno suscita questões políticas importantes, mas não há nenhuma agenda política oculta na *palavra*. O Antropoceno não implica um julgamento sobre os seres humanos ou a natureza humana.

O nome não é perfeito. Como mostram discussões muitas vezes acaloradas, ele dá margem a interpretações equivocadas. Talvez, se os ecossocialistas estivessem presentes quando Paul Crutzen inventou a palavra em 2000, um nome diferente tivesse sido adotado, mas agora o termo Antropoceno é amplamente usado tanto por cientistas quanto por não cientistas. Insistir em uma palavra diferente (apenas para o uso da esquerda?) só vai causar confusão e desviar atenção de questões muito mais importantes.

Vamos focar a roda, sem nos preocuparmos com a cor que ela deveria ter.

Referências bibliográficas

Abramsky, Kolya. Racing to "Save" the Economy and the Planet: Capitalist or Post-Capitalist Transition to a Post-Petrol World. In: _____ (org.). *Sparking a Worldwide Energy Revolution*. Oakland, AK, 2010, p. 5-30.

Adams, Jonathan; Maslin, Mark; Thomas, Ellen. Sudden Climate Transitions during the Quaternary. *Progress in Physical Geography*, v. 23, n. 1, 1999, p. 1-36.

All in Good Time. *Nature*, v. 519, 2015, p. 129-30.

Alley, Richard B. *Abrupt Climate Change:* Inevitable Surprises. Washington, National Academy Press, 2002.

_____. *The Two-Mile Time Machine:* Ice Cores, Abrupt Climate Change, and Our Future. Princeton, Princeton University Press, 2000.

Alverson, Keith; Laroque, Isabelle; Krull, Christoph. Appendix A: The Past Global Changes (Pages) Program. In: Alverson, Keith D.; Bradley, Raymond S.; Pedersen, Thomas F. (orgs.). *Paleoclimate, Global Change and the Future*. Berlim, Springer, 2003, p. 169-73.

Amsterdam Declaration on Global Change, julho de 2001. Disponível em: <http://www.colorado.edu/AmStudies/lewis/ecology/gaiadeclar.pdf>.

Andersen, Stephen; Sarma, K. Madhava. *Protecting the Ozone Layer:* The United Nations History. Nova York, Routledge, 2002.

Anderson, Kevin; Bows, Alice. Beyond "Dangerous" Climate Change: Emission Scenarios for a New World. *Philosophical Transactions of the Royal Society*, v. 369, 2011, p. 20-44.

_____; A 2°C Target? Get Real, Because 4 °C Is on Its Way. *Parliamentary Brief*, v. 3, n. 2, 2010, p. 19.

Angus, Ian. Hijacking the Anthropocene. *Climate & Capitalism*, 19 maio 2015. Disponível em: <http://climateandcapitalism.com/2015/05/19/hijacking-the-anthropocene/>.

_____. *The Global Fight for Climate Justice:* Anticapitalist Responses to Global Warming and Environmental Destruction. Black Point, Fernwood, 2010.

Angus, Ian; Butler, Simon. *Too Many People?* Population, Immigration, and the Environmental Crisis. Chicago, Haymarket, 2011.

262 Enfrentando o Antropoceno

Archer, David. *The Long Thaw:* How Humans Are Changing the Next 100,000 Years of Earth's Climate. Princeton, Princeton University Press, 2009.

Bahro, Rudolf. *Avoiding Social and Ecological Disaster.* Bath, Gateway, 1994.

Baran, Paul A.; Sweezy, Paul M. *Monopoly Capital:* An Essay on the American Economic and Social Order. Nova York, Monthly Review, 1966.

Barnosky, Anthony D. Did the Anthropocene Begin with a Bang or a Drumroll? *Huffington Post*, 20 jan. 2015. Disponível em: <http://www.huffingtonpost.com/anthony-d-barnosky/did-the-anthropocene-begin-with-a-bang_b_6494076.html>.

_____. *Dodging Extinction:* Power, Food, Money and the Future of Life on Earth. Oakland, University of California Press, 2014.

Barnosky, Anthony D. et al. Approaching a State Shift in Earth's Biosphere. *Nature*, v. 486, 2012, p. 52-8.

Baskin, Jeremy. The Ideology of the Anthropocene? Melbourne Sustainable Society Institute, 1º maio 2014. Disponível em: <http://sustainable-dev.unimelb.edu.au/sites/default/files/docs/MSSI-ResearchPaper-3_Baskin_2014.pdf>.

Beckman, Theodore N. A Brief History of the Gasoline Service Station. *Journal of Historical Research in Marketing*, v. 3, n. 2, 2011, p. 156-72.

Biel, Robert. *The Entropy of Capitalism.* Leiden, Brill, 2012.

Bivens, Josh et al., Raising America's Pay: Why It's Our Central Economic Policy Challenge, *Economic Policy Institute*, Briefing #378, 4 jun. 2014. Disponível em: <https://www.epi.org/publication/raising-americas-pay/>.

Bookchin, Murray [Lewis Herber]. *Our Synthetic Environment.* Nova York, Knopf, 1962.

_____. Social Ecology versus Deep Ecology: A Challenge for the Ecology Movement. *Green Perspectives: Newsletter of the Green Program Project*, n. 4-5, 1987. Disponível em: <http://dwardmac.pitzer.edu/Anarchist_Archives/bookchin/socecovdeepeco.html>.

Braverman, Harry. *Labor and Monopoly Capital:* The Degradation of Work in the Twentieth Century. Edição comemorativa de 25 anos. Nova York, Monthly Review, 1998 [ed. bras.: *Trabalho e capital monopolista:* a degradação do trabalho no século XX. Trad. Nathanael C. Caixeiro. 3. ed., Rio de Janeiro, Guanabara, 2010].

Brecht, Bertolt. *Tales from the Calendar.* Londres, Methuen, 1961.

_____. *Brecht on Theatre.* Nova York, Hill and Wang, 1964.

Brodine, Virginia. *Green Shoots, Red Roots.* Nova York, International Publishers, 2007.

Broeker, Wallace. Cooling for the Tropics. *Nature*, v. 376, 1995, p. 212-3.

Brown, Lester. Pavement Is Replacing the World's Croplands. *Grist*, 1º mar. 2001. Disponível em: <http://grist.org/article/rice/>.

Budyko, Mikhail Ivánovitch. Comments. *Journal of Applied Meteorology*, v. 9, n. 2, 1970, p. 310.

_____. Polar Ice and Climate. In: Fletcher, Joseph O.; Keller, B.; Olenicoff, S. M. (orgs.). *Soviet Data on the Arctic Heat Budget and Its Climatic Influence.* Santa Monica, Rand Corporation, 1966, p. 9-23.

_____. The Effect of Solar Radiation on the Climate of the Earth. *Tellus*, v. 21, n. 5, 1969, p. 611-4.

Referências bibliográficas **263**

_____. *The Evolution of the Biosphere*. Boston, D. Reidel, 1986.

Burkett, Paul. *Marx and Nature:* A Red and Green Perspective. Nova York, St. Martin's, 1999.

_____. *Marxism and Ecological Economics:* Toward a Red and Green Political Economy. Leiden, Brill, 2006.

Burroughs, William James. *Climate Change in Prehistory:* The End of the Reign of Chaos. Cambridge, Cambridge University Press, 2005.

Buxton, Nick; Hayes, Ben. Introduction: Security for Whom in Time of Climate Crisis? In: _____; _____ (orgs.). *The Secure and the Dispossessed*. Londres, Pluto, 2016, p. 1-19.

Cagin, Seth; Dray, Philip. *Between Earth and Sky:* How CFCs Changed Our World and Endangered the Ozone Layer. Nova York, Pantheon, 1993.

Carson, Rachel. *Lost Woods*. Boston, Beacon, 1998.

_____. *Silent Spring*. Edição comemorativa de 40 anos. Nova York, Houghton Mifflin, 2002 [ed. bras.: *Primavera silenciosa*. Trad. Claudia Sant'Anna Martins, São Paulo, Gaia, 2010].

Carty, Tracy; Magrath, John. *Growing Disruption:* Climate Change, Food, and the Fight Against Hunger. Londres, Oxfam, 2013.

Chakrabarty, Dipesh. The Climate of History: Four Theses. *Critical Unquiry*, v. 35, n. 2, 2009, p. 197-222.

Chandler, Alfred D.; Hikino, Takashi. *Scale and Scope:* The Dynamics of Industrial Capitalism. Cambridge, Harvard University Press, 1990.

Chicago Tribune. Rockefeller Profits from the Marshall Plan. *Chicago Tribune*, 13 dez. 1948, p. 16.

Clapp, Jennifer. *Food*. Cambridge, Polity Press, 2012.

Clark, Brett; York, Richard. Carbon Metabolism: Global Capitalism, Climate Change, and the Biospheric Rift. *Theory and Society*, v. 34, 2005, p. 391-428.

Climate Action Tracker. 2.7°C Is Not Enough: We Can Get Lower. *Climate Action Tracker*, 8 dez. 2015. Disponível em: <http://climateactiontracker.org/assets/publications/briefing_papers/CAT_Temp_Update_COP21.pdf>.

Coady, David et al. *How Large Are Global Energy Subsidies?* Washington, International Monetary Fund, 2015.

Cochran, Bert. *Labor and Communism:* The Conflict that Shaped American Unions. Princeton, Princeton University Press, 1977.

Cohen, Lizabeth. *A Consumers' Republic:* The Politics of Mass Consumption in Postwar America. Nova York, Vintage, 2004.

Commoner, Barry. *Making Peace with the Planet*. Nova York, Pantheon, 1990.

_____. Oil, Energy and Capitalism: An Unpublished Talk. *Climate & Capitalism*, 30 jul. 2013. Disponível em: <http://climateandcapitalism.com/2013/07/30/exclusive-an-unpublished-talk-by-barrycommoner/>.

_____. *Science and Survival*. Nova York, Viking, 1966.

_____. *The Closing Circle:* Nature, Man, and Technology. Nova York, Knopf, 1971.

_____. *The Poverty of Power:* Energy and the Economic Crisis. Nova York, Knopf, 1976.

_____. Threats to the Integrity of the Nitrogen Cycle: Nitrogen Compounds in Soil, Water, Atmosphere and Precipitation. In: Singer, S. Fred (org.). *Global Effects of Environmental Pollution*. Ed. S. Fred Singer. Nova York, Springer, 1970.

Costa, Alexandre. Socialism Is Not Possible on a Ruined Planet. *Climate & Capitalism*, 17 abr. 2014. Disponível em: <http://climateandcapitalism.com/2014/04/17/socialism-possible-ruined-planet/>.

Costello, Antony et al. Managing the Health Effects of Climate Change. *The Lancet*, v. 373, n. 9.676, 2009, p. 1.693-733.

Coumou, Dim; Rahmstorf, Stefa. A Decade of Weather Extremes. *Nature Climate Change*, v. 2, 2012, p. 491-6.

Cowan, Ruth Schwartz. The Industrial Revolution in the Home. In: MacKenzie, Donald A.; Wajcman, Judy (orgs.). *The Social Shaping of Technology:* How the Refrigerator Got Its Hum. Filadélfia, Open University Press, 1985, p. 181-201.

Crist, Eileen. On the Poverty of Our Nomenclature. *Environmental Humanities*, v. 3, n. 1, 2013, p. 129-47.

Crutzen, Paul J. Geology of Mankind. *Nature*, v. 415, n. 3, 2002, p. 23.

_____. My Life with O_3, NO_x and Other YZO_xs. Nobel Lecture. Disponível em: <https://www.nobelprize.org/uploads/2018/06/crutzen-lecture.pdf>.

_____; Steffen, Will. How Long Have We Been in the Anthropocene Era? *Climatic Change*, v. 61, n. 3, 2003, p. 251-7.

_____; Stoermer, Eugene F. The Anthropocene. *Global Change Newsletter*, n. 41, 2000, p. 17-8.

Custers, Peter. *Questioning Globalized Militarism:* Nuclear and Military Production and Critical Economic Theory. Monmouth, Merlin, 2007.

Davis, Mike. Who Will Build the Ark? *New Left Review*, v. 61, 2010, p. 29-46.

_____. *Prisoners of the American Dream*. Londres, Verso, 2000.

Davis, Mike; Monk, Daniel Bertran (orgs.). *Evil Paradises:* Dreamworlds of Neoliberalism. Nova York, New Press, 2007.

Delucchi, Mark A.; Jacobson, Mark Z. A Plan to Power 100 Percent of the Planet with Renewables. *Scientific American*, 1º nov. 2009. Disponível em: <https://www.scientificamerican.com/article/a-path-to-sustainable-energy-by-2030/#>.

_____; _____. Providing All Global Energy with Wind, Water, and Solar Power, Part I: Technologies, Energy Resources, Quantities and Areas of Infrastructure, and Materials. *Energy Policy*, v. 39, n. 3, 2011, p. 1.154-69.

_____; _____. Providing All Global Energy with Wind, Water, and Solar Power, Part II: Reliability, System and Transmission Costs, and Policies. *Energy Policy*, v. 39, n. 3, 2011, p. 1.170-90.

Di Muzio, Tim. Capitalizing a Future Unsustainable: Finance, Energy and the Fate of Market Civilization. *Review of International Political Economy*, v. 19, n. 3, 2011, p. 363-88.

Diffenbaugh, Noah S.; Scherer, Martin. Observational and Model Evidence of Global Emergence of Permanent, Unprecedented Heat in the 20th and 21st Centuries. *Climatic Change*, v. 107, 2011, p. 615-24.

Referências bibliográficas **265**

Dimitri, Carolyn; Effland, Anne; Conklin, Neilson. The 20th-Century Transformation of U.S. Agriculture and Farm Policy. *Economic Information Bulletin Number 3*. Washington, U.S. Department of Agriculture, 2005. Disponível em: <https://www.ers.usda.gov/publications/pub-details/?pubid=44198>.

Dowd, Douglas. *Capitalism and Its Economics:* A Critical History. Londres, Pluto, 2004.

_____. *Inequality and the Global Economic Crisis*. Londres, Pluto, 2009.

Drucker, Peter. What to Do about Strikes. *Collier's Weekly*, 18 jan. 1947, p. 26-7.

DuBoff, Richard B. *Accumulation and Power:* An Economic History of the United States. Armonk, Sharpe, 1989.

Dunne, John P.; Stouffer, Ronald J.; John, Jasmin G. Reductions in Labour Capacity from Heat Stress under Climate Warming. *Nature Climate Change*, v. 3, n. 6, 2013, p. 563-6.

Eckersley, Robyn. Environmental Security, Climate Change, and Globalizing Terrorism. In: Grenfell, Damian; James, Paul (orgs.). *Rethinking Insecurity, War and Violence:* Beyond Savage Globalization. Londres, Routledge, 2009, p. 85-97.

Edburg, Rolf; Yablokov, Alexei. *Tomorrow Will Be Too Late*. Tucson, University of Arizona Press, 1991.

Eyring, Veronika et al. Emissions from International Shipping: 2. Impact of Future Technologies on Scenarios until 2050. *Journal of Geophysical Research*, v. 110, n. D17, 2005, p. 1-18.

Falkowski, Paul et al. The Global Carbon Cycle: A Test of Our Knowledge of Earth as a System. *Science*, v. 290, n. 5.490, 2000, p. 291-6.

Field, Christopher B. et al. *Managing the Risks of Extreme Events and Disasters to Advance Climate Change Adaptation:* Special Report of the Intergovernmental Panel on Climate Change. Cambridge, Cambridge University Press, 2012.

Fiódorov, Evguiéni K. *Man and Nature*. Nova York, International Publishers, 1972.

Foner, Philip S. *The Great Labor Uprising of 1877*. Nova York, Monad, 1977.

Foster, John Bellamy. Late Soviet Ecology and the Planetary Crisis. *Monthly Review*, v. 67, n. 2, 2015, p. 1-20.

_____. *Marx's Ecology:* Materialism and Nature. Nova York, Monthly Review, 2000.

_____. *The Ecological Revolution:* Making Peace with the Planet. Nova York, Monthly Review, 2009.

_____. The Great Capitalist Climacteric: Marxism and "System Change Not Climate Change". *Monthly Review*, v. 67, n. 6, 2015, p. 1-18.

_____. *The Theory of Monopoly Capitalism:* An Elaboration of Marxian Political Economy. Nova York, Monthly Review, 1986.

_____. *The Vulnerable Planet:* A Short Economic History of the Environment. 2. ed., Nova York, Monthly Review, 1999.

_____; Clark, Brett. *The Ecological Rift:* Capitalism's War on the Earth. Nova York, Monthly Review, 2010.

_____; Holleman, Hannah; McChesney, Robert W. The U.S. Imperial Triangle and Military Spending. *Monthly Review*, v. 60, n. 5, 2008, p. 1-19.

266 Enfrentando o Antropoceno

_____; McChesney, Robert W. *The Endless Crisis:* How Monopoly-Finance Capital Produces Stagnation and Upheaval from the U.S.A. to China. Nova York, Monthly Review, 2012.

Fressoz, Jean-Baptiste. Losing the Earth Knowingly: Six Environmental Grammars around 1800. In: Hamilton, Clive; Bonneuil, Christophe; Gemenne, François. *The Anthropocene and the Global Environmental Crisis:* Rethinking Modernity in a New Epoch. Nova York, Routledge, 2015, p. 70-83.

Fuentes-Nieva, Ricardo; Galasso, Nick. *Working for the Few:* Political Capture and Economic Inequality. Briefing Paper, Oxfam International, 20 jan. 2014.

Galbraith, John Kenneth. *The New Industrial State.* Princeton, Princeton University Press, 2007.

Gallopin, Gilberto et al. *Branch Points:* Global Scenarios and Human Choice. Estocolmo, Stockholm Environment Institute, 1997.

Ganopolski, Andrey; Rahmstorf, Stefan. Rapid Changes of Glacial Climate Simulated in a Coupled Climate Model. *Nature*, v. 409, 2001, p. 153-8.

Gleick, Peter H. Water, Drought, Climate Change, and Conflict in Syria. *Journal of the American Meteorological Society*, 1º jul. 2014, p. 331-40.

Global Humanitarian Forum. *Human Impact Report:* Climate Change. The Anatomy of a Silent Crisis. Genebra, Global Humanitarian Forum, 2009.

Goff, Stan. Exterminism and the World in the Wake of Katrina. *From the Wilderness.* Disponível em: <http://www.fromthewilderness.com/free/ww3/102305_exterminism_katrina.shtml>.

Golley, Frank Benjamin. *A History of the Ecosystem Concept in Ecology.* New Haven, Yale University Press, 1993.

Grain. The Exxons of Agriculture. *Grain*, 30 set. 2015. Disponível em: <https://grain.org/article/entries/5270-the-exxons-of-agriculture>.

Haldane, John B. S. The Origin of Life. In: Bernal, John D. *The Origin of Life.* Nova York, World Publishing, 1967, p. 242-9.

Hamilton, Clive. Can Humans Survive the Anthropocene? *Blog Clive Hamilton*, 25 maio 2014. Disponível em: <http://clivehamilton.com/wp-content/uploads/2014/05/Can-humans-survive-the-Anthropocene.pdf>.

_____. Ecologists Butt Out: You Are Not Entitled to Redefine the Anthropocene. *Blog Clive Hamilton*, 11 ago. 2014. Disponível em: <https://clivehamilton.com/ecologists-butt-out-you-are-not-entitled-to-redefine-the-anthropocene/>.

_____. Getting the Anthropocene So Wrong. *Anthropocene Review*, v. 2, n. 2, 2015, p. 102-7.

_____. Human Destiny in the Anthropocene. In: Hamilton, Clive; Gemenne, François; Bonneuil, Christophe (orgs.). *The Anthropocene and the Global Environmental Crisis.* Nova York, Routledge, 2015, p. 32-43.

_____. The Anthropocene: Too Serious for Post-Modern Games. *Blog Clive Hamilton*, 19 ago. 2014. Disponível em: <http://clivehamilton.com/the-anthropocene-too-serious-for-post-modern-games>.

Referências bibliográficas 267

_____. The New Environmentalism Will Lead Us to Disaster. *Scientific American*, 19 jun. 2014. Disponível em: <http://www.scientificamerican.com/article/the-new-environmentalism-will-lead-us-to-disaster/>.

_____. The Theodicy of the "Good Anthropocene". Blog Clive Hamilton, 1º jun. 2015. Disponível em: <http://clivehamilton.com/the-theodicy-of-the-good-anthropocene>.

_____; Grinevald, Jacques. Was the Anthropocene Anticipated? *The Anthropocene Review*, v. 2, n. 1, 2015, p. 59-72.

_____; Gemenne, François; Bonneuil, Christophe. Thinking the Anthropocene. In: _____; _____; _____ (orgs.). *The Anthropocene and the Global Environmental Crisis*. Nova York, Routledge, 2015, p. 1-13.

Hansen, James. *Storms of My Grandchildren:* The Truth about the Coming Climate Catastrophe and Our Last Chance to Save Humanity. Londres, Bloomsbury, 2009.

_____; Sato, Makiko; Ruedy, Reto. Perception of Climate Change. *PNAS*, v. 109, n. 37, 2012 p. E2.415-33. Disponível em: <https://www.pnas.org/doi/10.1073/pnas.1205276109>.

Hansen, James et al. Ice Melt, Sea Level Rise and Superstorms: Evidence from Paleoclimate Data, Climate Modeling, and Modern Observations that 2 °C Global Warming Is Highly Dangerous. *Atmospheric Chemistry and Physics*, v. 15, 2015, p. 20.059-179. Disponível em: <http://www.atmos-chem-phys-discuss.net/15/20059/2015/acpd-15-20059-2015.pdf>.

Harman, Chris. *A People's History of the World:* From the Stone Age to the New Millennium. Londres, Verso, 2008.

_____. *Zombie Capitalism:* Global Crisis and the Relevance of Marx. Londres, Bookmarks, 2009.

Harnecker, Marta. *Rebuilding the Left*. Londres, Zed, 2007.

Harrington, Michael. *The Other America:* Poverty in the United States. Nova York, Simon and Schuster, 1993 [1962] [ed. bras.: *A outra América:* pobreza nos Estados Unidos. Trad. Álvaro Cabral, Rio de Janeiro, Civilização Brasileira, 1964].

Harrould-Kolieb, Ellycia. Shipping Impacts on Climate: A Source with Solutions. *Oceana*, 1º jun. 2008. Disponível em: <https://oceana.org/reports/shipping-impacts-climate-source-solutions/>.

Hartman, Chester W.; Squires, Gregory D. *There Is No Such Thing as a Natural Disaster:* Race, Class, and Hurricane Katrina. Nova York, Taylor and Francis, 2006.

Harvey, David. *The Enigma of Capital and the Crises of Capitalism*. Londres, Profile, 2010 [ed. bras.: *O enigma do capital: e as crises do capitalismo*. Trad. João Alexandre Peschanski, São Paulo, Boitempo, 2011].

_____. *Seventeen Contradictions and the End of Capitalism*. Oxford, Oxford University Press, 2014 [ed. bras.: *17 contradições e o fim do capitalismo*. Trad. Rogério Bettoni, São Paulo, Boitempo, 2016].

Hayes, Ben. Colonizing the Future: Climate Change and International Security Strategies. In: Buxton, Nick; Hayes, Ben (orgs.). *The Secure and the Dispossessed*. Londres, Pluto, 2016, p. 39-62.

Heartfield, James. *Unpatriotic History of the Second World War*. Londres, Zero, 2012.

Hibbard, Kathy A. et al. Group Report: Decadal-Scale Interactions of Humans and the Environment. In: Costanza, Robert; Lisa J. Graumlich, Lisa J.; Steffen, Will (orgs.). *Sustainability or Collapse?* An Integrated History and Future of People on Earth. Cambridge, MIT Press, 2007.

Hobsbawm, Eric J. *The Age of Extremes:* The Short Twentieth Century, 1914-1991. Londres, Abacus, 1995 [ed. bras.: *Era dos extremos: o breve século XX, 1914-1991*. Trad. Marcos Santarrita, São Paulo, Companhia das Letras, 2003].

Hodges, Dan. Drown an Immigrant to Save an Immigrant: Why Is the Government Borrowing Policy from the BNP? *The Telegraph*, 24 out. 2014.

Hoppe, Robert A. Structure and Finances of U.S. Farms: Family Farm Report. *Economic Information Bulletin Number 132*, Washington, U.S. Department of Agriculture, 2014. Disponível em: <https://www.ers.usda.gov/publications/pub-details/?pubid=43916>.

Huber, Matthew T. *Lifeblood:* Oil, Freedom, and the Forces of Capital. Minneapolis, University of Minnesota Press, 2013.

Hutchinson, G. Evelyn. The Biosphere. *Scientific American*, v. 233, n. 3, 1970, p. 45-53.

Hynes, Patricia. Pentagon Pollution 1: War and the True Tragedy of the Commons. *Climate & Capitalism*, 8 fev. 2005. Disponível em: <http://climateandcapitalism.com/2015/02/08/pentagon-pollution-1-war-true-tragedy-commons/>.

Ibrahim, Fawzi. *Capitalism versus Planet Earth:* An Irreconcilable Conflict. Londres, Muswell, 2012.

IPCC. Part A: Global and Sectoral Aspects. In: *Climate Change 2014:* Impacts, Adaptation, and Vulnerability. Cambridge, Cambridge University Press, 2014.

IPCC. Summary for Policymakers. In: _____. *Climate Change 2014:* Mitigation of Climate Change. Cambridge, Cambridge University Press, 2014.

Jacobson, Mark Z.; Delucchi, Mark A. Providing All Global Energy with Wind, Water, and Solar Power, Part I: Technologies, Energy Resources, Quantities and Areas of Infrastructure, and Materials. *Energy Policy*, v. 39, 2011, p. 1.154-69.

_____ et al. 100% Clean and Renewable Wind, Water, and Sunlight (WWS) All-sector Energy Roadmaps for the 50 United States. *Energy & Environmental Science*, v. 8, n. 7, 2015, p. 2.093-117.

Jansson, Bruce S. *The Sixteen-Trillion-Dollar Mistake:* How the U.S. Bungled Its National Priorities from the New Deal to the Present. Nova York, Columbia University Press, 2001.

Judt, Tony. *Postwar:* A History of Europe since 1945. Nova York, Penguin, 2005 [ed. bras.: *Pós-guerra:* uma história da Europa desde 1945. Trad. José Roberto O'Shea, Rio de Janeiro, Objetiva, 2008].

Kaplan, Robert D. *The Coming Anarchy:* Shattering the Dreams of the Post Cold War. Reimp., Nova York, Knopf, 2001, p. 19-20 [ed. bras.: *À beira da anarquia: destruindo os sonhos da era pós-Guerra Fria*. Trad. Carlos Henrique Trieschmann, São Paulo, Futura, 2000].

Karl, Thomas R.; Katz, Richard W. A New Face for Climate Dice. *Proceedings of the National Academy of Sciences*, v. 109, n. 37, 2012, p. 1.4720-21.

Referências bibliográficas 269

Katzoff, Judith A. ICSU Sets Up IGBP Committee. *Eos*, v. 68, n. 11, 1987.

Kennedy, David M. *Freedom from Fear:* The American People in Depression and War, 1929--1945. Nova York, Oxford University Press, 1999.

Klare, Michael T. *Blood and Oil:* The Dangers and Consequences of America's Growing Dependency on Imported Petroleum. Nova York, Henry Holt, 2004.

Klein, Naomi. *This Changes Everything:* Capitalism vs. the Climate. Toronto, Knopf, 2014 [ed. port.: *Tudo pode mudar:* capitalismo vs. clima. Trad. Ana Cristina Pais, Lisboa, Presença, 2016].

Klinenberg, Eric. *Heat Wave:* A Social Autopsy of Disaster in Chicago. 2. ed., Chicago, University of Chicago Press, 2015.

Kumar, Sanjay. Green Climate Fund Faces Slew of Criticism. *Nature*, v. 527, 2015, p. 419-20.

Kump, Lee R. The Last Great Global Warming. *Scientific American*, 1º jul. 2011.

Kunstler, James H. *The Long Emergency:* Surviving the Converging Catastrophes of the Twenty-First Century. Nova York, Atlantic Monthly, 2005.

Kunzig, Robert. Hothouse Earth. *National Geographic*, 1º out. 2011.

Lebowitz, Michael A. *The Socialist Alternative:* Real Human Development. Nova York, Monthly Review, 2010.

Lênin, Vladímir I. Imperialism, the Highest Stage of Capitalism. In: _____. *Collected Works*, v. 22. Moscou, Progress, 1964 [ed. bras.: *Imperialismo, estágio superior do capitalismo:* ensaio de divulgação ao público. Trad. Avante! e Paula Vaz de Almeida, São Paulo, Boitempo, 2021].

_____. What Is to Be Done? In: _____. *Collected Works*, v. 5. Moscou, Progress, 1964.

Leopold, Aldo; Schwartz, Charles W. *A Sand County Almanac with Other Essays on Conservation from Round River (1949)*. Nova York, Ballantine, 1970.

Levins, Richard. Why Programs Fail. *Monthly Review*, v. 61, n. 10, 2010, p. 43-9.

_____; Lewontin, Richard. *The Dialectical Biologist*. Cambridge, Harvard University Press, 1985.

Lewis, Sophie C.; King, Andrew D. Dramatically Increased Rate of Observed Hot Record Breaking in Recent Australian Temperatures. *Geophysical Research Letters*, v. 42, n. 18, 2015, p. 7.776-84.

Lewontin, Richard. Agricultural Research and the Penetration of Capital. *Science for the People*, v. 14, n. 2, 1982, p. 12-17.

Linden, Eugene. Storm Warnings Ahead. *Time*, v. 163, n. 14, 2004, p. 58.

Lipsitz, George. *Rainbow at Midnight:* Labor and Culture in the 1940s. Chicago, University of Illinois Press, 1994.

Longo, Stefano; Clausen, Rebecca; Clark, Brett. *The Tragedy of the Commodity:* Oceans, Fisheries, and Aquaculture. New Brunswick, Rutgers University Press, 2015.

Lott, Fraser C.; Christidis, Nikolaos; Stott, Peter A. Can the 2011 East African Drought Be Attributed to Human-Induced Climate Change? *Geophysical Research Letters*, v. 40, n. 6, 2013, p. 1.177-81.

Lovelock, James E.; Maggs, R. J.; Wade, R. J. Halogenated Hydrocarbons in and over the Atlantic. *Nature*, v. 241, 1973, p. 194-6.

270 Enfrentando o Antropoceno

Löwy, Michael. *Ecosocialism:* A Radical Alternative to Capitalist Catastrophe. Chicago, Haymarket, 2015.

Luxemburgo, Rosa. *Selected Political Writings*. Howard, Dick (org.).. Nova York, Monthly Review, 1971.

_____. The Mass Strike, the Political Party, and the Trade Unions. In: Hudis, Peter; Anderson, Kevin (orgs.). *The Rosa Luxemburg Reader*. Nova York, Monthly Review, 2004 [ed. port.: *Greve de massas, partido e sindicatos*. Trad. Rui Santos, Coimbra, Centelha, 1974].

Machado, Barry F. *In Search of a Usable Past:* The Marshall Plan and Postwar Reconstruction. Vicksburg, George C. Marshall Foundation, 2007.

Magdoff, Fred; Foster, John Bellamy. *What Every Environmentalist Needs to Know about Capitalism:* A Citizen's Guide to Capitalism and the Environment. Nova York, Monthly Review, 2011.

Magdoff, Fred. Ecological Civilization. *Monthly Review*, v. 62, n. 8, 2011, p. 1-25.

Malm, Andreas. China as Chimney of the World: The Fossil Capital Hypothesis. *Organization & Environment*, v. 25, n. 2, 2012, p. 146-77.

_____. *Fossil Capital:* The Rise of Steam Power and the Roots of Global Warming. Londres, Verso, 2016.

_____. The Origins of Fossil Capital: From Water to Steam in the British Cotton Industry. *Historical Materialism*, v. 21, n. 1, 2013, p. 15-68.

Mandel, Ernest. *Late Capitalism*. Rev. ed. Londres, Verso, 1978.

_____. *Long Waves of Capitalist Development:* A Marxist Interpretation. Ed. rev., Londres, Verso, 1995.

_____. *Marxist Economic Theory*. Nova York, Monthly Review, 1968.

_____. *The Second Slump:* A Marxist Analysis of Recession in the Seventies. Londres, Verso, 1980.

Marcott, Shaun A. et al. A Reconstruction of Regional and Global Temperature for the Past 11,300 Years. *Science*, v. 339, n. 6124, 2013, p. 1.198-201.

Margulis, Lynn; Sagan, Dorion. *What Is Life?* Nova York, Simon and Schuster, 1995 [ed. bras.: *O que é vida?* Trad. Vera Ribeiro, Rio de Janeiro, Zahar, 2002].

Marsh, George P. *Man and Nature, or Physical Geography as Modified by Human Action*. Nova York, Charles Scribner, 1864; reimp.: *Man and Nature*. Cambridge, Harvard University Press, 1965.

Martínez, Osvaldo. We Are Facing Something More than a Mere Financial Crisis. *Socialist Voice*, 23 mar. 2009. Disponível em: <http://www.socialistvoice.ca/?p=375>.

Marx, Karl; Engels, Friedrich. *Collected Works* (*MECW*). 50 vols. Nova York, International Publishers, 1975-2004.

Marx, Karl. *Capital*, v. 1. Harmondsworth, Penguin, 1976 [ed. bras.: *O capital*, Livro I. Trad. Rubens Enderle, São Paulo, Boitempo, 2013].

_____. *Capital*, v. 2. Harmondsworth, Penguin, 1978 [ed. bras.: *O capital*, Livro II. Trad. Rubens Enderle, São Paulo, Boitempo, 2014].

_____. *Capital*, v. 3. Harmondsworth, Penguin, 1981 [ed. bras.: *O capital*, Livro III. Trad. Rubens Enderle, São Paulo, Boitempo, 2017].

_____; Engels, Friedrich. *Collected Works* (MECW). 50 v. Nova York, International Publishers.

Maslin, Mark. A.; Lewis, Simon L. Anthropocene: Earth System, Geological, Philosophical and Political Paradigm Shifts. *Anthropocene Review*, v. 2, n. 2, 2015, p. 108-16.

Masters, Jeff. PETM: Global Warming, Naturally. *Weather Underground*, [s.d.]. Disponível em: <http://www.wunderground.com/climate/PETM.asp>.

Maxwell, James; Briscoe, Forrest. There's Money in the Air: The CFC Ban and DuPont's Regulatory Strategy. *Business Strategy and the Environment*, v. 6, 1997, p. 276-86.

McNeill, John Robert. *Something New under the Sun: A*n Environmental History of the Twentieth-Century World. Nova York, W. W. Norton, 2000.

Meeting Report: IGBP: Crown Jewel or Prodigal Son? *Eos*, v. 70, n. 50, 1989.

Melillo, Jerry M.; Richmond, Terese; Yohe, Gary W. (orgs.). *Highlights of Climate Change Impacts in the United States:* The Third National Climate Assessment. Washington, U.S. Global Change Research Program, 2014.

Mészáros, István. *Socialism or Barbarism:* From the American Century to the Crossroads. Nova York, Monthly Review, 2001.

_____. *The Challenge and Burden of Historical Time:* Socialism in the Twenty-first Century. Nova York, Monthly Review, 2008.

_____. *The Necessity of Social Control*. Nova York, Monthly Review, 2015.

_____. *The Power of Ideology*. Nova York, New York University Press, 1989 [ed. bras.: *O poder da ideologia*. Trad. Magda Lopes e Paulo Cezar Castanheira, São Paulo, Boitempo, 2014].

Meyer, Robinson. Al Gore Dreamed Up a Satellite – And It Just Took Its First Picture of Earth. *The Atlantic*, 20 jul. 2015. Disponível em: <http://www.theatlantic.com/techno logy/archive/2015/07/our-new-anddaily-view-of-the-blue-marble/399011/>.

Mill, John Stuart. *Essays on Some Unsettled Questions of Political Economy*. Nova York, Cosimo, 2007.

Millennium Ecosystem Assessment. *Ecosystems and Human Well-Being:* Synthesis. Washington, Island, 2005.

_____. Living Beyond Our Means: Natural Assets and Human Well-Being, Statement of the Board of Director. *Millennium Ecosystem Assessment*, 1º mar. 2005. Disponível em: <http://www.millenniumassessment.org/documents/document.429.aspx.pdf>.

_____. United Nations Launches Extensive Study of Earth's Ecosystems, News Release. *Millennium Ecosystem Assessment*, 5 jun. 2001. Disponível em: <http://www.millennium assessment.org/en/Articlee5cc.html>.

Mitchell, Timothy. *Carbon Democracy:* Political Power in the Age of Oil. Londres, Verso, 2011.

Moore III, Berrien. Challenges of a Changing Earth. In: Steffen, Will et al. (orgs.). *Challenges of a Changing Earth*. Berlim, Springer, 2002.

Moore, Jason W. *Capitalism in the Web of Life:* Ecology and the Accumulation of Capital. Londres, Verso, 2015.

272 Enfrentando o Antropoceno

Morris, William; Bax, Ernest Belfort. *Socialism:* Its Growth & Outcome. Londres/Nova York, Swan Sonnenschein & Co./Charles Scribner's Sons, 1893.

Muhammad, Umair. *Confronting Injustice:* Social Activism in the Age of Individualism. Toronto, Umair Muhammed, 2014.

Nadeau, Robert L. *The Environmental Endgame:* Mainstrean Economics, Ecological Disaster, and Human Survival. New Brunswick, Rutgers University Press, 2006.

National Research Council. *Abrupt Impacts of Climate Change:* Anticipating Surprises. Washington, National Academies Press, 2013.

_____. *Climate Stabilization Targets:* Emissions, Concentrations, and Impacts over Decades to Millennia. Washington, National Academies Press, 2011.

Nikiforuk, Andrew. *The Energy of Slaves:* Oil and the New Servitude. Vancouver, Greystone, 2012.

Nordhaus, Ted; Shellenberger, Michael; Makuno, Jenna. Ecomodernism and the Anthropocene: Humanity as a Force for Good. *Breakthrough Journal*, n. 5, 2015. Disponível em: <https://thebreakthrough.org/journal/issue-5/ecomodernism-and-the-anthropocene>.

Oakes, Walter J. Toward a Permanent War Economy? *Politics*, v. 1, n. 1, 1944, p. 11-7.

Odum, Howard T. *Environment, Power, and Society for the Twenty-First Century.* Nova York, Columbia University Press, 2007.

Oldfield, Frank. When and How Did the Anthropocene Begin? *Anthropocene Review*, v. 2, n. 2, 2015, p. 101.

_____; Steffen, Will. The Earth System. In: Steffen, Will et al. (orgs.). *Global Change and the Earth System:* A Planet under Pressure. Berlim, Springer, 2004.

Oparin, Aleksandr I. The Origin of Life. In: Bernal, John D. *The Origin of Life.* Nova York, World Publishing, 1967, p. 199-234.

Oreskes, Naomi. The Scientific Consensus on Climate Change: How Do We Know We're Not Wrong? In: Dimento, Joseph; Doughman, Pamela. *Climate Change:* What It Means for Us, Our Children, Our Grandchildren. Cambridge, MIT Press, 2007.

Painter, David S. The Marshall Plan and Oil. *Cold War History*, v. 9, n. 2, 2009, p. 159-75.

Parenti, Christian. *Tropic of Chaos:* Climate Change and the New Geography of Violence. Nova York, Nation, 2011.

Parenti, Christian. The Catastrophic Convergence: Militarism, Neoliberalism and Climate Change. In: Buxton, Nick; Hayes, Ben (orgs.). *The Secure and the Dispossessed*. Londres, Pluto, 2016, p. 23-38.

_____. *Tropic of Chaos:* Climate Change and the New Geography of Violence. Nova York, Nation, 2011.

Pearce, Fred. *With Speed and Violence:* Why Scientists Fear Tipping Points in Climate Change. Boston, Beacon, 2007.

Perfecto, Ivette; Vandermeer, John H.; Wright, Angus. *Nature's Matrix:* Linking Agriculture, Conservation and Food Sovereignty. Londres, Earthscan, 2009.

Petit, Jean-Robert et al. Climate and Atmospheric History of the Past 420,000 Years from the Vostok Ice Core, Antarctica. *Nature*, v. 399, 1999, p. 429-36.

Referências bibliográficas 273

Phillips, Kevin. *Wealth and Democracy:* A Political History of the American Rich. Nova York, Random, 2002.

Podobnik, Bruce. *Global Energy Shifts:* Fostering Sustainability in a Turbulent Age. Filadélfia, Temple University Press, 2006.

Potsdam Institute for Climate Impact Research and Climate Analytics. *Turn Down the Heat:* Climate Extremes, Regional Impacts and the Case for Resilience. Washington, World Bank, 2013.

_____. *Turn Down the Heat:* Confronting the New Climate Normal. Washington, World Bank, 2014.

_____. *Turn Down the Heat:* Why a 4° Warmer World Must Be Avoided. Washington, World Bank, 2012.

Preis, Art. *Labor's Giant Step:* Twenty Years of the CIO. Nova York, Pioneer, 1964.

Purdy, Jedediah. Anthropocene Fever. *Aeon*, 31 mar. 2015. Disponível em: <https://aeon.co/essays/should-we-be-suspicious-of-the-anthropocene-idea>.

Risbey, James S. The New Climate Discourse: Alarmist or Alarming? *Global Environmental Change*, v. 18, 2007, p. 26-37.

Roan, Sharon. *Ozone Crisis:* The 15-year Evolution of a Sudden Global Emergency. Nova York, John Wiley, 1990.

Rockström, Johan. Bounding the Planetary Future: Why We Need a Great Transition. *Great Transition Initiative*, 1º abr. 2015. Disponível em: <https://greattransition.org/publication/bounding-the-planetary-future-why-we-need-a-great-transition>.

_____; Klum, Mattias. *Big World, Small Planet:* Abundance within Planetary Boundaries. Estocolmo, Max Strom, 2015.

_____ et al. A Safe Operating Space for Humanity. *Nature*, v. 461, 2009, p. 472-75.

_____ et al. Planetary Boundaries: Exploring the Safe Operating Space for Humanity. *Ecology and Society*, v. 14, n. 2, 2009, p. 32. Disponível em: <http://www.ecologyandsociety.org/vol14/iss2/art32/>.

Roederer, Juan G. ICSU Gives Green Light to IGBP. *Eos*, v. 67, n. 41, 1986.

Ross, Benjamin; Amter, Steven. *The Polluters:* The Making of Our Chemically Altered Environment. Nova York, Oxford University Press, 2010.

Rowland, Sherwood. Prêmio Nobel em Química, 8 dez. 1995. Prêmio Nobel. Disponível em: <https://www.nobelprize.org/uploads/2018/06/rowland-lecture.pdf>.

Roy, Arundhati. *An Ordinary Person's Guide to Empire*. Nova York, South End, 2004, p. 20-1.

Ruddiman, William F. How Did Humans First Alter Global Climate? *Scientific American*, v. 292, n. 3, 2005, p. 46-53.

_____. The Anthropogenic Greenhouse Era Began Thousands of Years Ago. *Climatic Change*, v. 61, 2003, p. 261-93.

Ruder, Eric. How Katrina Unleashed a Storm of Racism. *Socialist Worker*, 14 out. 2005. Disponível em: <https://socialistworker.org/2005-2/561/561_08_Katrina.php>.

Sanders, Barry. *The Green Zone:* The Environmental Costs of Militarism. Oakland, AK, 2009.

274 Enfrentando o Antropoceno

Sassen, Saskia. *Expulsions:* Brutality and Complexity in the Global Economy. Cambridge, Harvard University Press, 2014.

Schellnhuber, H. J. Discourse: Earth System Analysis: The Scope of the Challenge. In: *Earth System Analysis:* Integrating Science for Sustainability. Ed. Hans Joachim Schellnhuber e V. Wenzel. Berlim, Springer, 1998, p. 3-195.

_____. "Earth System" Analysis and the Second Copernican Revolution. *Nature*, v. 402, 1999, p. C19-C23.

_____. The Laws of Nature – and the Laws of Civilization. Discurso na COP 18. Disponível em: <https://www.pik-potsdam.de/members/john/highlights/files/dinner-speech-at-cop18-in-doha>.

Schwartz, Peter; Randall, Doug. *An Abrupt Climate Change Scenario and Its Implications for United States National Security.* Relatório, out. 2003. Disponível em: <http://www.climate.org/PDF/clim_change_scenario.pdf>.

Sellars, William D. A Global Climatic Model Based on the Energy Balance of the Earth Atmosphere System. *Journal of Applied Meteorology*, v. 8, 1969, p. 392-400.

Semova, Dimitrina et al. US Department of Defense Is the Worst Polluter on the Planet. *Project Censored*, 2 out. 2010. Disponível em: <http://www.projectcensored.org/2-us-department-of-defense-is-the-worst-polluter-on-the-planet/>.

Seneviratne, Sonia I. et al. No Pause in the Increase of Hot Temperature Extremes. *Nature Climate Change*, v. 4, 2014, p. 161-3.

Shah, Sonia. *Crude:* The Story of Oil. Nova York, Seven Stories, 2011.

Shantser, E. V. The Anthropogenic System (Period). In: _____ et al. *Great Soviet Encyclopedia*, v. 2. Nova York, Macmillan, 1973, p. 139-44.

Simms, Andrew. *Ecological Debt:* Global Warming and the Wealth of Nations. 2. ed., Londres, Pluto, 2009.

Singer, Daniel. *Whose Millennium? Theirs or Ours?* Nova York, Monthly Review, 1999.

Smil, Vaclav. *Energy at the Crossroads:* Global Perspectives and Uncertainties. Cambridge, MIT Press, 2003.

Smith, John. Outsourcing, Financialization and the Crisis. *International Journal of Management Concepts and Philosophy*, v. 6, n. 1/2, 2012, p. 19-44.

Solnit, Rebecca. *A Paradise Built in Hell:* The Extraordinary Communities that Arise in Disaster. Nova York, Penguin, 2010.

Speth, James Gustave. *The Bridge at the Edge of the World:* Capitalism, the Environment, and Crossing from Crisis to Sustainability. New Haven, Yale University Press, 2008.

Spitz, Peter H. *Petrochemicals:* The Rise of an Industry. Nova York, Wiley, 1988.

Steffen, Will. An Integrated Approach to Understanding Earth's Metabolism. *Global Change Newsletter*, v. 41, 2000, p. 9-10 e 16. Disponível em: <http://www.igbp.net/download/18.316f18321323470177580001401/1376383088452/NL41.pdf>.

_____. Commentary. In: Robin, Libby; Sörlin, Sverker; Warde, Paul (orgs.). *The Future of Nature:* Documents of Global Change. New Haven, Yale University Press, 2013, p. 486-90.

Referências bibliográficas **275**

_____; Smith, Mark Stafford. Planetary Boundaries, Equity and Global Sustainability: Why Wealthy Countries Could Benefit from More Equity. *Current Opinion in Environmental Sustainability*, v. 5, n. 3-4, 2013, p. 403-8.

_____; Tyson, Peter. *IGBP Science No. 4. Global Change and the Earth System:* A Planet under Pressure. Estocolmo, IGBP, 2001.

_____ et al. Abrupt Changes: The Achilles' Heels of the Earth System. *Environment: Science and Policy for Sustainable Development*, v. 46, n. 3, 2004, p. 8-20.

_____ et al. *Challenges of a Changing Earth:* Proceedings of the Global Change Open Science Conference, Amsterdam, The Netherlands, 10-13 July 2001. Berlim, Springer, 2002.

_____ et al. *Global Change and the Earth System:* A Planet under Pressure. Berlim, Springer, 2004.

_____ et al. Planetary Boundaries: Guiding Human Development on a Changing Planet. *Science*, v. 347, n. 6223, 2015, p. 736-47.

_____ et al. The Anthropocene: Are Humans Now Overwhelming the Great Forces of Nature? *Ambio*, v. 38, n. 8, 2011, p. 614-21.

_____ et al. The Anthropocene: Conceptual and Historical Perspectives. *Philosophical Transactions of the Royal Society A: Mathematical, Physical and Engineering Sciences*, v. 369, 2011, p. 842-67.

_____ et al. The Anthropocene: From Global Change to Planetary Stewardship. *Ambio*, v. 40, 2011, p. 739-61. Disponível em: <http://link.springer.com/article/10.1007/s13280-011-0185-x>.

_____ et al. The Trajectory of the Anthropocene: The Great Acceleration. *Anthropocene Review*, v. 2, n. 1, 2015, p. 81-98.

Suckling, Kierán. Against the Anthropocene. *Immanence*, 7 jul. 2014. Disponível em: <http://blog.uvm.edu/aivakhiv/2014/07/07/against-the-anthropocene/>.

Suvin, Darko. *In Leviathan's Belly:* Essays for a Counter-Revolutionary Time. Rockville, Wildside, 2013. Edição Kindle.

Sweezy, Paul M. Capitalism and the Environment. *Monthly Review*, v. 41, n. 2, 1989, p. 1-10.

Syvitski, James P. M. et al., Impact of Humans on the Flux of Terrestrial Sediment to the Global Coastal Ocean. *Science*, v. 308, n. 5720, 2005, p. 376-80.

Tansley, Arthur. The Use and Abuse of Vegetational Terms and Concepts. *Ecology*, v. 16, n. 3, 1935, p. 284-307.

Thompson, Edward P. *Beyond the Cold War.* Nova York, Pantheon, 1982.

_____. Notes on Exterminism, the Last Stage of Civilization. *New Left Review*, n. 121, 1980, p. 3-31.

Thorne, J. Profiteering in the Second World War. *Fourth International*, v. 7, n. 6, 1946. Disponível em: <https://www.marxists.org/history/etol/newspape/fi/vol07/no06/thorne.htm>.

Townsend, Terry [Norm Dixon]. Change the System – Not the Climate! *Green Left Weekly*, n. 696, 2007. Disponível em: <https://www.greenleft.org.au/node/36888>.

Turgeon, Lynn. *Bastard Keynesianism:* The Evolution of Economic Thinking and Policy-making since World War II. Westport, Greenwood, 1996.

276 Enfrentando o Antropoceno

United Nations Framework Convention on Climate Change (UNFCCC). Acordo de Paris, 12 dez.. Genebra, United Nations Office, 2015. Disponível em: <httphttps://www.gov.br/mcti/pt-br/acompanhe-o-mcti/sirene/publicacoes/acordo-de-paris-e-ndc/arquivos/pdf/acordo_paris.pdf]>.

_____. *Report on the Structured Expert Dialogue on the 2013-2015 Review.* Genebra, United Nations Office, 2015.

United Nations. *World Economic and Social Survey 2011:* The Great Green Technological Transformation. Nova York, UN Department of Economic and Social Affairs, 2011.

United Nations Development Program. *Human Development Report, 2007-2008:* Fighting Climate Change, Human Solidarity in a Divided World. Nova York, Palgrave Macmillan, 2007.

_____. *Human Development Report 2011, Sustainability and Equity:* A Better Future for All. Nova York, Palgrave Macmillan, 2011.

_____. *Human Development Report 2013, The Rise of the South:* Human Progress in a Diverse World. Nova York, UNDP, 2013.

Vaughan, Adam. Human Impact Has Pushed Earth into the Anthropocene, Scientists Say. *The Guardian,* 9 jan. 2016. Disponível em: <http://www.theguardian.com/environment/2016/jan/07/human-impact-has-pushed-earth-into-the-anthropocene-scientists-say>.

Vernádski, Vladímir I. Some Words about the Noosphere. In: Ross, Jason (org.). *150 Years of Vernádski,* v. 2: The Noösphere. Washington, 21st Century Science Associates, 2014, p. 79-84.

_____. *The Biosphere.* Nova York, Springer, 1998 [ed. bras.: *Biosfera.* Rio de Janeiro, Dantes, 2019].

Vidal, John. Shipping Boom Fuels Rising Tide of Global CO2 Emissions. *The Guardian,* 13 fev. 2008.

Wagner, Gernot; Weitzman, Martin L. *Climate Shock:* The Economic Consequences of a Hotter Planet. Princeton, Princeton University Press, 2015 [ed. port.: *Choque climático.* Trad. Pedro e Rita Carvalho e Guerra, Lisboa, Bertrand, 2016].

Waters, Colin N. et al. (orgs.). *A Stratigraphical Basis for the Anthropocene.* Londres, Geological Society, 2014.

_____ et al. The Anthropocene Is Functionally and Stratigraphically Distinct from the Holocene. *Science,* v. 351, n. 6.269, 2016, p. aad2622.

Watts, Nick et al. Health and Climate Change: Policy Responses to Protect Public Health. *The Lancet,* v. 386, n. 10.006, 2015, p. 1-53.

Wayne, Graham. The Beginner's Guide to Representative Concentration Pathways. *Skeptical Science,* 2013. Disponível em: <https://www.skepticalscience.com/rcp.php>.

Weart, Spencer. Interview with M. I. Budyko: Oral History Transcript. 25 mar. 1990. Disponível em: <https://www.aip.org/history-programs/niels-bohr-library/oral-histories/31675>.

_____. *The Discovery of Global Warming.* Cambridge, Harvard University Press, 2003.

Weston, Del. *The Political Economy of Global Warming:* The Terminal Crisis. Nova York, Routledge, 2014.

Referências bibliográficas 277

White House. *A National Security Strategy of Engagement and Enlargement.* Washington, The White House, 1995. Disponível em: <https://apps.dtic.mil/sti/citations/ADA297197>.

_____. The G-20 Toronto Summit Declaration. Office of the Press Secretary, 27 jun. 2010. Disponível em: <https://obamawhitehouse.archives.gov/the-press-office/g-20-toronto-summit-declaration>.

Williams, A. Park et al. Contribution of Anthropogenic Warming to California Drought during 2012-2014. *Geophysical Research Letters*, v. 42, 2015, p. 6.819-28.

Williams, Chris. *Ecology and Socialism:* Solutions to the Capitalist Ecological Crisis. Chicago, Haymarket Books, 2010.

Williams, Gwyn A. *Proletarian Order:* Antonio Gramsci, Factory Councils and the Origins of Italian Communism, 1911-1921. Londres, Pluto, 1975.

Winebrake, James J. et al. Mitigating the Health Impacts of Pollution from Oceangoing Shipping: An Assessment of Low-Sulfur Fuel Mandates. *Environmental Science & Technology*, v. 43, n. 13, 2009, p. 4.776-82.

Wolmar, Christian. *Fire & Steam:* How the Railways Transformed Britain. Londres, Atlantic, 2008.

Woodward, Alistair et al. Climate Change and Health: On the Latest IPCC Report. *The Lancet*, v. 383, n. 9.924, 2014, p. 185-9.

World Bank. *Building Resilience:* Integrating Climate and Disaster Risk into Development. Lessons from World Bank Group Experience. Washington, World Bank, 2013.

World Economic Forum. The New Plastics Economy: Rethinking the Future of Plastics. *World Economic Forum*, jan. 2016. Disponível em: <http://www3.weforum.org/docs/WEF_The_New_Plastics_Economy.pdf>.

World Health Organization. Climate Change and Health: WHO Fact Sheet No. 266. 1º ago. 2014. Disponível em: <http://www.who.int/mediacentre/factsheets/fs266/en/>.

Wright, Christopher; Nyberg, Daniel. *Climate Change, Capitalism and Corporations:* Processes of Creative Self-Destruction. Cambridge, Cambridge University Press, 2015.

Yates, Michael. *Naming the System*: Inequality and Work in the Global Economy. Nova York, Monthly Review, 2003.

Yergin, Daniel. *The Prize*: The Epic Quest for Oil, Money, and Power. Nova York, Simon and Schuster, 1991 [ed. bras.: *O petróleo:* uma história mundial de conquistas, poder e dinheiro. Trad. Leila Marina U. Di Natale, Maria Cristina Guimarães e Maria Christina L. de Góes, 3. ed., São Paulo, Paz e Terra, 2014].

Zalasiewicz, Jan; Williams, Mark. *The Goldilocks Planet:* The Four Billion Year Story of Earth's Climate. Oxford, Oxford University Press, 2012.

_____ et al. Are We Now Living in the Anthropocene? *GSA Today*, v. 18, n. 2, 2008, p. 4-8.

_____ et al. The Anthropocene: A New Epoch of Geological Time? *Philosophical Transactions of the Royal Society A: Mathematical, Physical and Engineering Sciences*, v. 369, n. 1.938, 2011, p. 835-41.

_____ et al. When Did the Anthropocene Begin? A Mid-Twentieth-Century Boundary Level Is Stratigraphically Optimal. *Quaternary International*, n. 383, 2015, p. 196-203.

ÍNDICE REMISSIVO

2100ismo, 119

Abramsky, Kolya, 227-8
Acordo de Paris (2015), 100-1, 108, 119, 184
Acordo dos Povos (Cochabamba, 2010), 220-1, 243-4, 247
Adams, Douglas, 257
aerossóis, 84, 86-7, 92, 94
agricultura: Avaliação Ecossistêmica do Milênio (AEM) sobre a, 45; ciclo do nitrogênio na, 140-1; ecológica, 225-6; ecossocialismo e, 228, 233; escassez de alimentos e, 116; fertilizantes usados na, 181-2; industrial, 178-81; no Antropoceno precoce, 60; Marx sobre a, 137; metabolismo na, 130-1, 133-35; prognóstico do clima para a, 77; saúde dos trabalhadores na, 115-6; terras usadas na, 52
água doce, uso da, 83
Alemanha, 151-2, 165
Alley, Richard B., 80-1
Anderson, Kevin, 109, 120, 219
Anelay (*lady*), 204
AngloAmerican Oil Company Ltd., 166

Antártida: camada de ozônio sobre a, 95-8; núcleos de gelo da, 69, 79
anti-imperialismo, 247-8
Antropoceno precoce, 60-2
Antropoceno, 23, 215; aceitação e uso do nome, 29-30; artigo de Crutzen e Stoermer sobre o, 39-42; como fenômeno socioecológico, 123-4; críticas ao nome, 257-60; culpa dos seres humanos pelo, 251-7; definição, 11-3; estágios do, 47-9; início do, 55-66, 155; primeiro uso do termo, 14; termo cunhado, 31-2; transição do Holoceno para o, 79-81
"*antropogênico*", 260
aquecimento global: impacto no clima global, 100-13; primeiros alertas de, 12
Arábia Saudita, 167-8
Archer, David, 118
armas nucleares, 11, 65
atmosfera: dióxido de carbono na, 138-40; história do dióxido de carbono na, 68-71; *ver também* dióxido de carbono atmosférico; gases de efeito estufa
Austrália, 206-8
automóveis, 149-50; dependência do capitalismo em relação aos, 231; na

280 Enfrentando o Antropoceno

Segunda Guerra Mundial, 156-7; no pós-guerra, 173-8

Avaliação Ecossistêmica do Milênio (AEM), 44-6

aviões, 147-8

Banco Mundial, 108-12

Baran, Paul, 149, 152-3

Barnosky, Anthony D., 59, 79

Basf (empresa), 151

Baskin, Jeremy, 253

Bayer (empresa), 151

Biel, Robert, 191

biodiversidade, 123; taxa de perda de, 83

biosfera, 12, 16-7; integridade da, 82-3; marinha, 122

Bookchin, Murray, 170, 251

Bows-Larkin, Alice, 109, 120

Braverman, Harry, 151

Breakthrough Institute, 62

Brecht, Bertolt, 11, 19-20

Briscoe, Forrest, 99

Broeker, Wallace, 87

Brown, Lester, 177-8

Budyko, Mikhail Ivánovich, 236

Burroughs, William J., 77

Butler, Simon, 126, 223-26

calor, estresse térmico por, 113–115; ondas de, 105-6, 111-2, 200

camada de ozônio, destruição da, 52, 83, 88-90, 122; CFCs e, 92-9, 138

capital, 128; monopolista, 156-60

capitalismo fóssil, 18, 172-3, 194; desigualdade no, 199

capitalismo: auxílio de guerra, 155-7; fóssil, 18; imperial, 18; monopolista, 156-60; combustíveis fósseis e, 122, 194; concentração de capital no, 152-3; desenvolvimento do, 144-6; desfossilização do, 195-7; destruição da

camada de ozônio no, 98-9; horizontes de curto prazo no, 137-8; nomeação da época geológica a partir do, 258-60; economia fóssil e, 153-4; lucros são essenciais para o, 127-32; Marx sobre o, 23, 121; Marx sobre a fenda metabólica no, 133-5; Odum sobre o, 17; oposto do, 221-3; sistema terrestre sob o, 143, 215-6

Capitaloceno, época, 258-60

carbono: ciclo do, 139-40; essencial à vida, 139; regras para a emissão de, 192-3

Carson, Rachel, 15, 125; *Primavera silenciosa*, 12; sobre o ritmo da natureza, 135; sobre os ecossistemas, 14-5; sobre os pesticidas sintéticos, 169-70

Carta para o Desenvolvimento Humano (Michael Lebowitz), 226

carvão mineral, 144-6

Castro, Fidel, 243

catastrofismo, 244

Cenozoico, era, 56

CFC, *ver* clorofluorcarboneto

Chakrabarty, Dipesh, 246

Chapman, Sydney, 89-90

Chernobyl (Ucrânia), 235

Chicago (Illinois), 200

China, 188-90, 170

Churchill, Winston, 148, 156

ciclos de Milankovitch, 70

ciência, 150; rejeição pós-modernista da, 246; Marx, Engels e, 247

clima, calor extremo, 107; novo regime do, 112, 115

Clinton, Bill, 205

clorofluorcarboneto (CFC), 91-2, 150; destruição da camada de ozônio e, 92-8, 139

Cochabamba (Bolívia), 243-4, 247

combustíveis fósseis: capitalismo e, 122, 143; Fiódorov sobre os, 16-8; infraestrutura para os, 193; inovações que

índice remissivo 281

dependem dos, 149; investimento de capital em, 194; na agricultura, 180; resultados geológicos da queima de, 65; transição para eliminar os, 195-6

combustíveis renováveis, 195-6, 221

Comissão Estratigráfica (da Sociedade Geológica de Londres), 57-8

Commoner, Barry, 239; sobre a ética do bote salva-vidas, 207; sobre as origens sociais da crise ambiental, 23, 27; sobre o Antropoceno, 244; sobre o capitalismo e o meio ambiente, 16; sobre os elementos essenciais da vida, 139; sobre poluição, 43; sobre poluição no pós-Segunda Guerra, 154; sobre tecnologias produtivas, 170

Conferência de Amsterdã sobre Mudanças Globais (2001), 70

Congresso Geológico Internacional, 258-9

Continental Oil Company (Conoco), 175

Contribuições nacionalmente determinadas, 101

Copenhague (Dinamarca), 243-4

Copérnico, Nicolau, 36

Coreia, Guerra da, 161-2

Costa, Alexandre, 220

Cowan, Ruth Schwartz, 90

crescimento (econômico), 125-8

crianças, 201

Crist, Eileen, 254

Crutzen, Paul J., 9, 72; Antropoceno cunhado por, 31-3, 37-8, 60, 260; sobre a camada de ozônio, 92, 98; sobre a Grande Aceleração, 46-9; panfleto de Amsterdã, 39-42

Cuba, 227

Custers, Peter, 185

Dalai Lama, 29

Darwin, Charles, 26

Davis, Mike, 174, 209-10

Dayton Engineering Laboratories Company (Delco), 91

Declaração de Amsterdã sobre Mudança Global (2001), 31, 38-41, 70

Declaração Ecossocialista de Belém (2008), 228-34

Declaração sobre mudanças globais (Amsterdã, 2001), 38

Delucchi, Mark, 195

desemprego, 173

Di Muzio, Tim, 192-3

dialética, 73

dióxido de carbono: atmosférico, 64; Avaliação Ecossistêmica do Milênio sobre o, 45; ciclos do, 70-2; em 1950, 172; emissões de longo prazo, 117-8; investimento de capital em combustíveis fósseis e, 194; liberado por combustíveis fósseis, 143; oriundo das navegações, 189-90; nível atual de, 87, 122; no ciclo do carbono, 139-40; nos oceanos, 83-4; população e, 256-7; remoção da atmosfera, 219-20; temperatura controlada pelo, 69

Dowd, Douglas, 188-9

Drucker, Peter, 163

Dryas recente (período geológico), 78

DuPont (empresa): CFCs fabricados pela, 91-2, 94, 97-8; plásticos fabricados pela, 160

Eckersley, Robyn, 208

ecologia: Carson sobre a, 15-6; Marx sobre a, 133-5

economia fóssil, 153-4, 169

ecossistemas, 132; Avaliação Ecossistêmica do Milênio sobre os, 44-6; Carson sobre os, 15-6

ecossocialismo, 20, 228-34; movimento pelo, 241-3, 245-9

Ecosystems and Human Well-Being (Avaliação Ecossistêmica do Milênio), 44-46

282 Enfrentando o Antropoceno

energia: acesso universal à, 226-8; ecosso-cialismo e, 233; hidrelétrica, 145-6; nuclear, 235; solar, 231; *ver também* combustíveis fósseis; petróleo

Engels, Friedrich, 13, 231; ciência utilizada por, 247; Darwin e, 26-7; *Manifesto Comunista*, de, 129; sobre a classe trabalhadora de Manchester, 208; sobre a história, 142-3; sobre a luta de classes, 249; sobre as leis da natureza, 221-2; sobre a transformação de quantidade em qualidade, 72

enxofre, 191

Era de Ouro, 173–5

escassez de comida, 117

espécies: Avaliação Ecossistêmica do Milênio sobre o desaparecimento de, 46; taxas de extinção, 48

Estados Unidos: automóveis nos, 149; concentração de capital nos, 150; consumo de petróleo nos, 168; dióxido de carbono atmosférico produzido pelos, 172; economia de guerra permanente nos, 160-2; economia pós-guerra nos, 162-5; ferrovias nos, 144-6; gastos militares nos, 183-4, 230; mudança climática como questão de segurança nacional para os, 204-8; Plano Marshall, 165-6; pós-guerra, 157-160

estratigrafia, 57

Europa: consumo de petróleo na, 169; Plano Marshall, 165-8

exterminismo, 202-3, 248

Farman, Joseph, 95-8

fenda metabólica, 133-35; ciclos globais na, 138-41

ferrovias, 145-149

fertilizantes, 45, 48, 83, 140-1; de nitrogênio, 45, 48, 83, 140, 180-1; químicos, 181-2; pegada ambiental dos, 181-2

Fiódorov, Evguiéni K., 16-8, 236

fluxos biogeoquímicos, 83-4

Follett, Danielle, 228

fome, 200-1

Ford Motor Company, 149

Fóruns Sociais Mundiais, 233-4

fósforo, 83

Foster, John Bellamy, 133-4; sobre a Grande Aceleração, 170-1; sobre o Antropoceno, 243; sobre os gastos militares, 183

Freon (clorofluorcarboneto), 91-2

fronteiras planetárias, 81-7, 119, 139; atualização, 256; ciclos do carbono e do nitrogênio nas, 141

Galbraith, John Kenneth, 153

gases de efeito estufa, 64; artigo de Crutzen e Stoermer sobre os, 39-40; concentrações atmosféricas de, 122; fronteiras planetárias e, 83; produzidos pela União Soviética, 235; Steffen, Crutzen e McNeil sobre os, 48; volumes acumulados de, 117-8

gasolina, 148-9; após a Segunda Guerra Mundial, 158-9; investimento de capital em, 192-3

gastos militares, 160-2, 183-4, 230

geladeiras, 90-2

geleiras, 69, 76

General Motors Corporation (GM), 91

geologia, 55, 124; nomenclatura da, 56-7, 257-8

Geological Society of America, 57

Global Change and the Earth System: A Planet under Pressure (Will Steffen et al.), 42-4, 46, 67; sobre carbono na atmosfera, 72; sobre mudanças abruptas, 76-7

Goff, Stan, 203

Gore, Al, 198, 202

Grã-Bretanha (Reino Unido): concorrência na, 152; desenvolvimento do capitalismo na, 145-6; dióxido de carbono atmosférico da, 172; Marinha da, 148

Gramsci, Antonio, 250

Grande Aceleração, 47-8, 51-2, 81, 170-1; atualização (2015), 122-4, 256-7; combustíveis fósseis e, 154; crescimento populacional e, 253-4; desigualdade social e, 53; petróleo barato e, 168

Green Climate Fund, 204

greves, 163-4

Grinevald, Jacques, 17, 62

Groenlândia, 77

Grupo de Trabalho sobre o Antropoceno, 66, 257; sobre o Antropoceno precoce, 62-3

Haber-Bosch, processo de, 140, 180-1

habitação, 176-7

Haeckel, Ernst, 13

Haldane, John B. S., 14-5

Hamilton, Clive, 17, 28, 30, 61-2, 136

Hansen, James, 61, 81, 214; sobre o Acordo de Paris, 100; sobre os extremos climáticos, 102-6, 110

Hardin, Garrett, 207

Harnecker, Marta, 241, 245

Harrington, Michael, 174

Hartman, Chester, 202

Harvey, David, 130, 177, 211

Hegel, Georg Wilhelm Friedrich, 72

hidrogênio, 139

Hobsbawm, Eric, 175

Holleman, Hannah, 183

Holoceno: clima no, 77; época geológica, 11, 32, 56, 258; fim do, 60-2; temperatura média global no, 117-8; tendências críticas no sistema terrestre, 122-3; transição do Pleistoceno para o, 78; transição para o Antropoceno, 79-81, 101-2

homo economicus (homem econômico), 126

Huber, Matthew, 180

humanos: Antropoceno como resultado das atividades dos, 32-3; Avaliação Ecossistêmica do Milênio sobre os, 44-46; como força geológica, 11; como *homo economicus,* 126; como parte do sistema terrestre, 35-42; crise no sistema terrestre causada pelos, 24; culpa pelo Antropoceno, 251-7

Hynes, Patricia, 185

Ibn Saud (rei, Arábia Saudita), 159

Ibrahim, Fawzi, 127

"illth" [miséria] 185, 215

idades glaciais, 70-1, 100

indústria petroquímica, 150-1

indústria química, 150-2; depois da Segunda Guerra Mundial, 158-60

Inglaterra, *ver* Grã-Bretanha

internacionalismo, 247-8

International Commission on Stratigraphy (ICS), 58-9, 65-6

International Council of Scientific Unions (ICSU), 34

International Geosphere-Biosphere Program (IGBP), 35-9, 226; *Global Change and the Earth System*, 43-4; sobre mudanças climáticas abruptas, 82-4; sobre pontos de virada, 46-7; projeto Past Global Changes, 68-72

International Union of Geological Sciences (IUGS), 58

Jacobson, Mark, 195-6

Jameson, Fredric, 242

Japão, 165, 169

Justiça Global, movimento, 233-4

Kaplan, Robert, 205

Karl, Thomas, 106

Katrina (furacão), 201-3, 218

Katz, Richard, 106

Kettering, Charles, 91

keynesianismo militar, 160-2

Klein, Naomi, 120, 196, 210, 238

Kliegerman, Stephen G., 210

Kovel, Joel, 228

Kunstler, James, 178

Lebowitz, Michael, 219, 226, 238

legislação ambiental, 187-8

Lênin, Vladímir I., 124, 152, 240-1

Leopold, Aldo, 75

Levins, Richard, 14-5, 178-9

Lewis, John L., 164

Lewontin, Richard, 14-5, 179

Liebig, Justus von, 130-1, 133, 138

Lovelock, James, 93, 98

Löwy, Michael, 228

luta de classes, 163-4, 240-1, 249

Luxemburgo, Rosa, 210-2, 241

Lyell, Charles, 258

Magdoff, Fred, 28, 221-2, 228, 252

Malm, Andreas, 145-6, 153, 189, 194

Mandel, Ernest, 143, 151-2, 223-4

Margulis, Lynn, 13

Marsh, George Perkins, 13, 75

Martínez, Osvaldo, 236-7

Marx, Karl, 230-1, 239; Darwin e, 26; *Manifesto Comunista*, 128-9; sobre agricultura, 136-9; sobre ciência e capitalismo, 121; sobre desenvolvimento do capitalismo, 144; sobre desigualdade, 210-1; sobre fenda metabólica, 16, 23, 123-4, 133-5; sobre grande indústria, 80-92; sobre história, 142-3; sobre limitação da jornada de trabalho, 239-40; sobre luta de classes, 249; sobre marxismo, 234-5; sobre meio ambiente, 217; sobre metabolismo social, 17; sobre movimentos da classe trabalhadora, 241-2; sobre natureza, 12-3; sobre produção capitalista, 179-80; sobre sectarismo, 245; sobre transformação de quantidade em qualidade, 73-4; uso da ciência por, 247

marxismo: ecológico, 27; fenda metabólica no, 134-5; Marx sobre o, 234; método no, 246; sobre o Antropoceno, 124; produtivismo *versus*, 223-4; valor de uso negativo no, 185

Maxwell, James, 99

McChesney, Robert W., 183

McNeill, John, 33, 46-9, 90, 92, 97, 239

meio ambiente: como questão de segurança nacional, 204-8; culpa dos seres humanos por problemas no, 251-7

Mészáros, István, 220-1; sobre a dialética entre continuidade e descontinuidade, 12; sobre destruição e desperdício no capitalismo, 142; sobre o horizonte de curto prazo do capitalismo, 137-8; sobre socialismo ou barbárie, 211-2

metabolismo social, *ver* metabolismo

metabolismo: Liebig sobre o, 130-1; Marx sobre o, 17, 23, 123-4, 133

metano, 122, 180; ciclo do, 70

Midgley, Thomas, Jr., 90-1

Mill, John Stuart, 126

Mioceno, época, 258

Molina, Mario, 93-4

Monk, Daniel Bertrand, 209-10

Moore, Berrien, 70-1

Moore, Jason, 252

Morales, Evo, 243

Morris, William, 222-3

mortes: causadas pela destruição da camada de ozônio, 97-8; causadas pela fome, 211; causadas pelas mudanças climáticas, 113; causadas pela poluição do ar, 84, 191; na Segunda Guerra Mundial, 156; ondas de calor e, 112, 200

motor: a vapor, 145, 149; de combustão interna, 147-8

movimento ambientalista, 12; *ver também* ecossocialismo

mudança climática, 25; abruptas, 79-80; como questão de segurança nacional, 205-6; Declaração de Amsterdã sobre a, 31; fronteiras planetárias e, 83; perigosa e extremamente perigosa, 219-20; pontos de ruptura na, 72-5; vítimas da, 199-200

mudança de fase, 72

mulheres: como vítimas das mudanças climáticas, 199-200; movimento de mulheres, 232; na economia do pós-guerra, 162

Nações Unidas, 116-7

Nadeau, Robert, 127

natureza: ciclos na, 137; fenda metabólica na, 133-4; metabolismo na, 130

navegação, 189-90

neoliberalismo, 186

New Orleans, 201-2, 218

Níger, delta do, 227

nitrogênio, 139; ciclo do, 122, 140; fertilizante de, 45, 48, 83, 140, 183

nível do mar, 64, 116

Nova York, furacão Sandy em, 203

Nyberg, Daniel, 137

Oakes, Walter J., 160

Obama, Barack, 243

Occupy Sandy (organização), 217

OCDE, países da, 256

oceanos, acidificação dos, 83, 123

Odum, Howard, 17-6

Oldfield, Frank, 35-6

Oparin, Aleksandr I., 14-5

Opep (Organização dos Países Exportadores de Petróleo), 186

Ópio, guerras do, 147

Oreskes, Naomi, 55

Organização Mundial da Saúde (OMS), 114

óxido nitroso, 122, 181

oxigênio: essencial para a vida, 139; ozônio e, 89

Pacala, Stephen, 252

Painel Intergovernamental sobre Mudanças Climáticas (IPCC), 73; sobre eventos climáticos extremos, 108; sobre o aumento da temperatura, 112; Patamares de Concentração Representativos, 110

Parenti, Christian, 205, 207-8

Past Global Changes, projeto (Pages), 68-72

Patamares de Concentração Representativos, 110

Pávlov, Aleksei Petrovich, 14, 31

peixes marinhos, captura de, 52

Perfecto, Ivette, 179-80

Período Quaternário, 56-58

pesticidas, 169-50, 182

petróleo: aumento da produção de, 168-9; investimento de capital em, 193; mudanças no preço do, 186; na Segunda Guerra Mundial, 158; Plano Marshall e, 166-8; uso agrícola, 180-1; uso em automóveis, 149-50; uso militar, 183-4; uso na indústria química, 152; uso para produção de energia, 148

Phillips, Kevin, 160

Plano Marshall (Programa de Recuperação Europeia, 1948), 165-8

plásticos, 160, 191-2

Pleistoceno, época, 56, 259; clima no, 77-8

Plioceno, época, 258

pobreza, 174, 232, 255-7; mudança climática ligada à, 201-4; vítimas da mudança climática, 199-201

Podobnik, Bruce, 146-7

Polanyi, Karl, 47

poluição: causada pela manufatura, 189; do ar, 84; Marx sobre a, 134; militar, 183-6; química, 84 pontos de ruptura, 72-4, 118; distinção em relação às fronteiras planetárias, 84-7; na agricultura, 116

população, 125, 253-4

Portugal, 187

pós-modernismo, 246

Potsdam Institute for Climate Impact Research (PIK), 110-1

Preis, Art, 162-3

Primeira Guerra Mundial, 148

produção: destruição e desperdício ligados à, 142; globalização da, 186-90

produtivismo, 223-4

Programa das Nações Unidas para o Desenvolvimento, 213

Programa das Nações Unidas para o Meio Ambiente, 44

Programa de Recuperação Europeia (Plano Marshall, 1948), 165-8

Protocolo de Montreal sobre substâncias que destroem a camada de ozônio (1987), 97

Purdy, Jedediah, 254

RCP

recifes, 45

refugiados, 204-5, 207, 243, 248

Reino Unido, ver Grã-Bretanha

renda, desigualdade de, 199, 230-1, 256

resíduo (desperdício), 190

Revolução Industrial, 60, 63, 144

Revolução Verde, 181

Richardson, Katherine, 81

Risbey, James, 119

Rockefeller, família, 166

Rockström, Johan, 67, 81-2

rodovias, 176

Rowland, Sherwood, 93-4, 96-9

Roy, Arundhati, 198

Ruddiman, William F., 60

Ruedy, Reto, 102-6

Ruskin, John, 185, 215

Sagan, Dorian, 13

Sanders, Barry, 184-6

Sandy (furacão), 203, 210, 217-8

Sassen, Sakia, 202

Sato, Makiko, 102-6

saúde, questões de, 113-4

Schellnhuber, Hans, 36, 109

Segunda Guerra Mundial: capital monopolista na, 157-60; como início do Antropoceno, 155; mortes na, 155

Shah, Sonia, 184

Shell Oil, 227

sindicatos, 162-5, 186-7

Singer, Daniel, 217, 220-1

sintéticos, 151

Sistema de Rodovias Interestaduais, 177, 196

sistema fundiário, mudança do, 84

sistema terrestre: cientistas soviéticos sobre o, 236; como sistema integrado, 33-36; crise atual no, 24; Declaração de Amsterdã sobre o, 31; fronteiras planetárias do, 81-7; mudanças abruptas no, 76-7; mudança global no, 36-42; Odum sobre o, 17; 236; pesquisa do IGBP sobre o, 68; processos metabólicos no, 139; pontos de ruptura no, 72-3, 118; sob o capitalismo, 143-4; tendências críticas no, 215-6

Smil, Vaclav, 183

socialismo, 26, 220-1; ecossocialismo e, 228-34, 245-9; União Soviética e, 234-7

Solnit, Rebecca, 218-9

Speth, Gus, 213-4

Squires, Gregory, 202

Stálin, Joseph, 236

Standard Oil Company de Nova Jersey (Exxon), 166

Steffen, Will, 81; *Global Change and the Earth System*, 42; sobre a Grande Aceleração, 46-7, 53-4, 122-3; sobre a criação do termo Antropoceno, 31-2; sobre mudanças abruptas no sistema terrestre, 76-7; sobre os núcleos de gelo de Vostok, 71; sobre o sistema terrestre, 35-6

Stimson, Henry, 157

Stockholm Resilience Center, 81, 83

Stoermer, Eugene, 31, 38-40

subúrbios, 175-8

Suckling, Kierán, 252

suprimento de água: Avaliação Ecossistêmica do Milênio sobre o, 44; uso de água doce, 84

Suvin, Darko, 155

Sweezy, Paul M.: sobre a concentração de capital no capitalismo, 152-3; sobre a crise ambiental, 88; sobre inovações, 149; sobre lucros, 130

Taft-Hartley, lei (1947), 164

Tansley, Arthur, 131

taxas de extinção, 64; artigo de Crutzen e Stoermer sobre as, 39; atuais, 123; Avaliação Ecossistêmica do Milênio sobre as, 46; na Grande Aceleração, 47

tecnofósseis, 65

temperaturas, 64; médias globais, 123; mudanças nas, 101-2

tempo geológico, escala, 56-60, 257-8

Thompson, Edward P., 18, 203, 248-9

Townsend, Terry, 230-1

Trabalhadores Mineiros Unidos da América, 164

trabalho, 232

transporte público, 176, 225, 231, 233

Trótski, Leon, 210

Truman, Harry S., 161, 164

Turgeon, Lynn, 162

Turn Down the Heat (Banco Mundial), 110-2

Tutu, Desmond, 208

ultravioleta, luz, 89-90

União Soviética, 17, 156, 205, 234-7

valor de uso negativo, 185

Vandermeer, John, 179-80

Vavílov, Nikolai I., 235

Vernádski , Vladímir I., 13-4, 16, 235

vida: elementos essenciais à, 139; teoria da sopa primordial sobre a origem da, 14

Vietnã, 186

Villa, Francisco "Pancho", 148

Vostok (Antártida), 69-71, 74, 79

Wagner, Gernot, 119

Waters, Colin, 59, 63

Watt, James, 145

Weart, Spencer, 72

Weitzman, Martin, 119

Weston, Del, 134-5, 141, 172

Williams, Mark, 78

Wood Institute for the Environment, 113

Wright, Angus, 179-80

Wright, Christopher, 137

Yates, Michael, 164

Zalasiewicz, Jan, 55, 57-8, 63, 78

Em setembro de 2023, enquanto preparávamos esta edição, duas barragens na cidade de Derna, na Líbia, se romperam após uma tempestade extrema causada pela crise climática, deixando mais de 20 mil mortos. Este livro foi composto em Adobe Garamond Pro, corpo 11/14,85, e impresso em papel Pólen Natural 70 g/m² pela gráfica Rettec, para a Boitempo, com tiragem de 4 mil exemplares.